CURSO DE COCINA PROFESIONAL 1

CURSO DE COCINA PROFESIONAL 1

Manuel Garcés

8ª EDICIÓN

Australia • Canadá • México • Singapur • España • Reino Unido • Estados Unidos

Curso de cocina profesional 1

Gerente Editorial Área Técnico-Vocacional:
Mª José López Raso

Editora de Producción:
Clara Mª de la Fuente Rojo
Consuelo García Asensio
Olga Mª Vicente Crespo

Diseño de cubierta:
ACI (Agencia Catalana de Información)

Impresión:
Cima press
www.cimapress.com

8ª edición, 5ª reimpresión, 2007

Magallanes, 25; 28015 Madrid
ESPAÑA
Teléfono: 91 4463350
Fax: 91 4456218
clientes@paraninfo.es
www.paraninfo.es

Impreso en España
Printed in Spain

ISBN: 978-84-283-1841-9
Depósito Legal: M-15.656-2007

(031/80/51)

Otras delegaciones:

México y Centroamérica
Tel. (525) 281-29-06
Fax (525) 281-26-56
clientes@mail.internet.com.mx
clientes@thomsonlearning.com.mx
México, D.F.

Puerto Rico
Tel. (787) 758-75-80 y 81
Fax (787) 758-75-73
thomson@coqui.net
Hato Rey

Chile
Tel. (562) 531-26-47
Fax (562) 524-46-88
devoregr@netexpress.cl
Santiago

Costa Rica
EDISA
Tel./Fax (506) 235-89-55
edisacr@sol.racsa.co.cr
San José

Colombia
Tel. (571) 340-94-70
Fax (571) 340-94-75
clithomson@andinet.com
Bogotá

Cono Sur
Pasaje Santa Rosa, 5141
C.P. 141 - Ciudad de Buenos Aires
Tel. 4833-3838/3883 - 4831-0764
thomson@thomsonlearning.com.ar
Buenos aires (Argentina)

República Dominicana
Caribbean Marketing Services
Tel. (809) 533-26-27
Fax (809) 533-18-82
cms@codetel.net.do

Bolivia
Librerías Asociadas, S.R.L.
Tel./Fax (591) 2244-53-09
libras@datacom-bo.net
La Paz

Venezuela
Ediciones Ramville
Tel. (582) 793-20-92 y 782-29-21
Fax (582) 793-65-66
tclibros@attglobal.net
Caracas

El Salvador
The Bookshop, S.A. de C.V.
Tel. (503) 243-70-17
Fax (503) 243-12-90
amorales@sal.gbm.net
San Salvador

Guatemala
Textos, S.A.
Tel. (502) 368-01-48
Fax (502) 368-15-70
textos@infovia.com.gt
Guatemala

INDICE DE MATERIAS

PRESENTACION

El objetivo básico y primordial de este libro es procurar al futuro profesional una sólida preparación en el arte culinario. Se pretende con ello que el responsable de la cocina se sitúe en el rango de prestigio que tanto las actividades hoteleras y turísticas, como la cada vez más extendida red de restaurantes, cafeterías y bares, exigen y esperan de un buen cocinero.

El autor, como avezado profesional que ha formado ya numerosos equipos de cocineros altamente cualificados, ofrece con esta obra todos los conceptos, conocimientos y prácticas necesarios para poder alcanzar un nivel completo en el arte de cocinar, como actividad profesional concienzudamente adquirida.

No limita su intención, ni mucho menos, a exponer un rutinario o clásico repertorio de menús. Parte de un principio básico y fundamental: que el futuro profesional inicie el aprendizaje a fondo de los distintos y muy variados elementos y materiales que rodean su actividad; asimile la estrecha vinculación entre cocina y los restantes servicios del establecimiento; que aprenda a utilizar, ordenar, limpiar y conservar los complejos útiles de trabajo; se compenetre con la ética de la colaboración inter-profesional, y cuantas otras facetas de esta fase de la formación suponen una experiencia indispensable que más adelante tendrá su reflejo en la excelente aptitud del profesional cocinero que se pretende conseguir de todo aspirante a tan acreditada profesión.

Ya entrando de lleno en la parte práctica de la cocina profesional que abarca este primer tomo de la obra, el autor ha seleccionado el correspondiente nivel de platos, menús o especialidades más refinados, tanto en su aspecto regional o nacional, como de la culinaria internacional, acorde con el movimiento de la demanda y gustos actuales. El extenso recetario va complementado con numerosas ilustraciones concebidas como apoyo de la perfecta ejecución de un servicio y no como elementos meramente decorativos.

Estamos persuadidos, como editores con larga experiencia en este tipo de obras culinarias profesionales, de que el esfuerzo del autor se verá sobradamente compensado con la formación cualitativa de profesionales de la cocina a todos los niveles.

El Editor

1 TERMINOS CULINARIOS

Se refiere esta lección a la serie de voces o palabras empleadas en la cocina, cuya misión es facilitar y dar mayor rapidez al entendimiento entre el personal que trabaja en esta sección.

Abrillantar: Dar brillo con jalea o grasa a un preparado.

Acanalar: Formar canales o estrías en el exterior de un género crudo, antes de utilizarlo.

Acaramelar: Bañar un pastel con caramelo u otro preparado.

Aderezar: Sazonar.

Adobar: Poner un género crudo con un preparado llamado adobo, con objeto de conservarlo, ablandarlo o darle un aroma especial.

Agarrarse: Un género o preparado que se pega al fondo del recipiente por efecto del calor, dándole mal sabor y color.

Albardar: En una lámina delgada de tocino, envolver un género para evitar que éste se seque al cocinarlo.

Aliñar: Aderezar o sazonar.

Amasar: Trabajar una masa con las manos.

Aprovechar: 1.° Utilizar restos de comidas para otros preparados. 2.° Recoger totalmente restos de pastas, cremas, etc.

Aromatizar: Añadir a un preparado elementos con fuerte sabor y olor.

Arreglar o aviar: Preparar de forma completa un ave para su cocción, asado, etc.

Arropar: Tapar con un paño un preparado de levadura para facilitar su estufado o fermentación.

Asar: Cocinar un género en horno, parrilla o asador con grasa solamente, de forma que quede dorado exteriormente y jugoso en su interior.

Asustar: Añadir un líquido frío a un preparado que esté en ebullición, para que momentáneamente deje de cocer.

Bañar: Cubrir totalmente un género con una materia líquida, pero suficientemente espesa para que permanezca este baño.

Batir: Sacudir enérgicamente con las varillas o batidoras una materia, hasta alcanzar la densidad o grado de amalgamiento deseado.

Blanquear: Dar un hervor o cocer a medias ciertos géneros, para quitarles el mal gusto, mal sabor o mal color.

Brasear o «Bresear»: Cocinar un género (generalmente carnes duras y de gran tamaño), lentamente, durante largo tiempo, en compañía de elementos de condimentación, hortalizas, vino, caldo, especias.

Cincelar: Hacer incisiones sobre un pescado para facilitar su cocción.

Clarificar: Dar limpieza o transparencia a una salsa, caldo o gelatina, ya sea espumándola durante su cocción lenta o por la adición de clarificantes.

Clavetear: Introducir, «clavos» (especia muy olorosa), pinchándolos, en una cebolla o similar.

Cocer: 1.° Transformar por la acción del calor, el gusto y propiedades de un género. 2.° Ablandar y hacer digeribles los artículos. 3.° Hacer entrar en ebullición un líquido. 4.° Cocinar o guisar.

Cocer al baño-maría: Cocer lentamente un preparado poniéndolo en un recipiente que, a su vez, debe introducirse en otro mayor con agua, poniéndose todo para su cocción al horno o fogón.

Cocer en blanco: Cocer una pasta al horno, en moldes, y sin aderezos, sustituyendo éstos por legumbres secas, que se han de retirar antes de completar la cocción.

Cocer al vapor: Cocinar un preparado en recipiente puesto dentro de otro, cerrado y con vapor de agua.

Colar: Filtrar un líquido por un colador o estameña para privarle de impurezas.

Condimentar o sazonar: Añadir condimentos a un género para darle sabor.

Decorar: Embellecer un género con adornos, para su presentación.

Desalar: Sumergir un género salado en agua fría, generalmente, para que pierda la sal.

Desangrar: Sumergir una carne o pescado en agua fría para que pierda la sangre. También se dice desangrar a la operación de despojar a una langosta o similar, de la materia que en crudo tiene en su cabeza, para su posterior empleo.

Desecar: Secar un preparado, por evaporación, poniéndolo con su cacerola al fuego y moviendo con la espátula de madera o similar, para que no se pegue al utensilio.

Desembarazar o «desbarasar»: Desocupar el lugar donde se ha trabajado, colocando cada cosa en su lugar habitual.

Desglasar: Añadir vino a una asadora recién utilizada para recuperar la «glasa», o jugo que contenga.

Desgrasar: Retirar la grasa de un preparado.

Deshuesar: Separar los huesos a una carne.

Desmoldear: Sacar un preparado del molde, del que conservará la forma.

Desollar: Desposeer de su piel a una res sacrificada.

Desplumar: Despojar de las plumas a los animales sacrificados.

Emborrachar: Empapar con almíbar y licor o vino un postre.

Embridar o bridar: Sujetar aves, carnes o pescados, con un bramante, para apretar sus carnes y que conserven su forma después de cocinadas.

Empanar: Pasar por harina, huevo batido y pan rallado un género que resultará cubierto con una especie de costra.

Emplatar: Poner los preparados terminados en la fuente en que han de servirse.

Encamisar, camisar o forrar: Cubrir las paredes interiores de un molde con un género, dejando un hueco central para rellenar con otro preparado distinto.

Encolar: Adicionar gelatina a un preparado líquido para que, al enfriarse, tome cuerpo y brillo.

Enfriar con hielo: Poner un preparado dentro de un recipiente, y a la vez éste dentro de otro que contenga hielo y sal o agua.

Envejecer: Dar tiempo a una carne (generalmente caza) para que logre cierto punto de «pasada».

Escabechar: Poner un género cocinado en un preparado líquido llamado escabeche para su conservación y toma de sabor característico.

Escaldar: Sumergir en agua hirviendo un género, manteniéndolo poco tiempo.

Escalfar: 1.° Cocción de pocos minutos. 2.° Mantener en un punto próximo a la ebullición del líquido, un género sumergido en él. 3.° Cocer un género en líquido graso y corto.

Escalopar: Cortar en láminas gruesas y sesgadas un género.

Escamar o desescamar: Despojar de las escamas a un pescado.

Espalmar: Adelgazar un género mediante golpes suaves con la aplastadora o espalmadera.

Espolvorear: Repartir un género en polvo en forma de lluvia por la superficie de un preparado.

Espumar o desespumar: Retirar de un preparado, con la espumádera, las impurezas que en forma de espuma floten en él.

Esquinar: Cortar una res en dos, siguiendo su espina dorsal.

Estirar: 1.° Presionar con el rodillo sobre una pasta, dándole movimiento de rotación de atrás hacia adelante, para adelgazarla. 2.° Conseguir en un género, al racionarlo, mayor rendimiento del normal.

Estofar: Cocinar lentamente, con su propio jugo y el que posean los elementos de condimentación o guarnición que acompañan al género principal. Esta técnica de cocinado requiere cierre perfecto del recipiente y fuego muy suave.

Estufar: Poner en la estufa o lugar tibio una pasta de levadura, bien tapada, para que fermente y desarrolle.

Faisandé: Sabor parecido al del faisán que toman algunas especies de caza cuando se dejan «envejecer».

Filetear: Cortar un género en lonjas delgadas y alargadas.

Flamear o llamear: 1.° Pasar por una llama, sin humo, un género para quemar las plumas o pelos que hayan quedado al desplumar o limpiar. 2.° Hacer arder un líquido espirituoso en un preparado.

Fondear: Cubrir el fondo de un braseado con legumbres, tocino u otro género, braseando el género encima de éste.

Fondearse: Agarrarse ligeramente.

Freír: Introducir un género en una sartén con grasa caliente para su cocinado, debiendo formar costra dorada.

Glasear: 1.° Cubrir un preparado de pastelería con azúcar fondant, mermelada, azúcar, glas, etc., y en otros casos, caramelizar azúcar en el preparado. 2.° Dorar la superficie lisa de un preparado (de pescado generalmente), sometiéndolo al calor de la salamandra o gratinadora u horno.

Gratinar: Hacer tostar a horno fuerte o gratinadora la capa superior granulosa de un preparado.

Guarnecer. Acompañar un género principal con otros géneros menores sólidos que reciben el nombre de guarnición.

Helar: Coagular por medio de temperaturas de «menos cero» una mezcla de repostería que suele denominarse helado.

Hermosear: Suprimir los elementos inútiles a la presentación de un manjar. Ejemplo: suprimir los huesos superfluos de las chuletas.

Hervir: 1.° Cocer un género, por inmersión, en un líquido en ebullición. 2.° Hacer que un líquido entre en ebullición por la acción del calor.

Levantar: Hervir de nuevo un preparado para evitar una posible fermentación o deterioro.

Ligar: Espesar un preparado por la acción de un elemento de ligazón, fécula, harina, etc.

Lustrar: Espolvorear un preparado dulce con azúcar llamado glas o lustre.

Macerar: Poner frutas peladas y generalmente cortadas en compañía de azúcar, vinos, licores, etc., para que tome el sabor de éstos. Por extensión se aplica también a las carnes en adobo o en marinada.

Majar: Quebrar de forma grosera; machacar de forma imperfecta, generalmente con ayuda del mortero.

Marcar: Preparar un plato a falta de su cocción.

Marchar: Empezar la cocina de un plato, previamente preparado o «marcado».

Marinar o enmarinar: Poner géneros, generalmente carnes, en compañía de vino, legumbres, hierbas aromáticas, etc., para conservar, aromatizar o ablandarlos.

Mechar: Introducir tiras de tocino en forma de mecha en una carne cruda, con ayuda de una mechadora.

Mojar: Añadir el líquido necesario a un preparado para su cocción.

Moldear: Poner un preparado dentro de un molde para que tome la forma de éste.

Montar: 1.° Colocar los géneros, después de guisados, sobre un zócalo, costrón o simplemente emplatar. 2.° Sinónimo de batir.

Mortificar: Dejar envejecer una carne para que se ablande.

Napar: Cubrir totalmente un preparado con un líquido espeso que permanezca.

Pasado: 1.° Punto de los géneros crudos que no están frescos y bordean el punto de descomposición, sin llegar a él 2.° Excesivamente cocido. 3.° Colado.

Pasar o colar: Despojar un preparado de sustancias innecesarias por medio de colador o estameña. 2.° Tamizar.

Picar: 1.° Mechar superficialmente un preparado. 2.° Cortar finamente un género.

Prensar: Poner un preparado dentro de un molde-prensa para su enfriamiento dentro de ella o, a falta de este utensilio, poner unos pesos apropiados encima del preparado para comprimirlo.

Puesta a punto: Preparación y acercamiento de todo lo necesario para empezar un trabajo.

Punto, a: Cuando un artículo alcanza su grado justo de cocción o sazonamiento, se dice que está «a punto» para utilizarlo.

Racionar: Dividir un género en proporciones o fracciones para su distribución.

Rallar: Desmenuzar un género por medio de la máquina ralladora o rallador manual.

Rebozar: Cubrir un género de una ligera capa de harina y otra posterior de huevo batido, antes de freirlo.

Rectificar: Poner a punto el sazonamiento o color de un preparado.

Reducir: Disminuir el volumen de un preparado líquido por evaporación al hervir, para que resulte más sustancioso o espeso.

Reforzar: Añadir a una salsa, sopa o similar, un preparado que intensifique su sabor o color natural.

Refrescar: 1.° Poner un género en agua fría, inmediatamente después de cocido o blanqueado, para cortar la cocción de forma rápida. 2.° Añadir pasta nueva a una ya trabajada.

Rehogar: Cocinar un género, total o parcialmente poniéndolo a fuego lento con poca grasa, sin que tome color.

Remojar: Poner un género desecado, dentro de un líquido frío para que recupere la humedad.

Risolar: Dorar un género a fuego vivo, con grasa, que resultará totalmente cocinado.

Salar: Poner en salmuera un género crudo para su conservación, toma de sabor o color característico.

Salsear: Cubrir un género de salsa, generalmente al servirse.

Saltear: Cocinar total o parcialmente, con grasa y a fuego vivo, para que no pierda su jugo, un preparado que debe salir dorado.

Sazonar: 1.° Añadir condimentos a un género para darle olor o sabor. 2.° Añadir sal a un género.

Sofreír: Rehogar.

Sufratar: Napar una pieza de carne, pescado, etc., con una salsa, que al enfriarse, permanece sobre el género.

Tamizar: 1.° Separar por el uso del tamiz o cedazo la parte gruesa de la harina o similar. 2.° Convertir en puré un género sólido, usando un tamiz.

Tornear: Recortar las aristas de un género para embellecerlo.

Trabar: Ligar una salsa, crema, etc., por medio de huevos, farináceas, sangre, etc.

Trinchar: Cortar limpiamente un género cocinado, especialmente grandes piezas de carnes.

2 CUALIDADES DEL COCINERO

Además de las normas exigidas a todo ciudadano consciente, hay algunas específicas del cocinero, relacionadas con su oficio, como son: limpieza, vocación, compostura, educación, puntualidad, organización y previsión; buena administración, compañerismo, sentido de la responsabilidad, espíritu creador y deseos de perfeccionamiento.

Sentido de la responsabilidad

Limpieza. Como su misión principal es tratar y confeccionar alimentos, resulta importantísima la limpieza, tanto por lo que tiene de medida higiénica como la de presentar un agradable aspecto ante el cliente. Comprende: aseo corporal, uniformidad apropiada, limpieza de herramientas, revisión y limpieza de recipientes y otros utensilios, despeje y limpieza del lugar de trabajo, evitación de movimientos y actos sucios o groseros.

Aseo corporal. Aparte de la limpieza corporal que exigen las medidas de higiene y convivencia, cuidará al máximo de sus manos. Permanecerá rasurado, pelo arreglado y no largo y, en general, evitará cuanto pueda perjudicar su aspecto de limpio, como puede ser la barba o bigote excesivamente crecidos.

Uniformidad apropiada: El uniforme debe ser: amplio, para facilitar los movimientos; que permita la transpiración lógica; blanco, por el aspecto de limpio que tiene este color, y con igualdad de confección que favorezca la uniformidad. La limpieza y la blancura serán su principal característica. La reposición de estas prendas tendrá siempre en cuenta ambos aspectos y no el tiempo transcurrido desde que se pusieron limpias.

En la uniformidad entra también el pantalón y zapatos, y no son admisibles zapatillas o calzado similar, ni pantalones de colores vivos. El más aceptado es el azul pálido mezclado con blanco o simplemente blanco, aunque éste haya quedado reservado a los que, por trabajar alejados del fogón (cuarto frío, pastelería, etc.), puedan conservarlos limpios más fácilmente.

Limpieza de herramientas. Al terminar un trabajo con el cuchillo, espátula, pelador de legumbres, etc., deben limpiarse con el paño para evitar manchar el género que ha de cortarse después. Al terminar la jornada, la limpieza y cuidado de la herramienta se deberá hacer a fondo.

Revisión y limpieza de recipientes y otros utensilios. Aunque limpios exteriormente y aparentemente limpios en su interior, el recipiente puede no estarlo, con el consiguiente peligro de transformar el sabor o color del plato a preparar, sobre todo cuando son fácilmente influenciales. La mejor revisión interna se consigue pasando un paño blanco por la parte más escondida. Para esta revisión es corriente emplear una punta del delantal o del paño blanco.

Despeje y limpieza del lugar de trabajo. El espacio de trabajo en mesas, fogones, etc., es limitado y usado para diversos y, muchas veces, antagónicos trabajos. Requiere, pues, un despeje y limpieza inmediata al trabajo en cuanto a restos de alimentos, herramientas, etc., dejándolo en disposición de inmediato uso.

Ademanes correctos

Evitación de movimientos y actos sucios o groseros. Rascarse indelicadamente de forma visible, fumar, esputar, etc., son acciones no permitidas al cocinero, por lo que tienen de antihigiénicas y poco elegantes.

Vocación. El largo aprendizaje, jornada laboral de horario diferente al normal, temperaturas extremas, rapidez en sus realizaciones y tensión nerviosa que esto origina, y, en general, cuantas facetas concurren en este oficio de dedicación absoluta, sólo pueden superarse merced a una firme vocación. Unida a ésta va el orgullo profesional ante el trabajo bien terminado, que compensa al cocinero, con creces, de su esfuerzo y dedicación.

Compostura. Los ademanes y actitudes durante su trabajo han de ser siempre correctos, en razón del aspecto ordenado que «la brigada» mostrará ante posibles visitantes y por su propia estimulación. Posturas que indican indolenca, como apoyarse en paredes, sentarse en mesas de trabajo, realizar trabajos permaneciendo sentados, etc., además de afear la visión, impiden en muchos casos una realización perfecta y, en otros, son causa de un mayor esfuerzo. La compostura no quiere decir amaneramiento en las actitudes.

Educación. El positivo deseo de realizar sus trabajos bien y a su tiempo se convierte en negativo y se malogra, muchas veces, cuando los modales empleados no son correctos. Así, las órdenes dadas y recibidas, aclaración de conceptos, solicitud y entrega de géneros y recipientes, etc., se harán evitando palabras que puedan resultar ofensivas, empleando ademanes no bruscos; en una palabra, no dando lugar a la ofensa de palabra ni de obra. Una frase o un empujón sin ofrecer disculpas molestan, pueden originar antipatías y recelos que, por la convivencia en ambiente tenso por el trabajo, resultarán agravados. Para el mejor cumplimiento de su misión, la brigada de cocina debe estar compuesta por amigos, cosa difícil si falta la educación.

Puntualidad. Cada preparado de cocina requiere un tiempo muy fijo: si no se empieza en su momento, mal podrá estar a punto cuando haya de servirse, agravado esto por el corto ciclo de elaboración y entrega que llevan, comparados con los de otros oficios. Una de las normas de hostelería es: «No hacer esperar al cliente a la mesa». Acortar el tiempo en la preparación del plato tampoco es buena solución, ya que casi siempre lleva aparejada merma en la calidad, al acelerar su proceso lógico. Por otra parte, la misión de cada integrante del personal de cocina enlaza, muchas veces, con la de otros compañeros. Su retraso puede ser causa de otros retrasos en cadena.

Organización y previsión. Por los muchos y diferentes trabajos que debe realizar y, como consecuencia, la diversidad de herramientas, recipientes y géneros que maneja, debe ser ordenado en su contenido, con preparación previa de estos elementos, funcionamiento, etc. Hará la elaboración de preparados siguiendo un orden lógico, comenzando por los que pueda necesitar para trabajos sucesivos o que requieran más tiempo. También, y esto de forma principalísima, situará en el mejor lugar cuanto vaya a necesitarse durante el servicio, momento culminante en el transcurso del cual la menor demora adquiere caracteres graves. Las instrucciones recibidas y dadas a su tiempo, los trabajos preliminares hechos (incluso los días anteriores), encargo de género con suficiente antelación y, en general, todo cuanto facilite el trabajo armónico, son previsiones necesarias al cocinero.

Buena administración. Al cocinero, como parte integrante de una empresa de producción, se le exige la lógica e importante colaboración en la obtención de beneficios. Confiar a sus manos materiales y géneros alimenticios de gran valor económico, le convierten en un administrador de departamento o de partida, dentro de la administración general del establecimiento. A esta confianza ha de responder logrando el mayor provecho posible. El descuido en este aspecto causa perjuicios a la empresa y a sí mismo, ya que su valor profesional desciende. La buena administración del cocinero comprende: perfecta compra, conservación y distribución de productos alimenticios, a los que se buscará el mayor rendimiento; evitación de derroche en luz y combustible y otros gastos generales y similares; cuidando la conservación de instalaciones, maquinaria y herramientas. Este tema de la buena administración se estudiará con mas profundidad en otra lección.

Compañerismo

Compañerismo. Se refiere a los puntos especiales (además de los generales, válidos para todos los que trabajan dentro del establecimiento), en los que se basa la convivencia en el trabajo entre los componentes de una brigada. La brigada debe estar considerada como un todo armónico, dentro de la cual el individuo atiende a su misión específica sin desentenderse de los posibles problemas de trabajo de sus compañeros, ayudando a éstos de forma práctica o con sus conocimientos profesionales cuando lo necesiten, advirtiendo posibles fallos o accidentes en sus trabajos, etc., dando y recibiendo esta ayuda con sencillez.

Sentido de la responsabilidad. Se refiere a la atención máxima que un cocinero debe poner en su trabajo para evitar el menor fallo en su misión. Este fallo, altamente perjudicial para la buena marcha del negocio, es más visible que los que puedan producirse en otros departamentos del establecimiento hotelero por suceder ante gran número de clientes: un plato rechazado da lugar a otros rechazos; la impaciencia de un cliente predispone a la impaciencia a los demás. Algunos de los problemas posibles, que hacen necesario el sentido de la responsabilidad, pueden agruparse así: horario estricto, posible deterioro de géneros, acumulación de trabajos, previsiones fallidas.

Horario estricto. Tiene dos facetas unidas: tiempo de elaboración y horario señalado para servir los platos. El tiempo de elaboración viene marcado por la preelaboración y tiempo de cocción que por sus características requiera, que obligan a empezarlo en el día y hora justo, si quiere servirse en su momento.

Posible deterioro de géneros. Los artículos alimenticios pueden resultar inutilizados por diversas causas: enfriamiento excesivo o descomposición por falta de frío, debidos a mala regulación de temperaturas o averías en los frigoríficos; «agarrado», por falta de cuidados al someterlos a la acción del calor; quemado, por olvidos en hornos, etc. Se impone el máximo cuidado para evitarlos, por el trastorno de «servicio» y económico que acarrea.

Acumulación de trabajos. Aunque se tengan hechas previsiones y cálculos sobre los trabajos a realizar, pueden surgir imprevistos, como mayor número de clientes, falta de personal o causas diversas, irregularidades en el suministro de energía eléctrica y combustibles, etc., que obligan a desarrollar un trabajo personal más intenso y a mayor velocidad o en condiciones menos favorables.

Previsiones fallidas. A pesar de ser hechas en el momento debido las previsiones de pedidos a mercado, se da el caso de retrasos en la llegada de géneros. La reiteración en el pedido se impone, o, conocida la imposibilidad, el cambio a tiempo por otro tipo de género. El hecho de estar pendiente constantemente de cuanto pasa en su trabajo y la superación de dificultades, serán posibles si el cocinero posee un gran *sentido de la responsabilidad*.

Espíritu creador

Espíritu creador. El cocinero, durante su época de aprendizaje y de posterior práctica, llega a conocer las características de los géneros alimenticios y su transformación al cocinarlos, merced a su mezcla con otros y a los métodos de cocinado al uso, hervido, frito, asado, etc. Con estos conocimientos, puede y debe ampliarse su repertorio actual, mejorándolo y dando un sello especial a su cocina. El extenso recetario actual ha sido posible gracias a los cocineros con espíritu creador. Sin este espíritu se puede ser un buen cocinero, pero rutinario; poseyéndolo, se llega a ser un gran cocinero, que al crear platos alcanza su máxima promoción como artista.

Deseos de perfeccionamiento. Siempre existe la posibilidad de ampliar y mejorar los conocimientos profesionales: lecturas apropiadas (libros dedicados a cocinas extranjeras o regionales o antiguas), intercambio de ideas con compañeros, estudio sobre nuevas técnicas (utensilios, combustibles, etc.) y nuevos productos alimenticios, y, sobre todo, cultivando un germen de inconformismo ante el trabajo no perfectamente hecho, que le impulse a investigar su motivación y sacar consecuencias y enseñanzas.

3 LA COCINA

Se entiende por cocina el departamento hostelero cuya misión es conservar, cocinar y distribuir los alimentos. Se estudia en esta lección la razón de su *importancia y las condiciones que deben reunir el local.*

IMPORTANCIA

Cuanto cuidado se ponga al proyectar una cocina será poco. Si está bien concebida y realizada, permitirá posteriormente un trabajo fácil, sin gastos inútiles de personal o energía eléctrica, etc., y, en consecuencia, más rentable. La superlimpieza que debe imperar en una cocina se facilita, asimismo, al proyectarla con lógica. La adecuación sanitaria es de suma importancia, para no hacer duro el oficio de cocinero, evitar accidentes, etc.

El prestigio del establecimiento hostelero y, por tanto, su rentabilidad viene dado, en gran parte, por su cocina: un servicio lento, platos de baja calidad en sabor, higiene y presentación, temperatura inadecuada de éstos, etcétera, hacen olvidar las posibles excelencias de comodidad, lujo y otras cualidades positivas que deben reunir, restando clientela.

Por ello, suele ocurrir que la cocina produzca más beneficios indirectamente que de forma directa. Por otra parte, es un departamento que administra géneros muy diversos, de precio inestable y diferente distribución y conservación, motivo que le convierte en el más complejo y con mayores posibilidades de originar pérdidas o beneficios.

CONDICIONES QUE DEBE REUNIR EL LOCAL

Se refiere a las características que debe tener la cocina de un establecimiento hostelero de lujo. Estas características son: posibilidad de ampliación; amplitud, claridad natural e instalación correcta de luz artificial; ventilación; salida de gases; abundancia de agua corriente; líneas sencillas; materiales apropiados; temperatura adecuada; ubicación lógica.

Posibilidad de ampliación. Cuando se prevé una posible ampliación del servicio de comidas (fuera o dentro del establecimiento) es necesario hacerlo también con el local de cocina, ya que la amplitud de éste deberá ser fiel reflejo de las necesidades. Una posible solución es proyectarla de mayores dimensiones a las necesidades primeras, teniendo en cuenta los departamentos anexos, como almacén, economato, etc., que en su día pueden servir para este fin.

Amplitud. Las dimensiones de la cocina serán adecuadas a los servicios que deba rendir en sala de restaurante, pisos, fuera del establecimiento, etc. Pueden tomarse como base las dimensiones del comedor o comedores. Tres cuartas partes que las de éste y nunca menos de la mitad. El tamaño ideal es igual al de comedor. Cuando el espacio es insuficiente, se imponen limitaciones en el número de platos incluidos en la carta, almacenamiento de géneros, número de componentes de la brigada. Todo ello hace que baje la calidad de los platos al ser confeccionados en condiciones poco apropiadas.

Características especiales

Claridad e instalación adecuada de luz artificial. La buena visibilidad es necesaria para el mejor desarrollo de los trabajos en la cocina. Sin ella no es posible distinguir la perfecta limpieza en los platos, su punto de cocinado, etc. Es aconsejable la luz natural, que no transforma el color propio de los alimentos, por lo que deberá disponer de amplios ventanales.

La luz eléctrica consistirá en focos instalados encima de los lugares habituales de trabajo (para evitar así la formación de sombras), en cantidad y potencia suficientes.

Ventilación. Se refiere a la necesidad que tiene una cocina de renovar su atmósfera viciada, por medio de ventanales de salida, situados a la altura del ángulo formado por pared y techo, ya que los gases calientes, por pesar menos que el aire, se concentran en lo alto. Debe disponer además de otros, que podemos llamar de entrada, a más bajo nivel. Los altos estarán cerca de los fogones y los bajos lejos de ellos, en razón de la mayor concentración de humos que allí existe en el primer caso y para evitar el enfriamiento que pueden sufrir los géneros cocinados, en el segundo. Los ventanales darán al exterior, pero situados en lugares donde no puedan molestar al cliente.

Salida de gases. Se refiere a la salida de gases por medios artificiales. Al no disponer de ventilación natural suficiente, se emplean medios mecánicos para renovar la atmósfera de la cocina. Un método eficaz consiste en la simple instalación de aspiradores que rápidamente sacan al exterior los humos y olores de la cocina, mediante aspas que giran a gran velocidad, con gran poder de succión. Otro sistema similar canaliza el aire extraído a través de grandes tubos. Este se emplea en cocinas alejadas del exterior. La instalación de uno y otro tendrá siempre en cuenta lo dicho para la ventilación natural, buscando para su emplazamiento los lugares más cargados de humos, cercanos a los fogones, en alto, y con salida en lugares que no puedan molestar.

Abundancia de agua corriente. El gran consumo de agua que hace el cocinero y sus diversas aplicaciones en limpieza, cocinado, refrescado de verduras, etc., hacen obligatoria la abundancia de pilas con grandes grifos de agua caliente y fría y anchos sumideros que eviten la posible obstrucción por residuos. También, por esta razón, se proveen de rejillas protectoras. Los bordes de las pilas estarán protegidos por conteras metálicas o de madera, que eviten su deterioro. Su distribución en el local y formato será el adecuado a su uso; así, la destinada a refrescar, tendrá poca altura, para permitir el izado a ella de pesados recipientes.

Líneas sencillas. Las columnas, recodos, paredes, etc., impiden el fácil traslado de recipientes y personas, pudiendo llegar a ser causa de accidente, e impiden la buena visibilidad y favorecen la formación de suciedad. La cocina ideal es la compuesta, en principio, por un local diáfano, ya que después, por medio de mamparas acristaladas, pueden hacerse cuantas divisiones convengan.

Materiales adecuados. Se refiere a los materiales de construcción apropiados, como revestimiento de paredes, suelos y techos. Ha de emplearse en las paredes materiales de fácil limpieza e inalterables al calor. El mosaico blanco es muy apropiado por su lavado cómodo y la sensación de limpieza que da. Para el techo se emplea el encalado o revestimiento de yeso o pintura plástica blanca. En los suelos, debe buscarse material que no permita el fácil deslizamiento, como sucede con el mosaico pulido. El cemento, mosaico sin pulir y terrazo, también sin pulir, pueden ser apropiados. Ciertos lugares de la cocina, donde resulta probable el vertido de agua, pueden tener una pequeña inclinación, que favorezca su llegada a un sumidero.

Aire acondicionado

Temperatura adecuada. La temperatura inadecuada (excesivo calor casi siempre) es debida a un mal emplazamiento de la cocina, sótanos y otros lugares alejados del exterior o que reciban el calor del sol directamente, además de las causas naturales, como son el uso de generadores de calor, fogones, parrillas, etc. La solución es dotarlas de aire acondicionado que refresque ligeramente la cocina caliente y con más intensidad la parte fría de la cocina, economato, cuarto de verduras, cuarto frío, etc. Es muy importante la climatización en la cocina, ya que el excesivo calor perjudica por igual a géneros alimenticios y al personal que trabaja en ella. En más de una cocina es motivo de cambios frecuentes en el personal de la brigada.

Ubicación. La situación de la cocina guarda estrecha relación con los lugares donde ha de servirse lo cocinado. La comunicación con: comedores, terrazas, salones de banquetes, pisos, etc., será fácil y lo más cercana posible, para evitar que los platos se enfríen y la lentitud en su servicio. Por ello, es preferible que su situación se halle en la misma planta que los comedores principales. El empleo de montacargas o montaplatos puede servir de medio auxiliar para los lugares alejados.

Deberá tener fácil acceso para la llegada de mercancías, sirviendo este mismo acceso como tránsito de personal y salida de residuos. Deber ser independiente del resto de los departamentos del establecimiento, y por razón de salubridad y economía, la cocina deberá estar cercana al exterior del edificio. Otro dato a tener en cuenta es su ubicación con respecto a las líneas de desagües y los posibles olores y ruidos que pueda transmitir.

4 DIVISION DEL LOCAL DE COCINA

Se refiere esta lección a los departamentos que, dentro de la cocina de un hotel de lujo, funcionan con dependencia de ella. Entre los que se citan, hay algunos propios de hotel y no de restaurante. Son denominados *comunes* y *condicionados*.

Necesidad de los diversos departamentos. La complejidad de los trabajos a efectuar en la cocina hacen necesaria la instalación de pequeños departamentos con funcionamiento independiente y personal especializado, aunque dependientes total o parcialmente del jefe de cocina. Esta división está basada en la diversidad de cometidos, géneros a emplear, utensilios e instalaciones propias e incluso temperatura ambiente necesaria. La ubicación de cada uno estará en relación a su cometido; así, el cuarto frío tendrá contacto directo con la cocina caliente; en cambio, la cafetería estará más alejada y su comunicación puede ser indirecta.

DEPARTAMENTOS COMUNES

Cocina caliente. Es la encargada de transformar, por medio del calor, los alimentos crudos.

Es el mayor de los departamentos, con el mayor número de personas trabajando y de instalaciones fijas y, por tanto, el más importante. Su posición se hallará en el centro de los demás departamentos y tendrá comunicación directa o indirecta con todos ellos y directamente con el comedor.

Entre las instalaciones fijas que precisa figurarán: extractores de humos, acondicionamiento de aire, grandes pilas para refrescamiento de verduras y tomas de agua, grandes fogones, marmitas de presión o media presión, sartenes eléctricas, salamandras, freidoras, parrillas, asadoras, mesa caliente, armarios frigoríficos, mesas grandes y fuertes altavoces.

Cuarto frío. Sus misiones son: conservar los alimentos perecederos, limpiar y racionar los géneros en crudo y distribuirlos en el momento oportuno: precocinar ciertos platos, terminar algunos platos cocinados, confeccionar totalmente platos y guarniciones y salsas frías.

Su gran importancia se debe a que es el departamento que administra los artículos, los conserva y saca de ellos el mayor provecho, así como por lo que realza al establecimiento la presentación de grandes platos fríos, bellamente decorados. Necesita temperatura fresca para la mejor manipulación de platos fríos y géneros crudos, bien sea por ventilación natural o por acondicionamiento de aire.

Las instalaciones necesarias son: grandes pilas con agua fría, armarios frigoríficos, grandes mesas centrales y murales con entrepaños o baldas, tajos o pilones, máquinas picadoras (mejor de la llamadas universales con varios usos) y trinchadoras, balanza, vivero de truchas (si lo hubiere), timbre de pescado (puede estar situado en la antecámara) y altavoz que permita escuchar las comandas.

Debe estar situado inmediato a la cocina caliente y cercano a su centro, para la mejor distribución de géneros a sus diversas partidas, pero aislado de su calor, mejor por medio de mamparas de cristal. Tendrá, además, comunicación directa con las cámaras frigoríficas y entrada de proveedores. Aunque sea un departamento, su personal forma parte de la brigada de cocina.

Situación de cámaras frigoríficas

Cámaras frigoríficas. Tiene como misión conservar en buenas condiciones higiénicas los géneros de uso no inmediato. Los de uso inmediato se conservan en los armarios frigoríficos de la cocina.

Sus ventajas revisten gran importancia, tales como: permitir la compra en grandes cantidades, con beneficio económico; el reposo y el control de carnes que requieran envejecimiento; asegura la disponibilidad de géneros; permite almacenar alimentos estacionales y elaboraciones especiales, etcétera.

Deben estar construidas con materiales aislantes y ubicadas en lugares lejanos a la cocina caliente, para que su exterior no sea influenciado por el calor. Estarán cerca y comunicadas con el cuarto frío y con la entrada de proveedores.

Su composición es: antecámara, cámara de refrigeración y cámara de congelación, comunicadas y dispuestas en este orden.

Antecámara. Tiene la puerta de entrada exterior y la de comunicación con la cámara de refrigeración, a la que protege del ambiente externo. Se emplea para mantener géneros a una temperatura fresca de 10 a 12 grados centígrados.

Cámara de refrigeración. Su temperatura será de 1 a 2 grados centígrados aproximadamente. Se usa en la conservación de alimentos crudos, como grandes piezas de carnes, y también de géneros cocinados, como consomé. Poseerá ganchos para las carnes y rejillas para los cocinados, aves, etcétera. Tendrá suelo inclinado con vertiente central a un sumidero, para facilitar la limpieza al desbloquear los serpentines (parar el motor y dejar que se diluya el hielo acumulado en ellos). Se comunicará por una puerta con la cámara de congelación.

Cámara de congelación. Su misión es conservar géneros, por medio de la congelación, a largo plazo, de hasta seis meses. Su temperatura

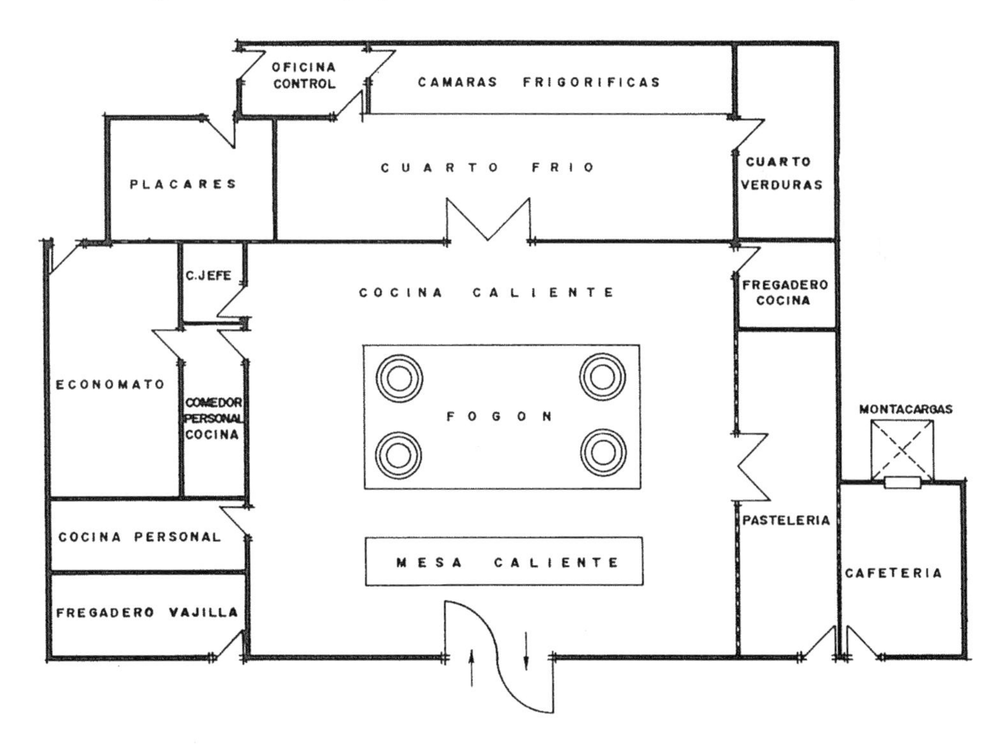

Figura 4.1. Situación de la cocina y sus dependencias.

será del orden de los 20 grados centígrados bajo cero a la cual se congelan y mantienen los productos.

Pastelería. Su misión es confeccionar productos en los que entre azúcar y masas de harina, con destino a postres, desayunos y meriendas o, simplemente, a la cocina para su posterior empleo por ésta.

Tiene gran importancia como confeccionadora de un plato más en la minuta y por ser una gran auxiliar de la cocina.

Tendrá dos partes, divididas por una mampara de cristal que las aisle en parte. Una con temperatura tibia, para masas que la requieran, en la que irán hornos, estufas, fogón pequeño y gran mesa de madera o material no frío y mesa caliente, si se usa; otra, con temperatura fresca para elaboraciones que lo requieran, en la que irán armario frigorífico (dos grados centígrados), heladoras y conservadoras de helado. Además, se incluirá en la pastelería, batidora, amasadora, ralladora y refinadora, latero, perchas para mangas, boquillas y moldes, pila de agua fría y caliente, mesa con mármol, dos cajones para harina fuerte y floja, un cajón para azúcar, un armario para elaboraciones de azúcar, frutas escarchadas, etc., y una balanza.

Su situación será junto a un lateral de la cocina caliente, con la que se comunicará directamente y, en algunos casos, en comunicación directa con el acceso al comedor, para dar directamente el «servicio». Su personal forma parte (como en el caso del cuarto frío) de la brigada de cocina.

Comunicación entre servicios

Plonge. Es el lugar donde se limpia y conserva la batería de cocina.

Tiene su importancia pues su capacidad y adecuación permitirán un mejor servicio de limpieza y conservación, de la misma forma que la inclusión de un componente marmitón hace ahorrar detergentes y batería.

Ha de estar en comunicación directa con la cocina caliente y fuera del tránsito normal en ella, con separación por mamparas de cristal.

Debe poseer tres pilas grandes, profundas y fuertes, revestidas de zinc o acero inoxidable; una mesa grande y fuerte, revestida de la misma forma. Fuera o dentro del departamento, pero inmediato a él, existirán ganchos y estanterías para colocar la batería limpia.

Cuarto de verduras y frutas. Sirve como pequeño almacén, en unos casos de hortalizas y en otros de hortalizas y frutas.

Su importancia y tamaño depende de la facilidad o dificultad en la adquisición de géneros. Si la compra puede hacerse a diario, el local será más pequeño y con menos lujos y cuidados de instalación. Si, por el contrario, se adquieren artículos para siete o más días, requerirá instalaciones especiales, con refrigeración de unos seis grados centígrados y grado de humedad apropiado. En cualquier caso estará ventilado, a cubierto de una temperatura externa caliente y del sol. Dispondrá de gran número de estanterías enrejilladas para permitir el paso del aire, sobre las que extender los géneros, evitando así un amontonamiento que facilitaría su descomposición. Cuando el volumen de trabajo requiera actuar en él, limpiando y cortando hortalizas, dispondrá de grandes pilas, mesas cortadoras de hortalizas, peladora de patatas con instalación de desagüe, etc.

Estará alejado del calor de la cocina y en comunicación con ella, el economato y la entrada de proveedores. Las frutas estarán en compartimiento distinto a las hortalizas, para evitar la toma de sabores y olores extraños.

Economato. Es el departamento donde se almacenan los alimentos no perecederos y surte a la cocina y otros departamentos del establecimiento en sus necesidades de éstos, controlándolos mediante vales. En caso de no existir jefe de compras ni departamento de control, este departamento revisa el peso de los géneros de mercado y se encarga de las compras.

Tiene suma importancia: un perfecto cupo de existencias facilita la buena marcha de la cocina. La compra de buenos artículos en su mejor época produce beneficios económicos y la correcta conservación de ellos impide pérdidas. No debe olvidarse que gran parte del beneficio se obtiene en las compras.

Debe ser amplio, con ambiente fresco y seco, para lo cual estará relativamente alejado de la cocina caliente, pero con fácil acceso a ella. Comunicará también con el paso al comedor, para que rinda servicio a éste y con la cafetería.

Tendrá un frigorífico para la conservación de la mantequilla, quesos, etcétera, una mesa central de trabajo, gran número de estanterías para conservas, especias, azúcar, etc., grandes depósitos para aceites, cajones basculantes para legumbres secas, armarios, balanza y, en ciertos casos, báscula.

En establecimientos de mediano tamaño puede llevar anexa la bodega.

Fregaderos de vajilla y plata. Son los departamentos encargados de lavar, secar y guardar el material de loza, cristal y metálico de comedor.

Tiene menos importancia con respecto a la cocina, ya que su trato se reduce a suministrar, a la hora del «servicio», las fuentes, legumbreras, platillos de huevos, etc., que ésta pueda necesitar. Es importante, para la buena marcha del hotel, que sea amplio y bien acondicionado y el trabajo sea fácil y sin roturas.

Debe poseer: friegaplatos y lavavasos mecánicos, grandes pilas de lavado y enjuague, mesas escurridoras (forradas unas con zinc o acero inoxidable para platos y otras con tela gruesa para vasos) y armarios para guardar vajilla y plata.

Su situación será en el paso al comedor y estará subdividido en fregadero de loza, cristal y metal, por requerir distinto tratamiento y cuidados. La plata estará generalmente en manos de un empleado conocido con el nombre de platero, que se encarga de su control, además de su limpieza.

Placares y servicios. Es el lugar acondicionado para que la brigada de cocina cambie y deposite sus ropas en el primero y utilice como servicio sanitario el segundo.

Además de impuesto por las Leyes de Trabajo, es importante por lo que de higiénico tiene, no debiendo ser un pequeño lugar donde se hacinan los cocineros, sin ventilación y sufriendo malos olores.

Ha de ser ventilado y fresco. Poseerá armarios y sillas el placares, duchas, lavabos con espejos y retretes, el cuarto de aseo.

Estará alejado de la cocina, pero bien comunicado con ella.

DEPARTAMENTOS CONDICIONADOS

Cafetería del hotel. Se dice cafetería de hotel, para distinguirla de la que hoy recibe el nombre de cafetería a secas o bar. Es un bar con predominio de bebidas no alcohólicas que, precisamente, van sustituyendo en los establecimientos hoteleros a las típicas de hotel.

Es el departamento hostelero que se encarga de servir a pisos y comedores, desayunos y meriendas. No sólo el clásico desayuno de café, mantequilla, mermelada, bollería y tostadas, sino también zumos y sencillos platos de cocina, huevos fritos o revueltos, jamón a la plancha, etc.

En hoteles de gran venta de desayunos especiales hay un cocinero dedicado a este menester.

Su importancia, con relación a la cocina, es pequeña, ya que es poco el servicio que presta a ésta.

Puede estar relativamente alejada de la cocina caliente, si tiene autonomía en la preparación de los sencillos platos, y cerca o inmediata, si estos platos son preparados en dicha cocina.

Tendrá comunicación con el acceso al comedor, y por medio de montaplatos, con los «offices» de pisos, para dar su servicio de desayunos.

Estará dotada de cafetera y baño maría de leche, tostadores de pan, armario frigorífico para zumos de fruta, mantequilla, leche, etc., pequeño fogón con plancha, pila y armario.

Despacho del jefe. Es el lugar dedicado al trabajo de oficina que la dirección de la cocina necesita, en el que el jefe confecciona sus menús, revisa relevés, etc. Es imprescindible en los establecimientos con gran volumen de trabajo burocrático. Debe estar situado en lugar que domine la totalidad de la cocina y para una mejor visión, formado por cristaleras. Dispondrá de teléfono, control de micrófonos, mesa de despacho y cuanto constituye el material de una pequeña oficina.

Servicios del personal

Cocina de «familia». Estará dedicada exclusivamente a confeccionar la comida del personal del establecimiento. Su objeto es evitar la interferencia con la cocina de clientes.

Sera en sí una cocina completa, con fogones, frigoríficos, pilas, etc., con vales de salida propios y cuya relación con la cocina general se basa en el suministro de géneros de mercado por aquélla, confección de menús por el jefe y en la rendición de vales y comandas.

Su posición será cercana a la cocina general, comunicada con ella y los comedores de personal. Su personal pertenece a la brigada de cocina.

Comedor del personal de cocina. Cuando la brigada de cocina es numerosa se hace necesario que disponga de un comedor.

Suele estar anexo a la cocina. Puede tener dos o tres mesas, si el jefe dispone la separación por categorías profesionales.

Debe ser un lugar agradable por su temperatura, aspecto y sencilla comodidad.

Oficina de control. Es el lugar donde se controlan el peso, rendimiento y calidad de los artículos alimenticios a su llegada.

Tendrá una gran báscula, una pequeña mesa de oficina para control, diversos impresos y teléfono.

Su situación será a la entrada de la cocina.

Pequeñas cocinas. Pueden existir dentro del establecimiento diversos lugares en los que se sirvan comidas de «especialidades», parrillas, marisquerías, etc., que requieran cocina propia por su situación alejada. Estas pueden dirigirse y nutrirse desde la cocina central, pero deben funcionar con cierta autonomía en cuanto a vales, comandas, etc.

Sus instalaciones y utensilios serán los de una pequeña cocina.

5 MAQUINARIA I. FOGONES, UTENSILIOS DE COCINA. PREVENCION DE ACCIDENTES

Se refiere esta lección a los elementos de uso más común en una cocina con gran volumen de trabajo. Se distribuye para su estudio en: generadores de calor, generadores de frío, maquinaria e instalaciones, batería y otros utensilios. Dentro de éstos se estudia su evolución general, características de los más actuales y prevención de accidentes.

EVOLUCION GENERAL

El empleo de medios físicos como auxiliares del cocinero, ha cambiado de forma total el aspecto de los antiguos locales de cocina con asadores, chimeneas, fogones, etc., de funcionamiento lento, trabajoso y sucio, por otros más rápidos, limpios y rentables. El mayor adelanto en nuevos medios para cocinar se lo debemos al descubrimiento y desarrollo del vapor, electricidad y enfriamiento por gasificación. Los nuevos materiales y aleaciones metálicas facilitan la labor en cuanto a higiene alimentaria, facilidad de trabajo y conservación de alimentos.

GENERADORES DE CALOR

Son los elementos que reúnen la cualidad de producir calor, empleados, generalmente, en la cocción de alimentos.

FOGONES

Definición. Son los generadores de calor que permiten diversidad de técnicas de cocción. Se estudian sus características de acoplamiento según la forma y empleo de combustible.

Fogones según sus características de acoplamiento. De forma convencional para su mejor estudio pueden ser: murales, centrales, transportables, integrales y por elementos acoplables.

Murales. Construidos para adosar a la pared, tienen sus hornos y estufas en un solo frente, que es el de situación de trabajo.

Centrales. Construidos para instalar retirados de las paredes. Requieren conductos de instalación aérea o por el suelo. Son los usados en los grandes establecimientos por permitir el agrupamiento de las partidas. Pueden ser rectangulares o cuadrados, con dos vertientes de hornos en la mayoría de los casos.

Figura 5.1. Fogón tipo central; de carbón; seis partidas; rejilla o parrilla incorporada; graduación de tiros laterales; modelo antiguò; gran capacidad de estufas; sin carboneras propias; planchas de hogar por arandelas; «tiros» bajo suelo.

Tranportables. Más que fogones, son potentes hornillos con autonomía de combustible, empleados para servicios dados fuera del establecimiento: cacerías, inauguraciones, etc. Se emplean también con emplazamiento fijo, como elemento supletorio, por su gran potencia, pequeño volumen y facilidad de carga y descarga de grandes marmitas.

Integrales. Son los que, dentro de un solo cuerpo, comprenden otros elementos que completan su servicio, baños maría, parrillas, ollas de presión, etc., seleccionados según el tipo de servicio a rendir.

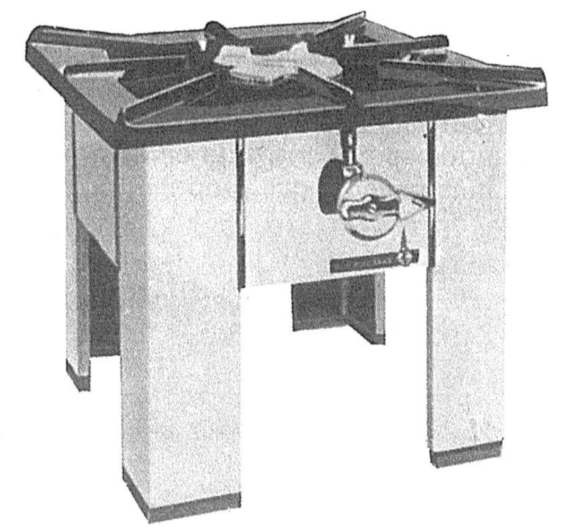

Figura 5.2. Fogón supletorio; transportable; gas propano o butano o ciudad; un cuerpo. Medidas 61 x 61 x 51 cm. Peso: 41 Kg. Consumo: 0,85 Kg/h.

Por elementos o acoplables. Son pequeños fogones (con posible inclusión de diferente servicio), que permiten su utilización solos o acoplados a otras unidades iguales. Permite la fácil ampliación del fogón con inclusión de los servicios accesorios, según sea necesario.

Figura 5.3. Fogón integral; mural; eléctrico en todas sus partes.

Fogones según el combustible empleado. Los de uso más común son: gas propano, gas ciudad, carbón mineral, eléctrico y gas-oil. Se estudian las principales características generales en cuanto a tipo de combustible, conservación, manejo y prevención de accidentes, con esquemas de modelos básicos o de características específicas: especialmente de los más usados, gas propano, ciudad y carbón mineral.

Figura 5.4. Fogón mural; adaptable a otra posición; por elementos; una partida, salida de gases lateral; posibilidad de transformación de plancha; gran horno. Medidas totales: 0,90 x 0,80 x 0,80 m. Medidas horno: 0,50 x 0,69 x 0,30 m. Peso: 193 Kg. Consumo aproximado a pleno en propano: 3,48 Kg/h. Consumo aproximado a pleno gas ciudad: 7,74 l/h.

DE GAS PROPANO

Características. Este gas, extraído del petróleo, es más pesado que el aire, por lo que su acumulación a ras del suelo es fácil y con riesgo de explosión si se acerca una llama. Por esto, en los locales de depósito se emplean salidas al aire a su más bajo nivel y se fabrica «aromatizado» para la identificación del escape. Ligeramente tóxico sin arder y con mala combustión, identificable ésta por llama rojiza (azul cuando arde bien) por chiclé o quemadores sucios o insuficiente inyección de aire (por medio de un pequeño orificio de entrada, situado cerca del chiclé).

Comparado con el gas butano (de uso doméstico e industrial) es más puro, gasifica mejor, incluso con menor inyección de aire y a temperaturas mucho más bajas (propano hasta doce grados centígrados bajo cero; el butano deja de gasificar a cero grado centígrados).

Conservación y prevención de accidentes. Se refiere a los cuidados de manejo y limpieza técnica que se requieren para evitar escapes o mala combustión de gas. Se identifica el escape de gas por el olor, y las consecuencias de éste, ligera intoxicación y gran facilidad de explosión.

Para no tener escapes de gas, debe evitarse: quemadores abiertos sin arder, bien por caída de agua que apaga la llama, bien por descuido; golpes a los conductos de gas; quemadores desajustados; mantener los quemadores abiertos cierto tiempo antes de acercar la llama (sobre todo en hornos), que por ser cerrados permitan la acumulación de gas en su suelo. Al menor síntoma de escape, neutralizar el quemador correspondiente y solicitar la revisión técnica. Todas las instalaciones deben revisarse periódicamente.

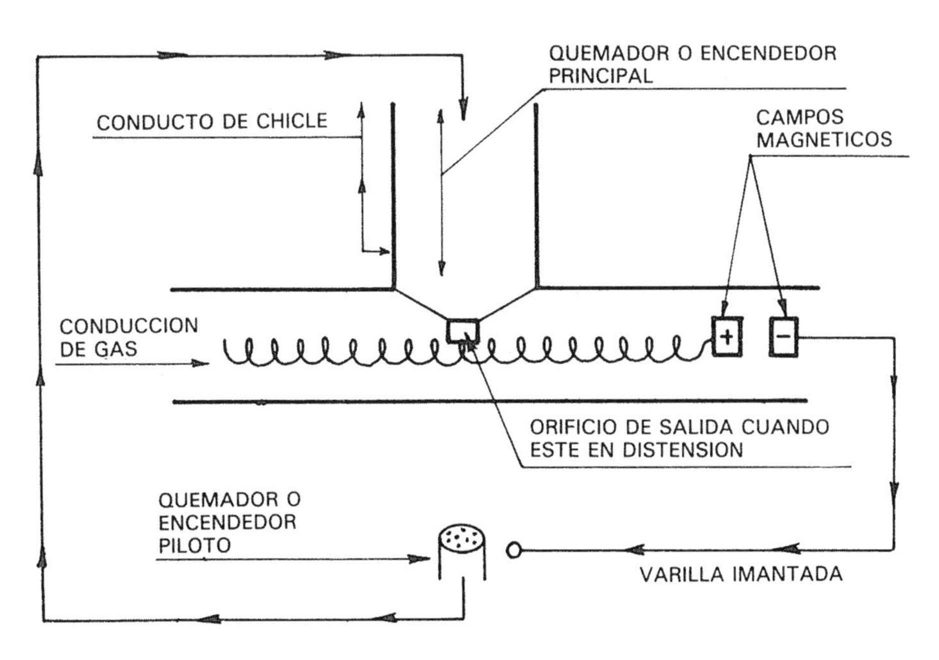

Figura 5.5. Esquema de la válvula de seguridad.

Véase un esquema de la válvula de seguridad termo-eléctrica, que consiste en una varilla imantada que se distiende al calor del mechero y permite la apertura del conducto del chiclé.

Revisión de instalaciones

Válvula de seguridad. Tiene como misión evitar la salida de gas por los quemadores cuando se apaga la llama.

Fundamento. Se basa en una válvula, en cuyo centro lleva un muelle agujereado. Este muelle, al distenderse, abre el agujero; cuando se contrae, el muelle queda cerrado; éste se extiende cuando su extremo es atraído magnéticamente por una varilla, también magnética, cuando se calienta; el calor de la varilla es recibido al acercar la llama al piloto, donde se encuentra situado un extremo de la misma. Por el agujero del muelle pasa el gas y permite su utilización en los quemadores.

Mala combustión. La mala combustión se identifica por convertir la llama en rojiza, en vez de azulada. Sus consecuencias pueden ser: humo que mancha recipientes y desprende mal olor y menor intensidad de calor. Puede evitarse cuidando no derramar nada sobre los quemadores y limpiándolos con frecuencia, limpiando chiclés y conductos con la necesaria frecuencia y revisando la inyección de aire. Véase el esquema de un quemador.

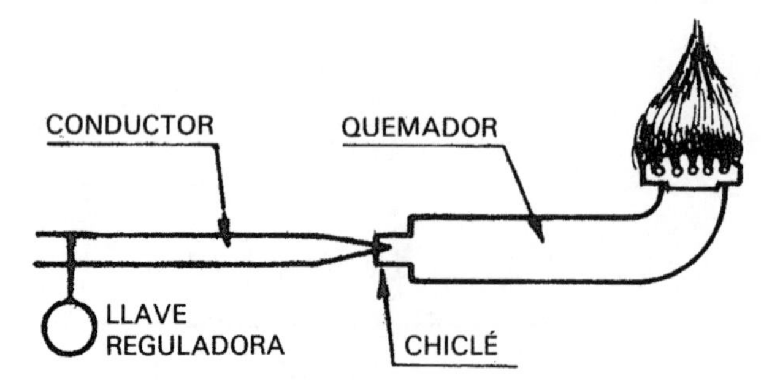

Figura 5.6. Esquema de un quemador.

Manejo. Su uso no requiere especialización y es fácil, basándose en el solo giro de llaves para su encendido y regulación. Su puesta en funcionamiento comprende: apertura de llave de entrada de gas en el local de cocina; comprobación de existencias y presión; apertura de llave correspondiente al generador que se pondrá en uso; encendido de llama;

apertura de llave del quemador elegido e inmedito encendido. Para su apagado, basta girar la llave de cierre particular de cada quemador.

Al término de la jornada de trabajo se procede de la siguiente forma: cierre de la llave general de entrada de gas al local de cocina; comprobación de la pérdida de presión por quemado del combustible que restaba en los conductos; cierre de llaves particulares de cada generador; y cierre de llaves particulares de cada quemador que estaba en funcionamiento al empezar el proceso.

Conservación y prevención

EL GAS CIUDAD

Características. Extraído del carbón mineral, este gas, es menos pesado que el aire, tóxico en gran medida (actualmente se dice que es posible la eliminación de este inconveniente), explosivo, en menor medida que el propano y de más difícil acumulación, con calorías de combustión parecidas al propano, servicio a través de red de distribución de fábrica a usuario, identificable por su olor desagradable.

Conservación y prevención de accidentes. Similares a las establecidas para el gas propano, con las diferencias que su menos peso y mayor toxicidad marcan.

Manejo. Similar en todo al de gas propano.

DE CARBON MINERAL

Características. Sólido, producido por la fosilización lenta, a resguardo del aire a gran presión y alta temperatura, de materia leñosa. Existe una gran variedad de clases, entre las que se estudian, por sus características bien definidas, hulla, cok y antracita.

Hulla. Dentro de esta denominación se agrupan diversidad de calidades, según las propiedades de la misma. Se conglutina al arder, arde fácilmente, su combustión produce bastante humo, produce poca escoria, es fácilmente desmenuzable. El llamado «graso» está entre los de combustión más fácil.

Cok. Residuo de hulla empleada en la obtención de gas (ciudad entre otros) y otros subproductos; produce poco humo, no se conglutina, pocas calorías al arder, prendido fácil, aspecto esponjoso de trozos regulares y de precio más barato que la hulla.

Antracita. Menos apropiada para fogones (si carecen de tiro forzado), no conglutina al arder, produce bastante escoria, arde con cierta dificultad, con poco humo y bastantes calorías. La «galleta» pertenece a este tipo de carbones, que se emplea más en fogones.

Conservación y prevención de accidentes. Se refiere a los cuidados de manejo y limpieza que requiere la perfecta combustión del carbón y la evitación del posible incendio de la chimenea. La gran oxigenación que requiere la combustión del carbón hace necesaria gran limpieza en evacuador de residuos, rejilla de hogar, tiros y chimenea. La retirada de residuos sólidos de hogar y orificio de evaluación se hará, como mínimo, cada vez que vaya a encenderse el fogón; la del hollín, acumulado en «tiros» y chimenea, con la periodicidad que el buen o mal funcionamiento del fogón demande, o como aconsejen las medidas de seguridad.

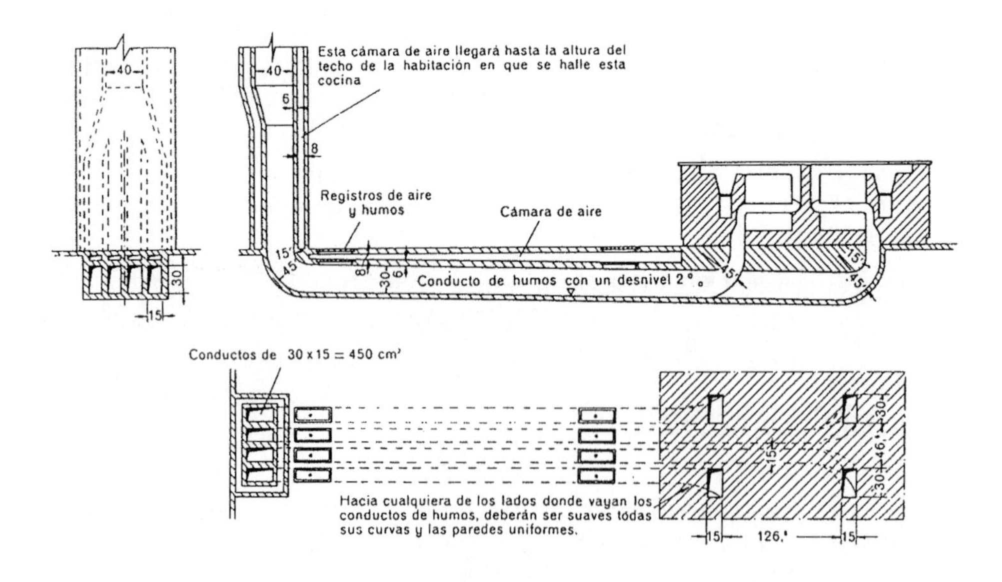

Figura 5.7.

Manejo. Requiere una técnica de encendido y otra de mantenimiento.

Técnica de encendido. Comprende: limpieza escrupulosa de hogar y orificio de evaluación de residuos, prendido completo de leñas secas, carga de carbón y prendido éste, nueva carga de carbón.

Técnica de mantenimiento. Requiere eliminación de escorias por «escarbado» con el «hierro» cada vez que sea necesario; nueva carga de carbón, o leña y carbón, si se considera que el fuego que resta no tiene suficiente fuerza para hacer arder la nueva carga de carbón. Se cuenta con modelos con características diferentes.

DE GAS-OIL

Características. Líquido extraído del petróleo que gasifica por medio de un motor de comprensión.

Conservación y prevención de accidentes. Requiere limpieza de tiros y chimenea, encendido cuidadoso con dosificación perfecta de salida de combustible, vigilancia de conductos y motores para evitar escapes y posibles explosiones, origen de accidentes graves.

Manejo. Como en el caso del gas propano, su encendido y apagado requiere apertura previa o cerrado posterior de llaves propias a cada quemador y las parciales del fogón y totales del local de cocina.

ELECTRICO

Características. Funciona por calentamiento de resistencias eléctricas, encamisadas o no, que en unos casos calienta por simpatía una plancha de hierro y en otros, calienta directamente el recipiente.

Figura 5.8. Fogón eléctrico; por placas; pies regulables; mural transformable; placas desmontables; interruptores propios de cada placa. Medidas totales: 1 x 1 x 0,85 m. Peso total: 270 Kg. Corriente: bifásica o trifásica 220 ó 380 ó 440 V.

Conservación y prevención de accidentes. Requiere limpieza de planchas (generalmente desmontables) por rascado, vigilancia en el ajuste de placas para evitar penetración de humedad, desconexión de la red general cuando esté fuera de uso; llamada al técnico al menor síntoma de derivación de corriente (identificable por «calambres» para su corrección inmediata, revisión periódica del fogón e instalaciones por parte de un técnico. Es aconsejable el entarimado de madera u otro material aislante sobre el que pisará el cocinero.

Manejo. Es el de más fácil manejo pues el encendido y apagado se hace automáticamente, a la conexión del interruptor. Se gradúa por llaves y se regula por termostato.

ACCESORIOS DE TODO FOGON

Campana. Recoge y elimina por absorción los vapores y gases desprendidos. Consta, en general, de campana propiamente dicha, chimenea u orificio de salida y, en algunos casos, de aspirador, que refuerza el poder de absorción de la chimenea. Su forma y dimensiones serán similares a las del fogón y situada justamente encima de él, lo más baja posible.

Extractores. Constan de un motor eléctrico, dotado de aspas que atraen y expulsan los gases. Se sitúan en lugares cercanos a los generadores de calor, para purificar el ambiente. Pueden formar un cuerpo varios de ellos o instalarse por unidades independientes.

Rejilla. Llamada también parrilla por su formato. Puede ir sujeta al techo, a la campana o al fogón. Sus dimensiones serán algo menores que las del fogón, forma similar a éste y situada a una altura conveniente para mayor comodidad de uso. Se aplica para mantener cerca y caliente fuentes emplatadas o sin emplatar, géneros que han de mantenerse templados, etc. En general, sirve como estufa y lugar de desahogo de la «partida».

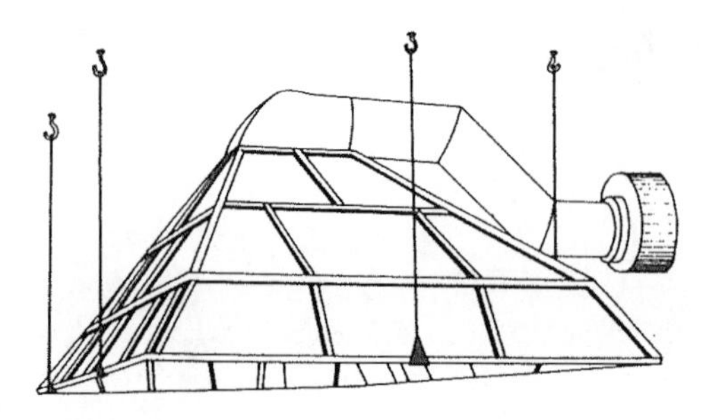

Figura 5.9. Campana sujeta por tirantes al techo. Extracción de humos forzada por aspirador en conducto.

6 MAQUINARIA II. OTROS GENERADORES DE CALOR

SALAMANDRA

Recibe también el nombre de gratinadora.

Aplicaciones. Dorar la superficie de ciertos preparados de cocina o pastelería con rapidez.

Combustible. Gas propano, ciudad o electricidad, que producen un espectro que tuesta.

Formato. Especie de cajón rectangular, descubierto por uno de los laterales, con guías a diversa altura, rejilla o plancha para situar el plato, con quemadores o resistencias en forma de gusano, con lo que resulta cubierta la cara interna superior del techo. Las más corrientes son: murales, situadas sobre bastidor u «obra» y empotradas en parte o no. Otras llevan armazón para situar la gratinadora lejos de la pared. Véase modelo.

Instalaciones que requiere. Similares al fogón del mismo combustible; campanas y aspiradores en algunos casos.

Situación en el local de cocina. Situada en el lugar destinado a la partida del entradero o pescadero.

FREIDORAS

Son los generadores de calor empleados exclusivamente en la técnica de la «gran fritura», con instalación autónoma.

Aplicaciones. Freír a la llamada «gran fritura» alimentos de distinta cualidad de sabor y clase, en gran cantidad, con **poco ennegrecimiento** de la grasa y **perfecta regulación de calor.** La razón de la perfecta regula-

Figura 6.1. Salamandra. Gas ciudad o propano o butano; instalación sobre bastidor o mueble. Medidas totales: 0,71 x 0,56 x 0,51. Peso: 70 kg. Consumo de gas propano: 1 kg/h. Consumo de gas ciudad 2,4 l/h.

ción de calor está en la **labor del termostato,** que desconecta o conecta a la red eléctrica o de gas según la temperatura de la grasa; la del **menor ennegrecimiento** de la grasa por el posado de los residuos de los alimentos en la llamada «zona fría» o lugar donde la grasa no recibe calor.

Combustible. Eléctricas (por inmersión en la grasa de resistencias tubulares blindadas, retirables generalmente). Gas propano o ciudad (por calentamiento de la cubeta contenedora de grasa con quemadores cubiertos, (provistos de válvulas de seguridad termoeléctrica).

Figura 6.2. Freidora semifija: I cuerpo; acero inoxidable; eléctrica. Capacidad de cuba cilíndrica: 30 L. Voltaje: 220-380 V. Consumo: 4 Kw/h. Medidas: 86 x 59 x 53 cm.

Formatos diversos

Formato. Su tamaño (referido a la capacidad de la cubeta, que es la que marca el rendimiento), es de cuatro hasta 100 litros. El material exterior es de acero inoxidable o esmalte vitrificado. Básicamente lleva: **cubeta contenedora de grasa** con tres partes: la destinada a la grasa que ha de calentarse o parte central, la destinada a la «zona fría» en forma de embudo o pirámide truncada, la destinada a la llave y orificio de vertido de grasas. **Estructura exterior** o «mueble», rejillas o **cesta de alambre contenedoras y escurridoras** de alimentos, de alambres de acero galvanizado, generalmente, con tamaño y forma similar a la parte de la cubeta destinada a contener la grasa a calentar; **quemadores y salida de gases** y **válvulas de seguridad** en las de gas, con tamaño relativo mayor de mueble; en las eléctricas, con **resistencias retirables** o no. Pueden ser de uno o dos cuerpos unidos, pero de funcionamiento independiente, con aplicación de una parte para patatas y otros géneros que toman fácilmente sabor y la otra para artículos de fritura menos delicada.

Instalación y ubicación. Las apropiadas al tipo de combustible empleado y, en ciertos casos, campana o aspirador. Se sitúa en la partida del asador.

Conservación, prevención de accidentes y manejo. Requieren periódicamente: vaciado, reposo, decantado y clarificado de la grasa, con hortalizas verdes, fregado de cubeta con perfecto secado; reposición diaria de aceite limpio, siendo preferible gastar aceite de la freidora en elaboraciones que lo permitan, para que la reposición de aceite sea mayor; revisión técnica propia del combustible.

1. TERMOSTATO
2. INTERRUPTOR
3. TAPADERA
4. CAJA CONEXION RESISTENCIAS
5. CAMARA FRIA
6. RECIPIENTE
7. CONTACTOR
8. NIVEL ACEITE
9. GRIFO VACIADOR
10. CUBETA CONTENEDORA

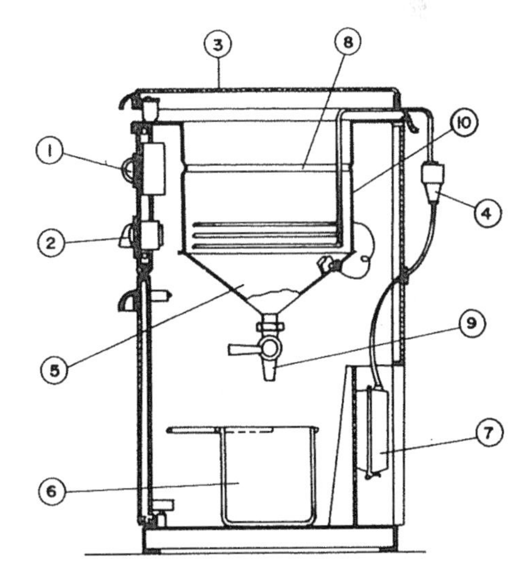

Figura 6.2.B. Esquema de una freidora.

El manejo se basa en las siguientes operaciones: encendido y marcado de temperatura en la llave del termostato (puede marcarse en principio doscientos grados centígrados y, una vez caliente el aceite, bajarlo a la temperatura deseada), según el tipo de cantidad y grado de humedad del género y la velocidad que se desee: a más cantidad, más temperatura; más humedad, menos cantidad. El llenado de la cubeta deberá dejar una cámara de aire de cinco a diez centímetros para la expansión del aceite al contacto con la humedad de los géneros. La temperatura de mantenimiento cuando no se utiliza puede ser de ciento cuarenta hasta ciento sesenta grados centígrados.

PARRILLA

En síntesis, es una rejilla metálica donde se sitúa el género que se va a cocinar, bajo la cual se coloca, a la altura conveniente, el combustible o generador de calor, empleado para hacer asados «a la parrilla».

Tipos. Independientemente de instalaciones especiales, en lugares al aire libre, con o sin chimenea o de barbacoa, se estudian las de posible utilización en local cerrado de cocina o comedor, como prusiana y plancha parrilla.

PRUSIANA

Antiguo generador de calor, cerrable, con instalación autónoma.

Combustible. Carbón vegetal, obtenido artificialmente por combustión lenta a cubierto del aire, de materia leñosa y preferible de encina (de los mejores y más usados en España), doble, brezo, etcétera. El tamaño más apropiado del carbón es de cinco a ocho centímetros, bien seco, y con eliminación del polvillo. Existen imitaciones, como carbón figurado, con incandescencia por gas.

Formato. Especie de mueble-buró con exterior de hierro negro con cantoneras de hierro blanco pulido (antiguos modelos), esmalte vitrificado o acero inoxidable. Sus partes importantes son: **tiro** y salida de humos y su regulador, **puerta corredera abatible, rejilla, hogar, cajón cenicero, cajón depósito** (modelos actuales) y **guías** de distanciamiento de rejilla en otros casos. Pueden tener un cuerpo o más. Los de más de de uno permiten continuidad en el trabajo y son imprescindibles en el establecimiento que prepare carnes y pescados a la parrilla.

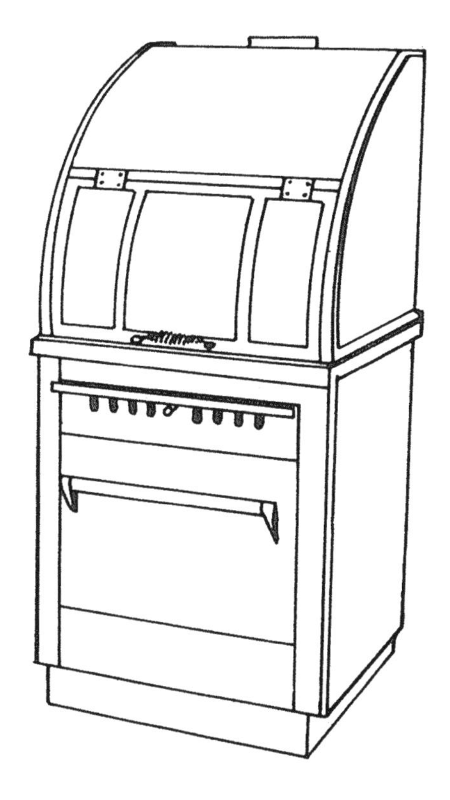

Figura 6.3. Prusiana de un cuerpo; mural; fija; esmalte vitrificado con cantoneras de acero inoxidable. Medida total: 69 x 72 x 50. Medida parrilla: 50 x 55. Peso: 172 kg.

Independencia del local

Instalación y ubicación. Requiere conexión de «tiros» a chimenea, adosamiento a la pared (en algunos casos, se hace necesaria la instalación fuera de la pared). Su lugar de instalación puede ser: en la partida del asador, en una partida especial o en pequeño local independiente a la vista del público. Debe llevar anexa (sobre todo cuando está situada en local independiente) estufa o calientaplatos y a veces baño maría, freidora y mesa propia siempre.

Conservación, prevención de accidentes y manejo. Los cuidados de conservación son similares a los de un fogón de carbón mineral. Su manejo requiere cierta especialización; esquemáticamente: abrir tiros, depositar en el centro del hogar (sin rejilla) papel arrugado y sobre éste pequeñas astillas muy secas, prender fuego y dejar llamear la leña, depositar sobre la llama carbón en montón piramidal (preferiblemente en cantidad suficiente para todo el «servicio», evitando así la reposición). Prendido el carbón, extenderlo y dejarlo arder hasta verlo incandescente y sin humo; poner la rejilla a calentar y después limpiarla con cepillo y estropajo de alambre o rasqueta y luego con bayeta húmeda. Calentar nuevamente la parrilla, antes de depositar en ella los géneros, que deberán estar engrasados ligeramente y no ser muy gruesos. Al final de la jornada evacuar residuos y hacer limpieza general.

ASADOR

Es el elemento empleado en la técnica de preparados «al asador». Comprende en síntesis: espada o ensartadora giratoria, sobre ejes situados en los extremos, colocada a la distancia conveniente del rescoldo u otro elemento generador de calor. Existen multitud de variantes en su formato y tamaño, para instalaciones al aire libre, en grandes chimeneas, etc., ya que es un elemento que lleva usándose cientos de años en todo el mundo.

Se reproduce un modelo actual, usado en cocinas y otros lugares a la vista del público, con aplicaciones muy diversas en cuanto a las piezas de carne, pollos, pajaritos, etc., cuyas diferencias principales son la distancia que deberán guardar entre sí las ensartadoras y el combustible a emplear, eléctrico casi siempre, y en otros casos gas ciudad o propano. Su ventaja es la estabilidad de calor que procura un tostado regular.

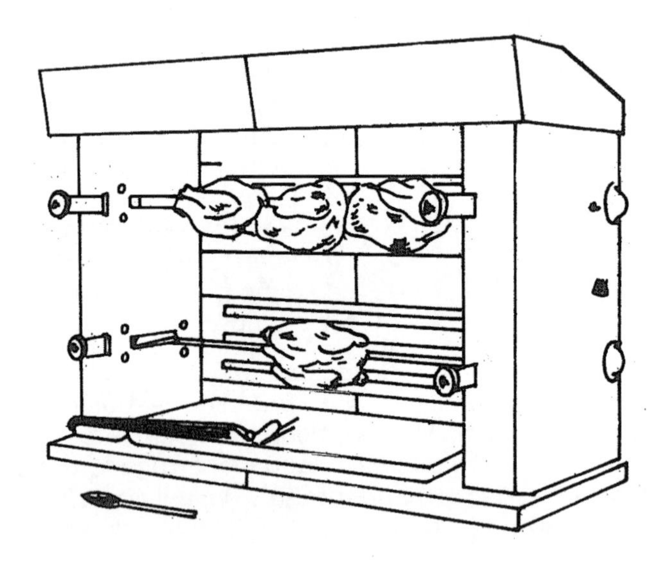

Figura 6.4. Asador eléctrico (por calentamiento de secciones de resistencias que producen un campo de rayos infrarrojos), ensartadoras de funcionamiento mecánico giratorio por motor autónomo en campo propio de calor. Estructura pensada para pollo y piezas similares. Puede asar de una vez varios pollos, según dimensiones y número de ensartadoras.

PLANCHA PARRILLA

Existen diversidad de modelos con autonomía de calor: eléctricas, de gas. Varían también sus tamaños.

Modelo de plancha parrilla

Gas propano, ciudad o butano, transportable, situable en mesa, plancha asadora con recogedor de grasas, quemador en forma de H regulable.

Figura 6.5. Plancha parrilla; gas propano o ciudad o butano; transportable; situable en mesa; plancha asadora con recogedor de grasas; quemador en forma de H regulable. Medidas totales: 45 x 66 x 25 centímetros. Peso: 24 kilos.

HORNOS

Se entiende por horno la estructura hueca (con posibilidad de cierre, generalmente), que recibe calor de una forma u otra, donde se depositan los alimentos para su «asado» o «cocción al horno». Se refiere este estudio a los de instalación autónoma.

Tipos. Según el combustible empleado puede ser: eléctrico (más usados), gas propano o ciudad (menos usados), leña y gas-oil (raramente usados).

Eléctricos. Son los que reúnen mejores condiciones de regulación, limpieza, rendimiento, conservación y facilidad de manejo. Parecidos en todo a los fogones eléctricos y de instalación similar. Son calentados por resistencias de intensidad regulable en cada cámara de cocción.

Elementos principales. Comprenden en general: mueble metálico de forma y dimensiones variables, con revestimiento interno de material refractario al calor; cámaras de cocción, con temperaturas de hasta cuatrocientos grados centígrados, puertas abatibles generalmente, salida de gases (reguladora de humedad ambiente) formada por planchas de hierro con guías de placas reguladoras laterales en algunos casos y luz propia; cámara de estufado con temperaturas de hasta cien grados centígrados, guías laterales y luz propia; termostato (marcador de temperatura); interruptores de encendido y graduación de temperatura por medio de dos secciones de resistencias (techo y suelo), en cada cámara, que permite, no solamente la graduación de temperatura general, sino también la relativa a techo y suelo.

Figura 6.6. Horno eléctrico; con necesidades de corriente similares al fogón; apropiado para pastelerías; con estufa. Medidas de mueble: 1,32 x 1,75 x 1,83 m. Medidas de cámara: 0,80 x 1,45 x 0,17 m. Posibilidad de placas al máximo en cada cámara: 6 de 0,47 x 0,38 m. Consumo máximo en arranque: 11 Kw/h; en mantenimiento: 6 Kw/h.

MARMITAS Y OLLAS A PRESION

De gran antigüedad, fueron bautizadas por su inventor Dionisio Papin, hacia el año 1671, con el nombre de «digestor». Se han perfeccionado y vulgarizado gracias al descubrimiento de aleaciones y materiales más duros e inalterables.

Fundamento. En síntesis, se trata de un recipiente o marmita que por su cierre hermético, al ser expuesto al calor, permite que el líquido o elemento húmedo que contiene adquiera temperaturas superiores a los cien grados centígrados (hasta ciento veinte grados centígrados), con **acortamiento del tiempo de cocción** (ciento ochenta minutos de marmita corriente igual a noventa y nueve minutos en marmita de baja presión y sesenta minutos en las de presión alta), de los alimentos sólidos; cocción más uniforme con **menor peligro de desmenuzamiento** por el escaso «golpeteo», logrado por la presión que ejerce el vapor liberado, y **tiempo de cocción controlable** merced a la estabilidad de temperatura interna. La técnica del «estofado» es posible gracias a la acción del vapor sobre géneros no cubiertos de líquidos y a la escasa pérdida de humedad, que permite mayor condensación de sabores por menor empleo de dicho líquido.

Tipos. Pueden ser: manuales o transportables (poco usadas en hostelería) y fijas, de gran uso en hostelería. Se estudia la olla fija.

Fija. Puede definirse como el generador de calor (con alguna excepción) de instalación autónoma, que permite la cocción de gran cantidad de género a la vez, por la técnica de cocción húmeda. El tamaño, forma, método calorífico empleado, etc., estará de acuerdo con las características del trabajo a realizar. Se estudian principalmente los elementos básicos de que constan en general y el método calorífico en particular.

Elementos básicos. Los más importantes son: marmita propiamente dicha o recipiente, cámara de calentamiento, válvulas, salidas de gases o vapores y niveles.

Marmita o recipiente. Fabricada con metales de gran dureza (tanto más duro cuanto mayor sea la presión a soportar), que fueron hierro colado y hierro colado con revestimiento interno de porcelana, y hoy son de acero inoxidable y duroalumínio; de capacidad muy variable (20 a 500 litros), tapadera de cierre hermético (por abrazaderas o similar y aro de goma sintética), basculante en su apertura y cierre.

Cámara de calentamiento. De forma similar y tamaño mayor que la marmita, con la que forma un solo cuerpo, está ocupada por: quemadores y expansión de gases o quemadores y espacio para agua y su conversión a vapor, o resistencia (aceite y espacio de expansión de aceite y gases), con material aislante en su cara externa. Lleva también niveles y salida de gases y líquidos en algunos casos.

Válvulas. Están basadas, en síntesis, en la resistencia que un cuerpo ofrece a la presión interna por su peso, dureza, etc., que al llegar a un límite se abren y permiten el paso del vapor, lo que origina la bajada de temperatura y presión en el interior. De regulación son las que entran corrientemente en servicio, y de seguridad, las que funcionan en caso de avería de las de regulación. Pueden ir independientes o integradas. La subida de presión, sobre los límites marcados, puede ser producida por una elevación muy brusca de temperatura o por obstrucción interna de la válvula.

Salida de gases. Tiene por objeto liberar los producidos por los quemadores o líquido del baño maría de la cámara de calentamiento. Los vapores de la marmita pueden efectuarse por la válvula de regulación o tubo de salida de la tapadera. En ocasiones existe salida de líquidos en dilatación.

Nivel. Es el utensilio que marca la altura del líquido contenido en la cámara de calentamiento.

Regulación de calor. La regulación de calor se hace por sistemas propios al método de calentamiento empleado, termostato en electricidad, interruptores en gas, etc.

Mayor condensación de sabores

Figura 6.7. Marmita de vapor; fija sobre zócalo propio; desagüe incorporado; tirantes enganchables; salida de vahos por tubo; válvulas unidas. Medidas máximas: 1,340 x 1,030. Peso: 1.000 Kg. Capacidad: 500 litros.

Tipos según el elemento de calentamiento empleado. Los más importantes son: por vapor, por gas y vapor, por gas directo y por electricidad.

Vapor. Calentamiento producido por vapor o agua calentada de generación ajena a la marmita. Es práctico si existe instalación general en el establecimiento.

Gas y vapor. Por combustión a cubierto, de gas ciudad o propano, que calienta y convierte en vapor el agua contenida en el baño maría o cámara de calentamiento.

Gas directo. Por combustión a cubierto, de gas o propano, cuya llama y gases liberados calientan directamente la marmita.

Electricidad. Por resistencias blindadas, que calientan el baño maría de aceite de la cámara de calentamiento.

Atención a la presión

Funcionamiento, mantenimiento y prevención de accidentes en general

1. Poner en la olla el elemento a cocer, con tanta más húmedad cuanto más tiempo deba permanecer en la cocción, sin que la altura del líquido sobrepase las tres cuartas partes de la altura de la olla.
2. Poner en funcionamiento el dispositivo de calor a máxima temperatura.
3. Al empezar el hervor, cerrar la olla.
4. Esperar la toma de presión.
5. Bajar la graduación de temperatura al mínimo (temperatura de mantenimiento).
6. Mantener la presión el tiempo requerido, con cierta vigilancia.
7. Desconectar el dispositivo de calor.
8. Retirar presión por válvula de regulación o similar.
9. Aflojar paulatinamente la tapadera.
10. Abrir la olla.

No debe tenerse la olla a altas temperaturas de mantenimiento; no deben abrirse ni grifos de vaciado ni tapadera antes de desaparecida la presión totalmente; no debe ponerse en funcionamiento con el recipiente seco; no debe usarse en elaboraciones que no llevan humedad, como, por ejemplo, en el caso de fritos, etc.

MESA CALIENTE

Es el mueble metálico de calentamiento, a temperaturas menores de cien grados centígrados (cincuenta a setenta grados centígrados), por electricidad, gas ciudad o propano, o vapor, principalmente. Se estudian, en general, su presentación, aplicaciones, uso e instalación.

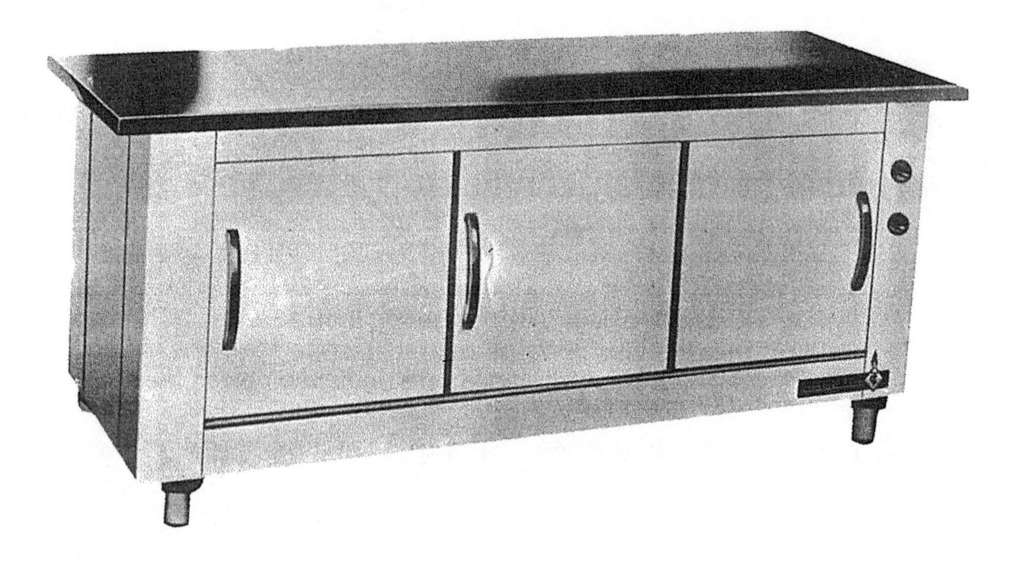

Figura 6.8. Mesa caliente; pies regulables; eléctrica; alterna trifásica; 220 a 440 V. Medidas: de 0,80 x 0,85 x 1,50 m. Peso: 230 Kg. Capacidad apriximada: 180 platos. Otras medidas: 0,80 x 0,85 x 3,00 metros, con peso de 450 kg. y capacidad de 420 platos aproximadamente.

Presentación. Su estructura puede ser rectangular o cuadrangular, con uno o dos frentes de puertas correderas y una o más filas de baldas, fijas o no. Su exterior puede ser de hierro colado negro con cantoneras pulidas, en los modelos antiguos; esmalte vitrificado o acero inoxidable en las modernas y éstas con aislamiento de lana de vidrio o similar en su parte exterior.

Calentamiento de platos

Aplicaciones. Calentar y surtir de platos al comedor a la hora del «servicio»; como mesa de control y distribución de alimentos. Fuera de la hora del «servicio» puede usarse como lugar de trabajo y estufa fermentadora.

Uso. Cargada de platos por el ayudante de comedor, se pone en funcionamiento su calefacción poco antes del servicio; se cubre su superficie con paño-manta y paño cambiable y se instalan los elementos de control y «servicio».

Instalación. Debe situarse como medianera entre la cocina y el paso al comedor, con vertiente de puertas hacia el lado de los ayudantes de comedor.

SARTENES ABATIBLES

Estos generadores de calor, reciben nombres diferentes según el fabricante: «sartén volquete», «paellera basculante», «freidora volquete», etc. Pueden definirse como recipientes generadores de calor con posibilidad de vaciado rápido por basculación. Se estudia su presentación, aplicaciones e instalación.

Presentación. Placa rectangular, generalmente, de hierro grueso fundido, con cámara interna de genèración de calor directa a la placa y tapadera abatible; calentamiento por gas ciudad o propano o electricidad; sobre un solo pilar o sobre dos pilares. Sobre un **solo pilar,** abatible por palanca en engranaje. **Sobre dos pilares,** abatible por ejes o pivotes, con engranaje helicoidal o husillo sinfin autoblocante; con pies regulables, sobre zócalo propio.

Aplicaciones. Por su construcción de recipientes de bordes bajos es apropiada para salteados, estofados, arroces, fritos con poco aceite, etc., con placa cerrada o cubierta. De uso recomendable en establecimientos de gran volumen de trabajo con servicio «al cubierto», principalmente.

Instalación. Requiere la instalación apropiada a su tipo de generador de calor. Similar a la de un fogón y como éstos, campanas, extractores, etcétera. En algunos casos requerirá también instalaciones supletorias, como desagües y mesas, puesto que su uso es similar al del fogón. La ubicación, dentro de la cocina, puede variar según aplicaciones específicas.

Figura 6.9. Sartén abatible; a gas propano o ciudad. Medidas totales: 1,50 x 80 x 95. Medidas internas recipiente: 0,80 x 0,60 x 0,18 metros. Peso total: 330 Kg. Consumo gas propano a pleno: 1,97 Kg/h. Consumo gas ciudad a pleno: 5,63 l/h.

BAÑO MARIA

Definición general. Es el utensilio contenedor de agua caliente dentro del cual se sitúan los recipientes contenedores de alimentos para conservarlos calientes por espacio de un tiempo determinado, generalmente lo que dure el «servicio».

Figura 6.10. Baño María: fijo; sobre pies graduables; gas ciudad o propano; espacio de «desahogo». — Dimensiones totales: 1 x 1 x 0,85 m. Entrada y salida de agua incorporada. Peso: 110 Kg.

Tipos

a) Placa de bordes altos con agua puesta a calentar sobre el fogón convencional.

b) Fijo.

c) Transportable.

Veamos estos dos últimos.

Fijo. Es el que tiene instalación propia y autónoma de desagüe situado como componente o accesorio del fogón. Comprende: cuerpo de dos placas superpuestas y unidas de forma igual y tamaño diferente cuyo interior es la cámara de calentamiento por gas o electricidad o vapor; accesorios de funcionamiento y regulación de temperatura; desagüe-regulador de agua; llave de entrada de agua.

Transportable. Está formado por dos placas superpuestas de igual forma y distinto tamaño y unidas, en cuyo interior lleva resistencias eléctricas con o sin aceite. Es fácilmente transportable, generalmente sobre ruedas. Su aplicación particular es la posibilidad de situarlos según necesidades cambiables.

7 MAQUINARIA III. GENERADORES DE FRIO

Se refiere a los elementos de producción propia de frío, **empleados en la conservación de alimentos perecederos** o en la **elaboración y conservación de postres congelados.**

Se estudian los fundamentos de generación de frío y sus elementos en general, y el formato particular de algunos importantes.

ELEMENTOS EMPLEADOS EN LA CONSERVACION DE ALIMENTOS PERECEDEROS

Fundamento del frío. El gas líquido almacenado por el calderín o depósito va al compresor, donde se gasifica por la acción del pistón al comprimirlo y calentarlo, y pasa por el pequeño orificio que lleva al conducto del evaporador o sepertín, al que recorre enfriándolo, para llegar al condensador, donde se licúa nuevamente. Partes importantes de este proceso son: serpentines o evaporadores, gases, motor y otros elementos auxiliares de los que estudiaremos: características, formato y funcionamiento.

Características

Serpentines o evaporadores. Aunque existan los de enfriamiento por salmuera enfriada, de poco uso en hostelería, se estudian los de funcionamiento por gas, de techo o lateral.

De techo. Mas usados, sobre todo en cámaras de gran tamaño, se componen de un conducto cubierto de hojas metálicas, en forma de batería, delta o similar, que cubre la mayor parte del centro del techo. El frío baja, por su menor peso específico, y cubre las áreas cercanas de frío, tanto menor cuanto más alejadas estén.

Lateral. Especie de cajón metálico en cuyo interior va el evaporador en forma de batería, cubierto por un radiador a través del cual es impulsado el frío por un ventilador. Tiene la ventaja de igualar las áreas de frío, y su inconveniente, el aire provocado por el ventilador, que puede secar los géneros almacenados. En todo serpentín se produce una condensación externa de vapor en forma de hielo, que puede llegar a impedir el paso del frío. Por esto ha de desbloquearse periódicamente por desconexión y subida de temperatura hasta el deshielo, nunca golpeándolo. Para ello llevan vertedero de agua acoplado. El serpentín debe estar situado fuera de la posibilidad de golpes.

Gases. Los más usados en principio fueron el sulfuro y el amoníaco. Desechado éste por la posibilidad de intoxicación al respirarlo y de transmisión de olor y sabor a los alimentos en el caso de «escape». Actualmente se emplea el cloruro de metilo, de características semejantes al amoníaco (muy suavizadas), y principalmente el Freon 12 ó 22.

Motor. Funciona por electricidad, con la misión principal de comprimir el gas por medio de pistones. Requiere refrigeración por ventilador e instalación en lugar fresco, o por circuito de agua circulante, cuando se trata de grandes cámaras. Lleva dispositivo electroautomático que recibe «mensajes» del reostato o marcador de presión del gas y del termostato o marcador de temperatura en la cámara.

Elementos auxiliares. Se incluyen los que ayudan a la conservación del frío, como son: revestimiento externo de materiales aislantes, como fibras, corcho, etc., necesarios en todo generador de frío; perfecto cierre por cerrajería apropiada, juntas de goma, fuerza magnética, etc.; situación en lugar fresco; antecámaras aislantes. Su uso requiere, además de la vigilancia mecánica, el no almacenar alimentos calientes y mantener las puertas abiertas el tiempo imprescindible.

Formato. Se refiere a las diferentes estructuras que presentan según tamaño, forma y capacidad. Se separan tres tipos generales: grandes cámaras, pequeñas cámaras, armarios frigoríficos.

Grandes cámaras. Pueden definirse como la habitación o serie de habitaciones construidas en albañilería, según necesidades del establecimiento, para la conservación por frío de alimentos a largo plazo. Además del motor, serpentines, etc., comprenden las más completas: antecámara, cámara de refrigeración y cámara de congelación.

Antecámara. Cámara de aislamiento sin frío propio, que puede emplearse como lugar de almacenaje de artículos poco perecederos, como fiambres, conservas y escabeches, con temperaturas de ocho a doce grados centígrados.

Cámara de refrigeración. Situada inmediatamente después de la antecámara, debe mantener una temperatura de uno a dos grados centígrados, y sirve de paso a la de congelación y de antecámara de ésta. Puede constar de varias partes independientes para pescados, carnes, frutas, huevos, etc. El tiempo de conservación puede considerarse como a mediano plazo.

Conservación a largo plazo

Cámara de congelación. Puede constar de una o varias partes independientes, según la diversidad de tipos de géneros a conservar: carnes, pescados, frutas, etc., con graduación de temperatura por termostato, adecuada al artículo. Cuando se use una sola cámara, la temperatura será de menos veinte grados centígrados, aproximadamente. Cada compartimento de la cámara (que, en general, forma un bloque) tendrá: luz propia, suelo en vertiente con desagüe, estanterías o ganchos y depósitos, para la colocación de géneros, puertas con posibilidad de apertura desde dentro, revestimiento de paredes y suelo fácilmente limpiable.

La capacidad de estas cámaras, marcada en litros o metros cúbicos, será adecuada a las necesidades de almacenamiento, y sus formas acopladas, en lo posible, a la estructura del espacio disponible. Su ubicación debe reunir dos condiciones: cercanía y comunicación fácil con el cuarto frío, y con la entrada de proveedores.

Uso. El empleo y conservación de cámaras y del género almacenado requiere ciertos cuidados de limpieza pero sin el empleo de detergentes que transmitan olor o sabor; desbloqueo periódico de serpentines; revisiones de motores y unos cuidados en el almacenaje, que pueden resumirse en: señalización de orden de entrada (que marcará la de salida), de géneros por fechado o situación convenida en la cámara; comprobación de temperatura fría; esparcimiento (o no amontonamiento) en los que lo requieran, como las carnes; apilado perfecto de los que lo precisen, como congelados empaquetados, para mejor aprovechamiento del espacio.

Pequeñas cámaras. Construidas de material similar a las «grandes cámaras», con instalación, igualmente, de motor y otros accesorios, se diferencian de aquéllas en su ubicación dentro de la cocina caliente o sus departamentos, en su menor tamaño en forma de armario. Sus aplicaciones, formato y ubicación son similares a las del armario frigorífico, lo que hace innecesario un estudio separado.

Armarios frigoríficos. Pueden definirse como los muebles situados dentro de la cocina caliente o sus departamentos, empleados en la conservación, por refrigeración a corto plazo, de géneros de uso inmediato o constante. Existe gran diversidad de modelos y tamaños, según sus aplicaciones y necesidades. Su composición puede ser: **motor** incorporado o de instalación separada, y **armario** propiamente dicho: asentado sobre zócalo propio o construido, o pies regulables; con compartimentos estancos o comunicados y en ocasiones con dos vertientes de puertas de forma diferente, que permita el llamado almacenaje colgado; sección de serpentines en compartimento estanco; refrigeración de motor al aire por radiador, y serpentín lateral. El rendimiento de estos armarios o su capacidad de almacenaje se mide en litros. Su presentación o aspecto externo varía grandemente, sobre todo entre los de cocina propiamente dichos y los que han de estar expuestos al público con empleo, éstos, de maderas, cristal, etc.

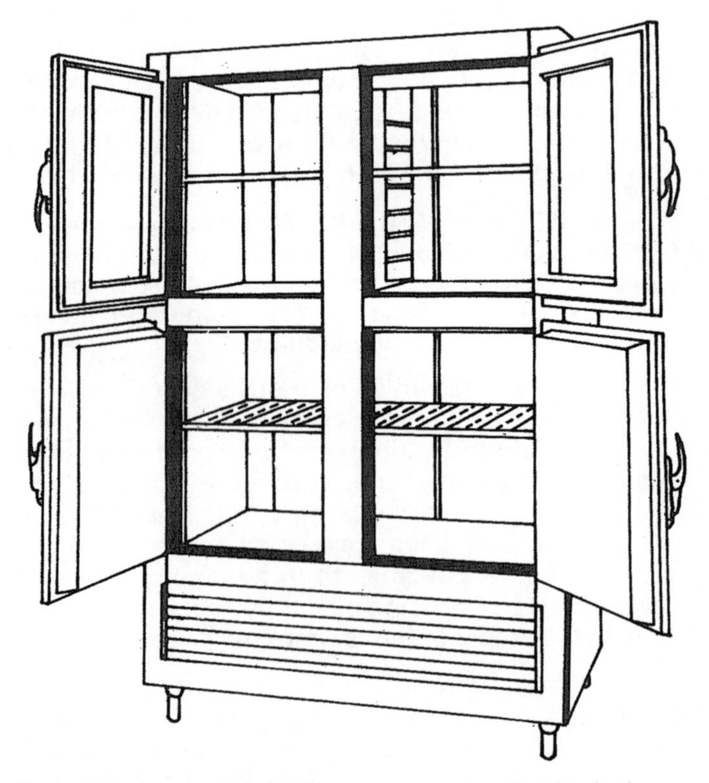

Figura 7.1. Armario frigorífico; serpentín central; puertas de cristal; pies regulables; motor refrigerado al aire por radiador y frío propio de frigorífico.

ELEMENTOS EMPLEADOS EN LA ELABORACION DE POSTRES

Son los diversos aparatos e instalaciones que, en virtud del frío artificial, se utilizan para elaborar postres congelados. Se estudia la denominación, misión y fundamento de la sorbetera o heladera, y tres formatos muy diferenciados: mueble helador-conservador, sorbetera manual y batidora-heladora.

Depósito de salmuera

Denominación, misión y fundamento de la sorbetera. Su **nombre** de sorbetera deriva del árabe **xorba** (bebida), nombre que daban a la mezcla preparada con nieve endulzada y aromatizada. Su misión es aglutinar y emulsionar los pequeños cristalillos de hielo formados en un líquido al contacto con un frío intenso provocado. Se **funda** en los sucesivos descubrimientos científicos de Fahrenheit (consiguió temperaturas más bajas por la mezcla de salitre a la nieve); Reaumur aconsejó, en un estudio sobre la fabricación de «hielo comestible», la retirada del hielo formado en la superficie interior de la cuba contenedora de mezcla, que impedía el paso del frío y facilitaba la formación de cristalillos de hielo de gran tamaño, que hacían el producto menos agradable y Emy, que siguiendo este consejo, inventó las espátulas o aspas manuales giratorias que han llegado hasta nuestros días. Puede variar el formato de la sorbetera, pero siempre se compondrá de: **espátulas** despegadoras, que giran continuamente hacia un lado; **cubeta** contenedora de mezcla, con giro continuo y opuesto al de la espátula y que está sumergida en una salmuera o similar con muy baja temperatura.

Mueble helador-conservador. De uso común en hostelería, comprende: **sorbetera** y **mueble congelador conservador.**

Sorbetera. Es, en síntesis, un depósito de salmuera líquida con tanta más concentración de sal cuanta más baja sea la temperatura que se quiera conseguir, o de solución de cloruro de calcio —que desarrolla doble densidad en el mismo volumen— enfriada, en cualquier caso, por serpentines de fundamento similar a los empleados en cámaras frigoríficas, en la que está sumergida la cuba contenedora de la mezcla, que gira en una dirección accionada por el mismo motor del compresor. Dentro de la cuba gira en dirección contraria la espátula o espátulas. El frío, menos quince grados centígrados aproximadamente, es graduable por mecanismo graduado (dentro de las limitaciones que marca la densidad de la salmuera) y regulado por medio de termostato.

Mueble congelador-conservador. Como su nombre indica, es usado para congelar y conservar productos congelados. Comprende dos partes principales, una empleada para la conservación de helados hechos en sorbetera, con temperaturas aproximadas de menos quince grados centígrados, con varias puertas situadas en su superficie horizontal, que permiten mantener las cubas de helado a buena temperatura, a pesar de estarlas abriendo constantemente, y hacen fácil el trabajo de «emplatar» el helado; otra, para elaboraciones de temperaturas de conservación más bajas, alrededor de menos veinte grados centígrados y almacenamiento distinto, como biscuit, bombas heladas, tartas, etc., con baldas y, en algunos casos, serpentines propios, en forma de armario y con puertas laterales.

Heladora y conservador forman un solo cuerpo, generalmente de una altura aproximada de 0,80 metros, que permite trabajar mejor con ella. Actualmente son muy usados los conservadores independientes transportables, apropiados principalmente para los helados hechos con sorbetera.

SORBETERA MANUAL

Se incluye en el grupo de los generadores de frío por la igualdad de fundamento, en los elementos que la integran y sus aplicaciones. Por esta misma razón, sólo se estudia su estructura y elementos que la integran.

Figura 7.2. Sorbetera manual de 2 a 10 litros de capacidad.

Elementos que la integran. Cuba de madera receptora de hielo con sal; cubeta metálica contenedora, que puede girar sobre pivote encajado al suelo de la cuba de madera; espátulas con brazos de madera, que giran por medio de un pivote encajado en el hueco del suelo de la cubeta contenedora; tapadera con encaje a la cubeta contenedora y doble juego de ruedas dentadas, que permite el giro en diferente sentido de cubeta contenedora y espátulas. Su manejo requiere: montaje de todos los accesorios; carga de hielo picado con sal bien apretado en el hueco entre la cuba y la cubeta; accionamiento de la manivela, a mano corrientemente y por electricidad si poseen motor. El hielo estará bien apretado y su deshielo será desalojado por el orificio que incluye la cubeta de madera.

BATIDORA-HELADORA

Son pequeñas batidoras, diseñadas para situar dentro de un congelador, para hacer helados del tipo de sorbetera en pequeña cantidad. Se usa principalmente en la cocina casera.

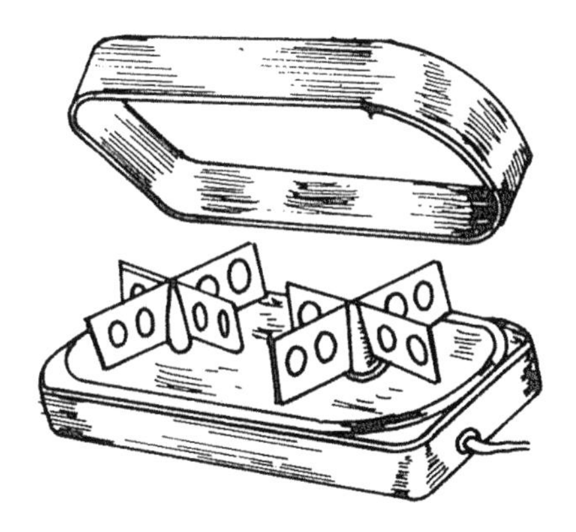

Figura 7.3. Batidora-heladora; doble espátula. Capacidad: 2 litros. Bitensión.

8 PEQUEÑA MAQUINARIA

Se refiere a los generadores de fuerza por electricidad, encargados de sustituir el trabajo manual. Son convenientes por la perfección, regularidad y rapidez de su trabajo, disminuyendo los gastos por nómina. Existe gran variedad en tamaños, formas y rendimientos.

Se estudian las más importantes en sus aspectos de aplicación, fundamento y partes vitales, conservación, etc. Son: batidora, amasadora, moledora-refinadora, picadora, peladora, ralladora, cortadora, trinchadora, balanza y universal.

Modalidades y funciones

BATIDORA

Aplicaciones. Montar o batir y mezclar géneros, principalmente bizcochos, merengues y pastas ligeras, como la savarín.

Fundamento. Consta de una varilla o batidora (desmontable) que gira batiendo, al tiempo que efectúa un movimiento de traslación planetaria, que mezcla. El recipiente o cuba (desmontable) tendrá forma y dimensiones apropiadas al recorrido de las varillas. Cuenta con accesorios de brazos para cuando se use como mezcladora o amasadora.

El número de revoluciones será graduable, generalmente en tres tiempos, adecuado cada uno a una fase de trabajo.

Figura 8.2. Amasadora, con batidora incorporada. Para masas blandas.

Figura 8.1. Batidora de mesa. Capacidad de cubeta: 14 litros.

Conservación. Para su buen uso es necesario un perfecto acoplamiento de cuba y varillas. No debe ser empleada en mezclas excesivamente duras, ya que trabajaría forzada y podría quemarse la bobina del motor. La limpieza de cuba y varillas debe ser perfecta, principalmente en batido de claras y bizcochos. Pueden ser fijas o trasportables.

AMASADORA

Aplicaciones. Amasado de harinas y líquido, principalmente masas de levadura.

Fundamento. Cubeta giratoria (fija generalmente) que lleva brazos que mezclan y comprimen por movimiento independiente. Otras menos comunes comprimen por rodillos para masas más duras.

Conservación. No someterla al trabajo de masas excesivamente duras. No acercar las manos a los brazos en funcionamiento, que pueden producir accidentes. La limpieza de la cubeta requiere, en algunos casos, raspado previo.

MOLEDORA-REFINADORA

Aplicaciones. Pensada para elaboraciones de almendras, principalmente mazapán y turrón, puede moler y convertir en polvo cualquier género bien seco.

Fundamento. Muele **en grano grueso,** gracias a la serie de rodillos dentados horizontales de girado opuesto, y **en polvo,** gracias a otra serie de rodillos pulidos similares. Graduando la separación de rodillos se gradúa el grueso de molienda. Los rodillos pulidos pueden ser utilizados en labores de amasado.

Conservación. Limpieza escrupulosa, con raspado de rodillos y revisión del género a moler, para evitar que entren en los rodillos objetos metálicos o similares, causantes de averías.

Figura 8.3. Moledora-refinadora con batidora incorporada.

PICADORA

Aplicaciones. Dividir carnes en pequeñas porciones. Se emplea, en algunos casos, para el picado de ciertas hortalizas.

Fundamento. Arbol horizontal en forma de rueda sinfin, que empuja por comprensión el género hacia una cuchilla, en forma de aspa, que corta con el filo apoyado en los discos agujereados o rejilla, por donde sale la carne cortada, tanto más fina cuanto más pequeños sean los orificios.

Conservación. Su limpieza requiere desmontado de árbol, cuchillas y rejillas, y raspado y desobstrucción de orificios. Su montaje requiere perfecto ajuste de sus partes, en especial de rejilla contra cuchilla. La cuchilla necesita un afilado periódico. El género a cortar no llevará pellejos duros ni huesos que dificultan el funcionamiento y producen averías. No se debe impulsar el género con las manos, en evitación de accidentes, que pueden llegar a la mutilación. No hay que golpear el árbol, un tanto frágil por ser de hierro colado.

Figura 8.4. Picadora de carne con aserradora incorporada de 1/2 a 2 HP. Inoxidable.

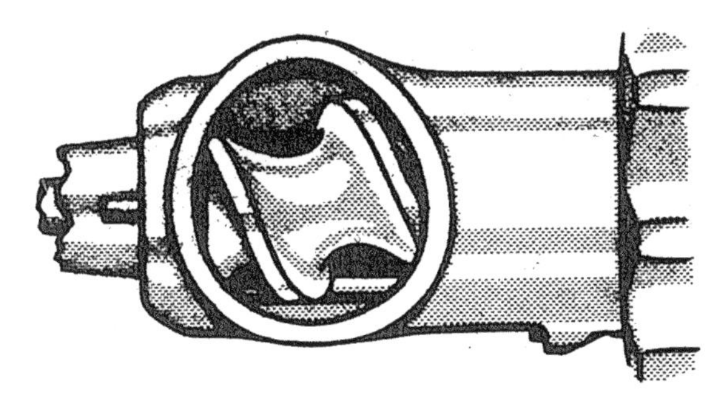

Figura 8.5. Picadora de carne con aserradora incorporada de 1/2 a 2 HP. Inoxidable. Cinta de tornillo sinfin.

Figura 8.6. Antigua máquina picadora normal de hierro calado galvanizado.

PELADORA

Aplicaciones. Despojar de su piel a ciertas hortalizas crudas, patatas principalmente. Práctica sólo en caso de gran volumen de trabajo.

Fundamento. Por raspado o fricción del género contra las paredes ásperas (a modo de lija) de la cubeta giratoria.

Conservación. Graduación perfecta de tiempo en funcionamiento para evitar pérdida excesiva de peso. Su limpieza interna debe hacerse por agua al chorro. El género debe ser lavado en agua fría y mantenerlo en lugar fresco para evitar una fácil fermentación.

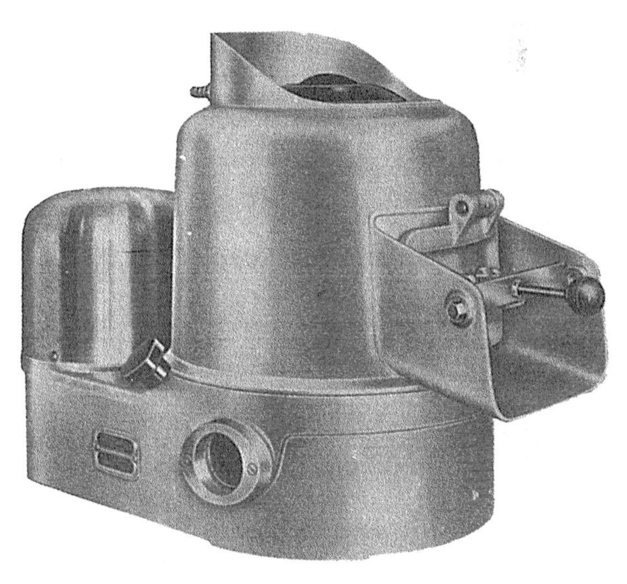

Figura 8.7. Peladora de patatas; de 20 kilos de peso. Capacidad para 6 kilos de patatas. Aluminio pulido.

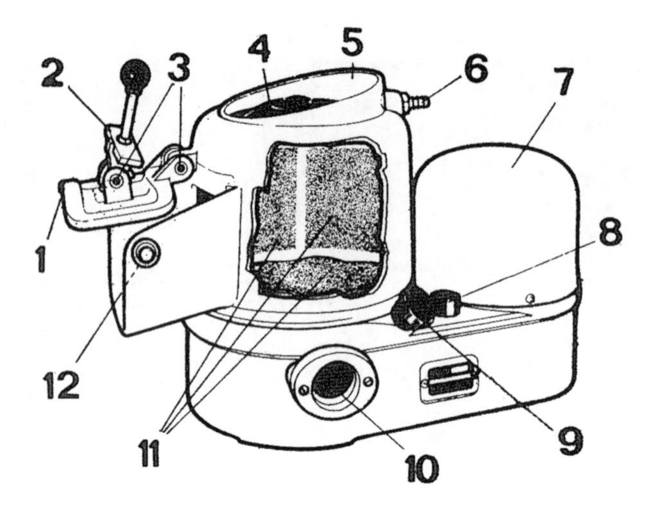

Figura 8.8. Esquema de la máquina: 1. Frisa de goma que proporciona un cierre hermético. 2. Barra de sujeción de acero inoxidable. 3. Cojinetes de nylon lubricados por agua, para los pasadores de articulación de acero inoxidable. 4. Tapa contra salpicaduras, de caucho duro. 5. Tolva con respaldo alto. 6. Punto de admisión de agua. 7. Motor dotado de cubierta de aluminio centrifugado a prueba de manguera. 8. Lubricador externo para cojinetes del eje impulsor. 9. Una de las dos perillas de sujeción del tambor. 10. Vaciadera de desperdicios, rosca 2'' B.S.P. 11. Abrasivo de carborundo de grano fino. 12. Cubo de sujeción de la puerta de descarga.

RALLADORA

Aplicaciones. Granular ciertos géneros secos, como son queso y pan.

Fundamento. Basada en la compresión de géneros a través de un cilindro o placa dentada en movimiento.

Conservación. Requiere limpieza por raspado de rodillo y empleo de géneros suficientemente secos.

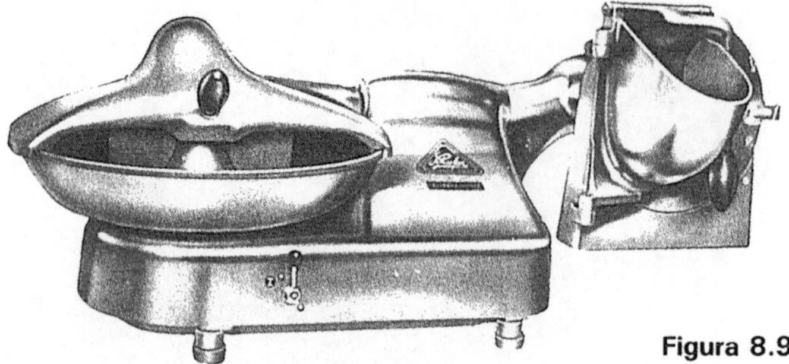

Figura 8.9. Ralladora. Incorporada a cortadora CUTTER. Inoxidable.

CORTADORA (CUTTER)

Aplicaciones. Trocear carnes y hortalizas crudas.

Fundamento. Por cubeta giratoria, que hace pasar los géneros por cuchillas giratorias. Su resultado es un corte similar al de un cuchillo.

Conservación. Similar a la máquina picadora.

Figura 8.10. Ralladora manual. De hierro calado y tambor rallador de hojalata.

TRINCHADORA

Aplicaciones. Cortado de fiambres, queso de cierto tipo, pan de molde, etc., con grosor graduable.

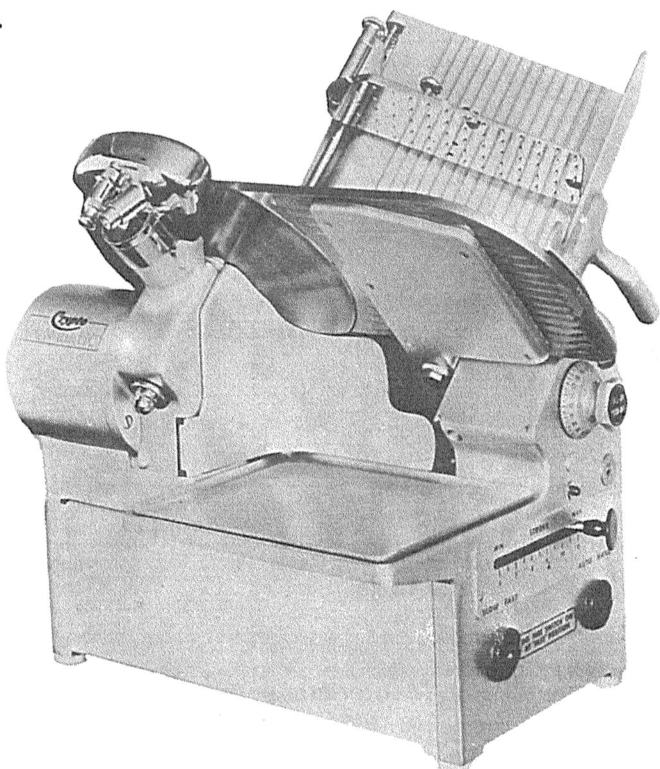

Figura 8.11. Trinchadora; eléctrica; automática, con afilador incorporado. Medidas: 65 x 69 cm.

Fundamento. Cuchilla circular giratoria, sobre cuyo filo pasa con movimiento de vaivén el género que va sujeto y es «empujado» por resorte o a mano. Lleva, en ocasiones, afilador incorporado.

Conservación. No debe emplearse en corte de géneros con huesos, ni acercar excesivamente la mano a la cuchilla en funcionamiento; limpieza y mantenimiento de cuchilla y accesorios en seco o con secado inmediato y perfecto.

BALANZA

Aplicaciones. Pesar hasta un determinado número de kilos (6 a 12).

Fundamento. Se basa en el descenso calibrado de un platillo que impulsa la aguja situada en un cuadro graduado.

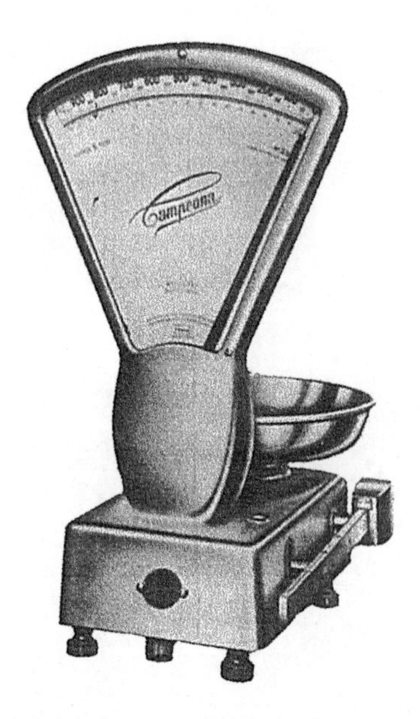

Figura 8.12. Balanza. Medida: 60 alto, 36 x 21 centímetros caja. Peso: 18 kg.

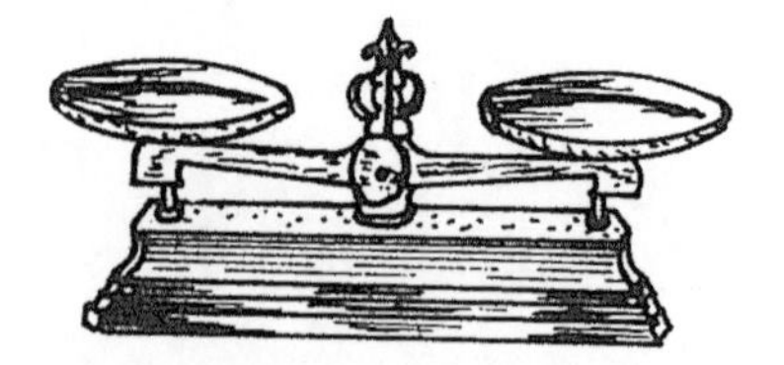

Figura 8.13. Antigua balanza de equilibrio y «pesos».

Conservación. Mantenerla perfectamente nivelada para que el peso sea exacto. Requiere revisión periódica del técnico. Debe evitarse que reciba golpes.

UNIVERSAL

Recibe este nombre el cuerpo de motor con acoplamiento de accesorios de batidoras, para purés, picadora, cortadora, peladora, ralladora, etc. Son de gran utilidad en establecimientos pequeños.

MESAS DE TRABAJO

Son las superficies de apoyo o lugares donde el cocinero efectúa sus preparativos y trabajos en frío.

Se estudian características de materiales de fabricación, amplitud, fortaleza, nivelación, estructura, limpieza y conservación y posición.

Materiales de fabricación. Madera cepillada sin pintar, muy usada todavía, fabricada a medida por encargo; bastidor o estructura metálica, con tableros en madera cepillada, madera prensada o metálica, poco usadas actualmente; acero inoxidable, total o parcialmente, de uso muy actual.

Superficie de apoyo

Amplitud. Se refiere a la superficie aprovechable de tablero, baldas y cajones que requiera el número de puestos de trabajo, considerando que cada puesto necesita un mínimo de 1,20 metros de largo por 0,70 de ancho.

Fortaleza. Se refiere al grueso del tablero y baldas, sujeción de cajones y de asentamiento suficiente para impedir su oscilación, bien por el número de patas, por la fortaleza de éstas, o de armazón en general.

Nivelación. Debe ser comprobada la perfecta nivelación, lograda en algunos casos por pies de altura regulables.

Estructura. Se refiere a la adecuación de su forma al espacio escogido; composición obligada de tablero, cajones, baldas de menores dimensiones que el tablero, desmontables o fijas y armazón con patas y pies regulables. Pueden llevar dos vertientes de cajones, si es central; una vertiente de cajones, si es mural, y en otros casos, ser mesa-armario de puertas correderas. Su forma más práctica es la rectangular.

Limpieza y conservación. La pulcritud que debe presentar la mesa requiere: no apoyar directamente sobre ella géneros crudos o cocinados ni recipientes utilizados en el fogón; empleo de tablas para cortar; ordenación de herramientas, platos y recipientes; limpieza al terminar una fase de trabajo, con la bayeta; limpieza a fondo después de cada servicio o cuando las circunstancias lo requieran.

Posición. En el cuarto frío o pastelería es aconsejable una o dos grandes mesas centrales, y una serie de ellas murales cubriendo los espacios libres de las paredes, con parte de mesas-armarios. En la cocina caliente, las mesas irán paralelas al fogón o fogones, con separación mínima de 1,20 metros, o la necesaria para permitir las funciones de apertura de hornos y cajones.

Figura 8.14. Mesa de trabajo; mural; acero inoxidable; pies reguladores de nivel. Medidas generales: 2,7 x 0,80 x 0,85 metros. Medidas cajones: 0,36 x 0,55 x 0,11 metros.

9 BATERIA DE COCINA I

Son los recipientes empleados en la cocina para trabajos en frío o calor y conservación de alimentos. Se estudian las características de los materiales empleados, sus dimensiones y aplicaciones.

Materiales. Se refiere a sus cualidades de conductibilidad de calor e inalterabilidad.

Conductibilidad. Son malos conductores, de lento calentamiento y enfriado, repartición homogénea del calor y difícil «agarre»; buenos para cocciones prolongadas y suaves: barro, china, cobre y, en menor escala, duraluminio y porcelana. Son buenos conductores y, por esto, de cualidades opuestas: hierro, acero inoxidable, empleados en cocciones rápidas, como fritos con pocas posibilidades de agarrado. El reforzamiento de un metal con otro y su mayor o menor grosor influye en la conductibilidad del recipiente.

Inalterabilidad. Se refiere a la no transmisión de olor, color y sabor por reacciones producidas al contacto o permanencia de un género o elaboración con un tipo de material. Los baños, como el estaño y plateado, cumplen esta misión. Depende, en alguno, de las características específicas del artículo (grasas, ácidos, etc.) y el tiempo de contacto. Totalmente inalterables son: vidrio, china, barro vidriado, porcelana sin desportillar. Inalterables a corto plazo: estaño y acero inoxidable. Alterables con peligro de envenenamiento: el cobre sin estañar o desestañado en parte. Con descomposición de color y sabor: aluminio y hierro negro.

Conservación. Comprende adecuación de uso, trato y limpieza.

Adecuación. Cada elemento tiene misiones específicas, fuera de las cuales puede sufrir deterioros; un recipiente de porcelana no puede emplearse para freir; uno de hierro negro no podrá ser empleado en hacer salsas blancas, etc.

Conservación y limpieza

Trato. Requieren cuidados de uso acorde con su fragilidad, arreglo de averías y estañado periódico.

Limpieza. La limpieza común requiere el mayor cuidado en las sucesivas operaciones de remojo, raspado y restregado, aclarado y secado, con empleo de detergentes, estropajos y bayetas apropiados, y exploración escrupulosa antes de su uso. Limpieza especial requiere el cobre y hierro negro, y cuidados especiales, el estaño.

Cobre. Su parte interna se limpia de forma común; su parte externa, por la frotación de una mezcla de sal, pimentón y vinagre o detergente especial, enjuagado, escurrido y secado rápido, con intensidad de frotación para el más perfecto secado.

Hierro. Ciertas sartenes de crepes, tortillas, etc., no deben ser fregadas. Su limpieza interna y externa se hace por «quemado» en el horno y posterior pulido al calor con sal, en su interior. Las placas de horno se limpian por raspado y frotado con papel o bayeta seca. El estaño, además de su limpieza común, requiere reposición del baño.

Formato. Se refiere a formas y tamaños, según sus aplicaciones. El cuadro incluye modelo básico, material de construcción, tamaños límites apropiados, aplicaciones importantes, referido a los de uso común.

CAZO ALTO

Aplicaciones. Se usa principalmente para salsas, hervidos, purés, cremas, etc.

Dimensiones. Oscilan de 18 a 26 cm. de diámetro y tienen una capacidad de 2 a 6 litros.

Material. Cobre o aluminio.

MARMITA CON TAPA

Aplicaciones. Se emplea para caldo y fondos, principalmente consomés, y en algunos casos sirve para hervidos.

Dimensiones. De 25 a 60 cm. de diámetro, con una altura aproximada de 25 a 60 cm. y una capacidad de 12 a 170 litros.

Material. Aluminio o cobre.

SAUTE

Aplicaciones. Se usa para rehogar, saltear y estofar géneros.

Dimensiones. De 18 a 30 cm. de diámetro y 4,5 cm. a 7 de alto.

Material. Cobre o aluminio.

SAUTE RUSO

Aplicaciones. Montar salsas emulsionadas, y en otros casos, rehogar, saltear y estofar.

Dimensiones. De 20 cm. de diámetro por 7 cm. de alto, hasta 30 cm. de diámetro por 9,5 centímetros de alto.

Material. Principalmente de cobre estañado.

RONDON CON TAPA

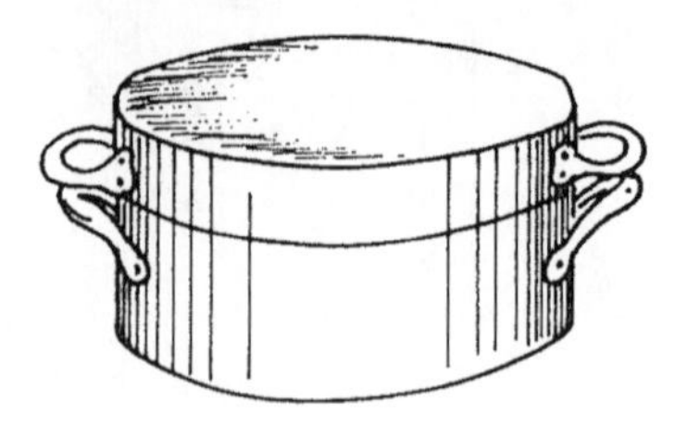

Aplicaciones. Hervir o brasear rodaballo entero, o pescados similares.

Dimensiones. De 60 cm. de diámetro por 40 cm. de alto y con capacidad de 23 litros aproximadamente.

Material. Cobre o aluminio.

TURBOTERA CON REJILLA

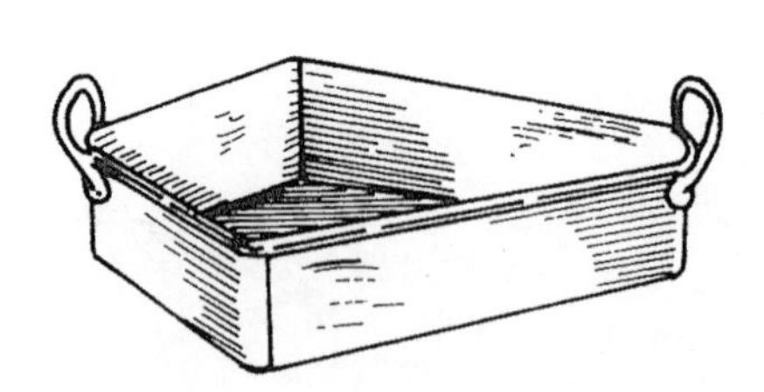

Aplicaciones. Hervir o brasear rodaballo entero, o pescados similares.

Dimensiones. De 54 cm. de largo por 10 de alto.

Material. Cobre o aluminio.

BAÑO MARIA

Aplicaciones. Se usa principalmente para mantener el calor en consomés, caldos y salsas.

Dimensiones. De 12 a 20 cm. de diámetro por 14 a 22 cm. de alto y con capacidad de 1,5 a 6,5 litros.

Material. Cobre o aluminio.

BRESEADORA CON TAPA

Aplicaciones. Hervidos, caldos, guisados, estofados, principalmente braseados y géneros que tardan en hacerse.

Dimensiones. De 40 a 44 cm. de largo por 27 a 31 cm. de ancho, y con una altura de 46 a 50 cm.

Material. Cobre o aluminio.

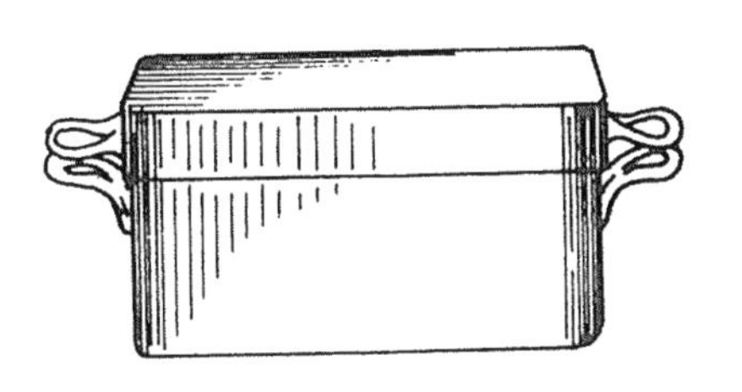

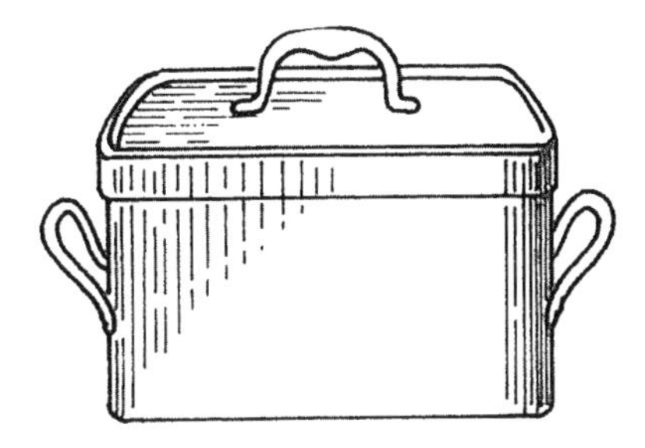

PLACA DE ASADOS

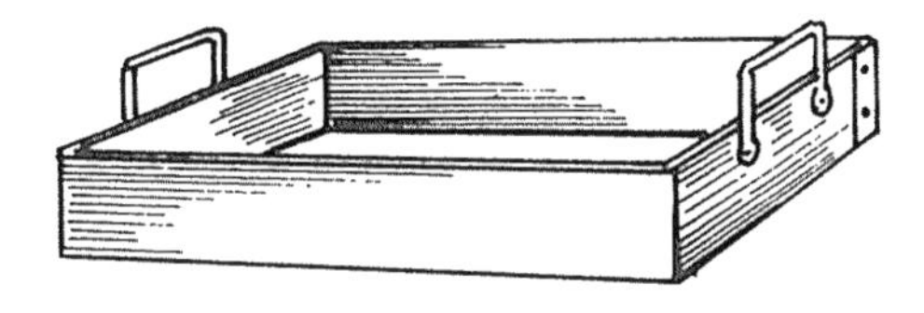

Aplicaciones. Se usa principalmente para asados y braseados; también para arroces, pescados en salsas, almacenaje y traslado de carnes, etc. También se emplea para baño maría.

Dimensiones. De 64 cm. de largo por 45 de ancho y 10 de alto.

Material. Cobre o aluminio.

BARREÑO

Aplicaciones. Montar salsas emulsionadas frías, batidos como bizco chos y conservación de géneros dentro del frigorífico.

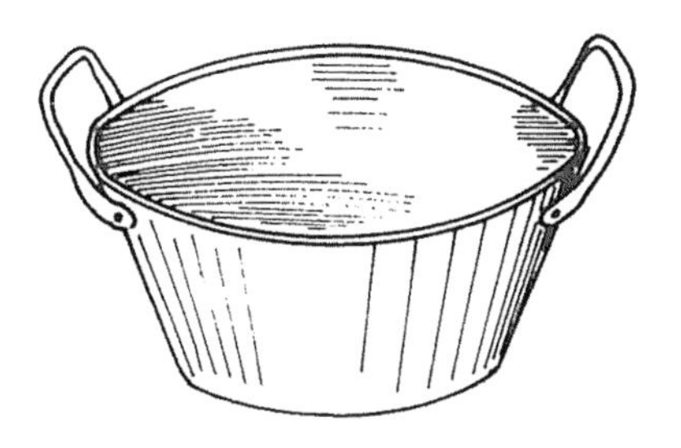

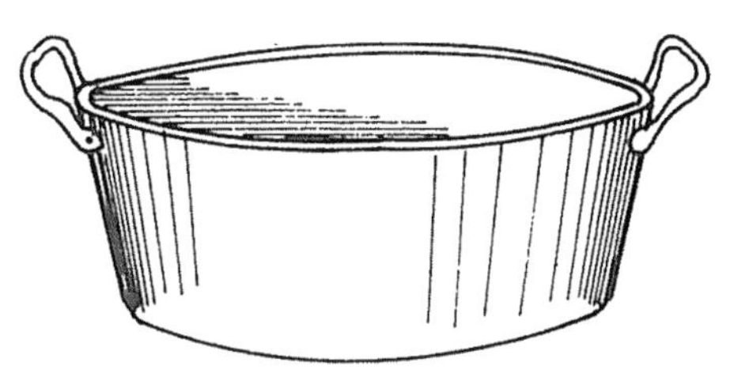

Dimensiones. Desde 26 cm. de diámetro por 12 de alto, hasta 60 cm. de diámetro por 25,5 de alto.

Material. Hierro, estaño, porcelana.

LUBINERA CON REJILLA

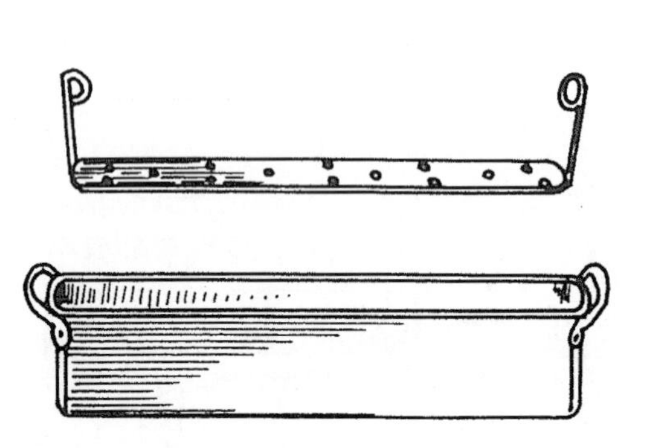

Aplicaciones. Para cocción de grandes piezas enteras de pescados, principalmente lubinas.

Dimensiones. De 60 cm. de largo por 18 de ancho y 15 de alto, la más pequeña, hasta 82 cm. de largo por 23 de ancho y 17,7 de alto, la más grande.

Material. Cobre o aluminio.

PEROL

Aplicaciones. Batir bizcochos, montar merengues, cocer almíbares y frutas escarchadas.

Dimensiones. De 32,5 cm. de diámetro.

Material. Cobre sin estañar, porcelana.

BESUGUERA

Aplicaciones. Se emplea para pescados al horno, principalmente besugos.

Dimensiones. De 45,5 cm, de longitud por 31 de ancho.

Material. Cobre o aluminio vidriado.

Utensilios para frituras

FRITURA

Aplicaciones. Para toda clase de fritos y géneros a la «gran fritura», como croquetas, gambas orly, soldaditos de pavía, etc., la escurridera se emplea para escurrir los fritos, una vez sumergidos en grasa.

Dimensiones. De 48 a 50 cm. de diámetro, las más grandes, por 1,35 de altura. La más pequeña, de 28,3 cm. de diámetro por 8,5.

Material. Hierro negro; la escurridera de alambre.

MEDIA MARMITA

Aplicaciones. Para hervidos, caldos, guisados y estofados.

Dimensiones. De 35 cm. de diámetro por 24 de alto, la de 23 litros, y 60 cm. de diámetro por 40 de alto, la de 113 litros.

Material. Cobre o aluminio.

SARTEN

Aplicaciones. Se emplea para tortillas, huevos fritos, rehogar verduras, etcétera.

Dimensiones. La más pequeña, de 16 cm. de diámetro por 4 de alto; la mediana, de 30 cm. de diámetro por 7 de alto; la más grande de 40 cm. de diámetro por 9 de alto.

Material. Hierro negro.

ESCURRIDOR

Aplicaciones. Para escurrir hortalizas y verduras, aceitunas, etc.

Dimensiones. El más grande, de 39 cm. de diámetro por 22 de alto; de 50 cm. de largo por 40 de ancho y 40 de alto.

Material. De hierro estañado; de alambre.

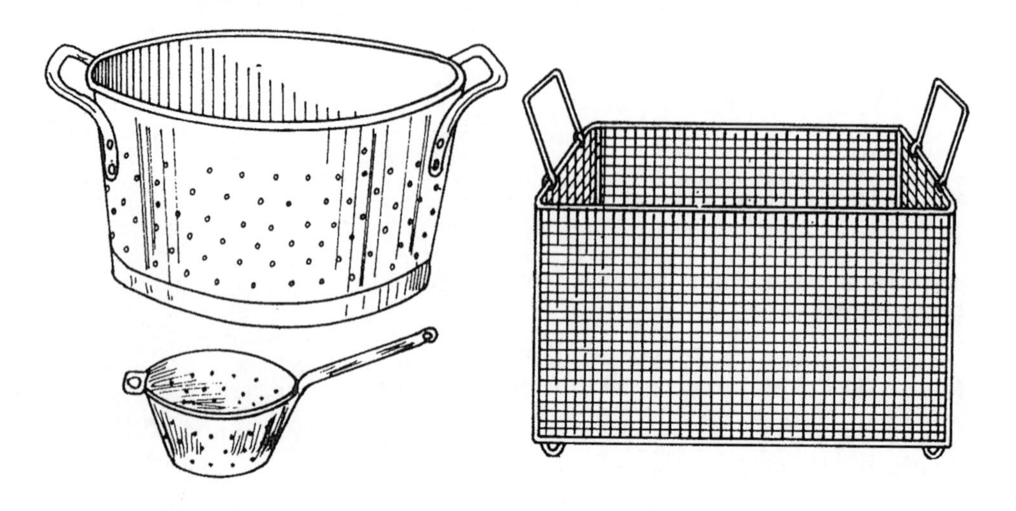

MEDIDAS DE CAPACIDAD

Aplicaciones. Se emplean para medir líquidos.

Dimensiones. Las empleadas en cocina son de: litro, medio litro, cuarto de litro y decilitro.

Material. De hojalata, acero inoxidable y plástico.

CESTA DE ALAMBRE

Aplicaciones. Se emplea para introducir géneros en la «gran fritura» y sacarlos, escurriéndolos. También se emplea para la cocción de huevos y otros géneros.

Dimensiones. 26 cm. de diámetro por 12,5 de alto.

Material. De alambre.

REJILLA

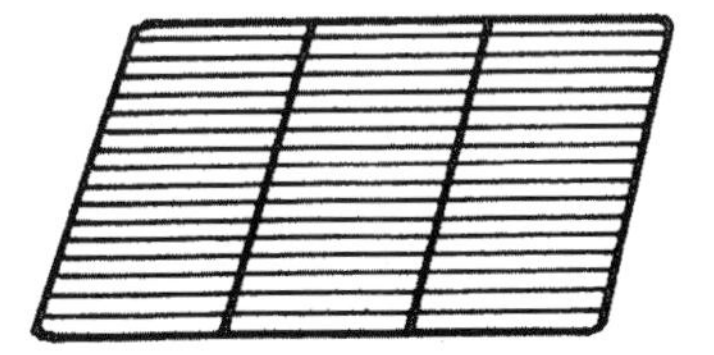

Aplicaciones. Para géneros que, después de cocidos o asados y fríos tienen que abrillantarse. Colocación de croquetas cubriéndolas con un papel antigraso o colocación de pasteles y pastelillos.

Dimensiones. De 60 cm. de largo por 45 de ancho la mediana; de 48 cm. de largo por 34 de ancho la normal.

Material. Alambre estañado.

CESTILLOS DE PATATAS «NIDO»

Aplicaciones. Se emplea para hacer nidos de patatas.

Dimensiones. De 14 cm. de diámetro por 10 de alto, el más grande; de 12 cm. de diámetro por 9 de alto, el mediano, y de 10 centímetros de diámetro por 8 de alto, el más pequeño.

Material. Alambre estañado.

CACILLO ESCURRIDOR

Aplicaciones. Se usa para sacar aceitunas.

Dimensiones. De 16 cm. de diámetro por 11 de alto.

Material. De madera o porcelana.

TRIDENTE O TENEDOR DE ASADOS

Aplicaciones. Se emplea para cambiar la posición de géneros que se están asando o braseando. Sirve también para remover pastas italianas.

Dimensiones. De 39 cm. de longitud.

Material. De alambre estañado.

COLADORES DIVERSOS

Aplicaciones. Sirven para colar infusiones como café, manzanilla y té.

Dimensiones. De varios tamaños.

Material. Tecla especial y metal inoxidable.

1. Colador de tela metálica. 2. Colador de tela. 3. Colador chino. 4. Espumadera. 5. Colador fino de tela metálica.

10 BATERIA DE COCINA II

PINZA O CEPO DE JAMON

Aplicaciones. Para colocar el jamón serrano con objeto de que no se mueva y trincharlo a la vista del cliente.

Material. La base es de madera; el resto, de hierro cromado.

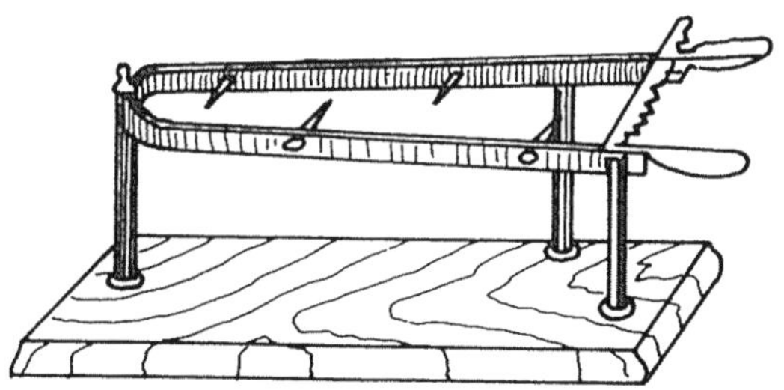

PASAPURES

Aplicaciones. Tamizar purés, cremas y salsas.

Material. Hierro estañado.

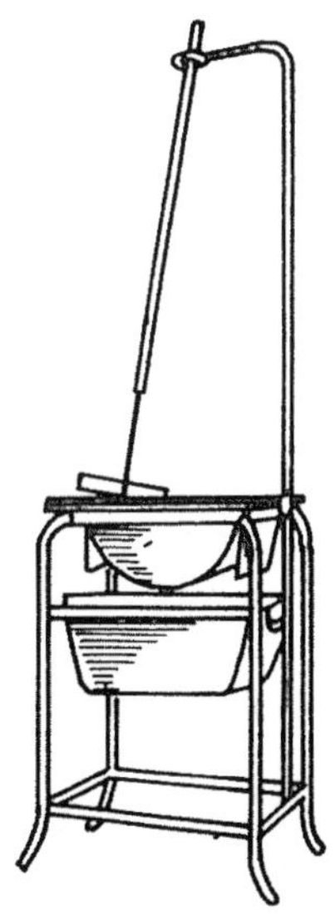

TAMIZ

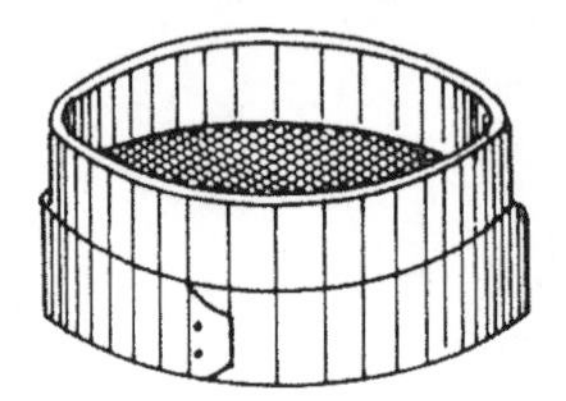

Aplicaciones. Tamizar géneros, purés, harinas, pan rallado, huevos cocidos, para pescados, y en algunos casos escurrir hortalizas.

Dimensiones. De 34 cm. de diámetro por 11 de alto el normal; el pequeño, 25 cm. de diámetro por 9,5 de alto.

Material. Tela metálica y aro de madera.

RODILLO

Aplicaciones. Rebajar y estirar masas duras de harina mezcladas o no con grasas.

Dimensiones. Exiten varios tamaños y hay dos modelos, como se ve en la figura.

Material. De madera.

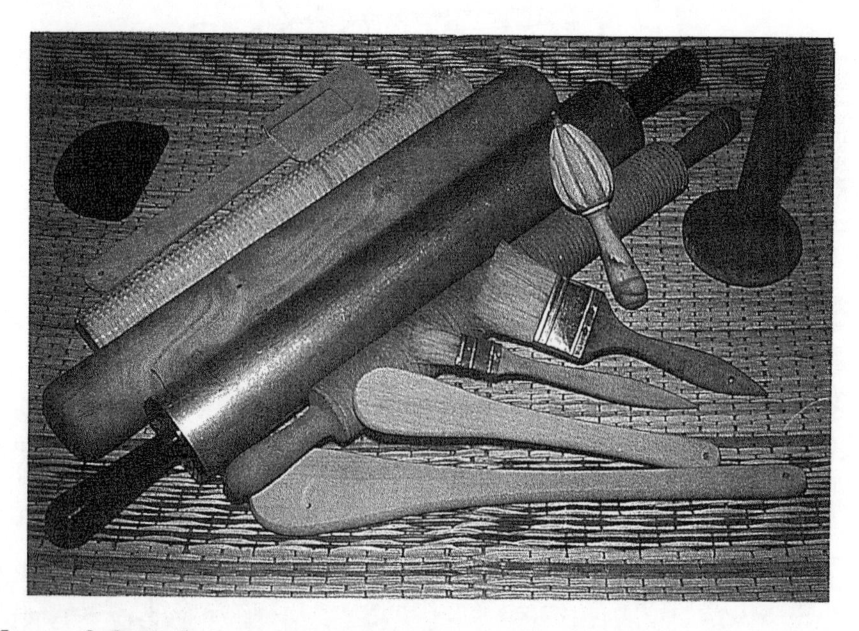

1. Cuerna. 2. Espátula de goma. 3. Rodillo estriado francés. 4. Rodillo francés. 5. Rodillo de aluminio. 6. Rodillo. 7. Seta. 8. Esprimidor manual. 9. Brochas. 10. Espátulas de madera.

ESPATULA

Aplicaciones. Se emplea para remover géneros que tengan el peligro de agarrarse.

Dimensiones. Existen varios tamaños; el remo mide un metro de largo, y la espátula pequeña, 29,5 cm.

Material. De madera.

CHAMPIÑON O SETA

Aplicaciones. Se emplea para ayudar a pasar por el tamiz géneros como purés, huevos cocidos y pastas para farsas para rellenos.

Dimensiones. Existen varios tamaños.

Material. De madera.

TRIANGULO

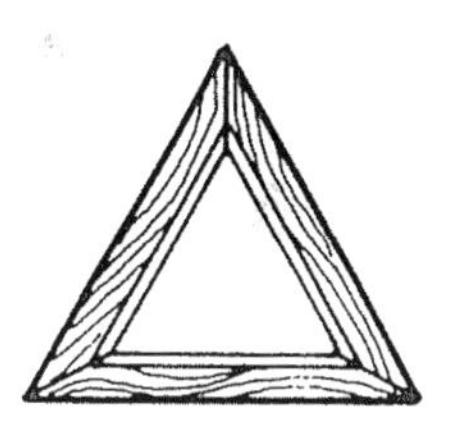

Aplicaciones. Se usa principalmente para poner recipientes en géneros ya cocinados y calientes, para que reciban aire por debajo y no tengan peligro de fermentación; también se usa para ayudar al chino o colador a pasar caldos y cremas.

Dimensiones. Existen varios tamaños: el lado de uno grande mide 48 cm. y otro lado de uno pequeño mide 29,5 cm.

Material. De madera.

MAZO DEL MORTERO

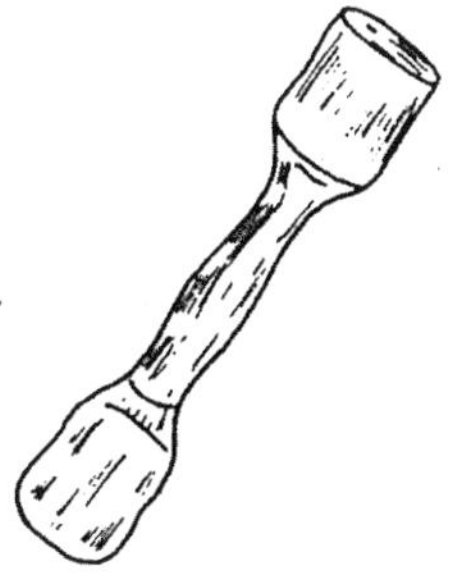

Aplicaciones. Se usa para machacar o majar géneros, con ayuda del mortero.

Dimensiones. Existen varios tamaños y formas.

Material. De madera.

MAZO DE HIELO

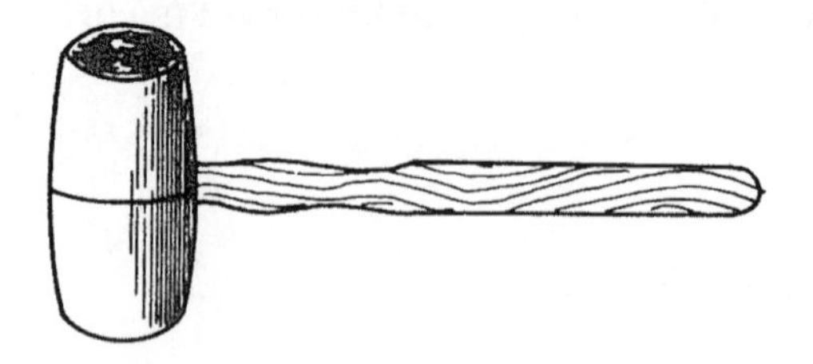

Aplicaciones. Como su nombre indica, sirve para picar hielo.

Dimensiones. Existen varios tamaños y modelos.

Material. De madera.

TAJO

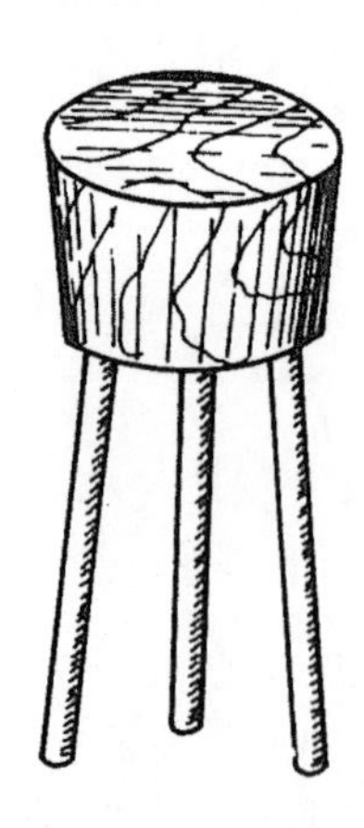

Aplicaciones. Para corte y espalmado de escalopes, chuletas, corte de huesos.

Dimensiones. Hay diferentes tipos.

Material. De madera.

TABLA

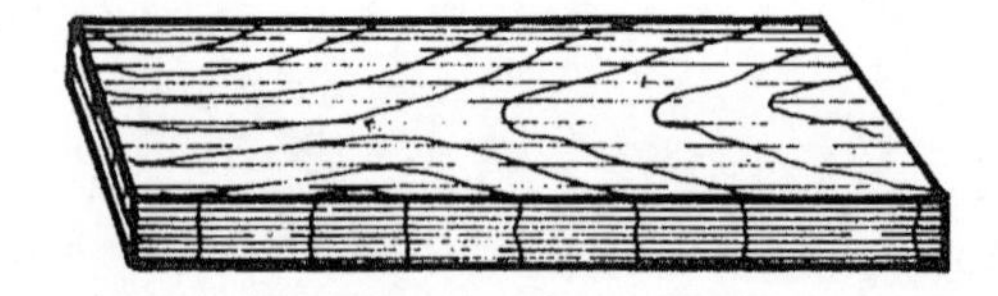

Aplicaciones. Sirve para picar, cortar o trocear géneros, más o menos gruesos, crudos o cocidos.

Dimensiones. Existen varios tamaños, oscilando entre 60 cm. de largo por 28 de ancho y 6 de alto, la más grande; la pequeña, 39,5 cm. de largo por 26 de ancho y 3,5 de alto.

Material. Fibra sintética.

MORTERO O ALMIREZ

Aplicaciones. Se emplea para majar y machacar elementos de condimentación, tales como ajo, perejil, pimienta en grano, etc. También se suele emplear para montar la salsa ali-oli.

Dimensiones. El grande: de 30 cm. de diámetro, sin medir los salientes, por 25 de altura exterior; el pequeño: de 14,5 cm. de diámetro, sin medir los salientes, por 11,5 de altura exterior.

Material. De mármol.

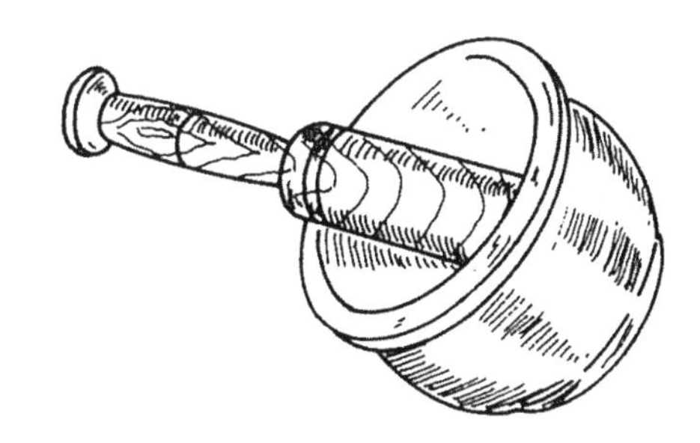

COLADOR FINO DE TELA METALICA

Aplicaciones. Se emplea para pasar o colar géneros como caldos y cremas, y también salsas, dejándolas muy finas.

Dimensiones. Existen diversos tamaños y medidas, que oscilan entre los 20 cm. de diámetro.

Material: Tela metálica.

COLADOR «CHINO»

Aplicaciones. Se emplea para pasar y colar caldos y cremas, y también salsas, que quedan más finas cuando se pasan por los de tela metálica.

Dimensiones. Existen varios tamaños con mayor o menor apertura en sus orificios: de 20 a 23 cm. de diámetro.

Material. Principalmente, hierro estañado o acero inoxidable.

RALLADOR MANUAL

Aplicaciones. Se usa para rallar géneros tales como: quesos duros, nuez moscada, cáscara de limón o naranjas, etc.

Dimensiones. Existen varios tamaños y formas. Generalmente hay dos tipos, uno con cuatro variantes y otro con tres, para rallados más o menos finos.

Material. De hojalata.

1. Medidas de capacidad. 2. Termómetro. 3. Pesajarabes. 4. Colador de huevo hilado. 5. Rallador. 6. Polvera. 7. Espuelas extensibles. 8. Boquillas. 9. Juegos de cortapastas.

JUEGO DE BOQUILLAS

Aplicaciones. Se usan para decorar tartas, marcar y decorar pasteles y pastelillos, con ayuda de la manga; también para purés de cocina como la patata duquesa.

Dimensiones. Existe gran variedad de tamaños y formas; generalmente: rizadas, lisas, planas y rizada-plana.

Material. De hojalata.

COLADOR DE HUEVO HILADO

Aplicaciones. Se usa exclusivamente para hacer el huevo hilado.

Dimensiones. Los hay de diversos tamaños, con cuatro o cinco conos bastante finos.

Material. Hierro estañado.

PASAPURES DE MANO

Aplicaciones. Tamizar géneros en pequeñas cantidades, como purés, cremas, salsas, etc.

Dimensiones. Hay varios tamaños, con dos o tres rejillas y diferentes medidas de orificios.

Material. Hierro estañado o acero inoxidable.

GRASERA

Aplicaciones. Conservar aceites ya usados, que se pueden aprovechar para pescados, arroces, etc.

Dimensiones. Su capacidad oscila entre 8 o menos número de litros.

Material. Hierro estañado, hojalata reforzada, aluminio.

RECHAUD U HORNILLO DE COMEDOR

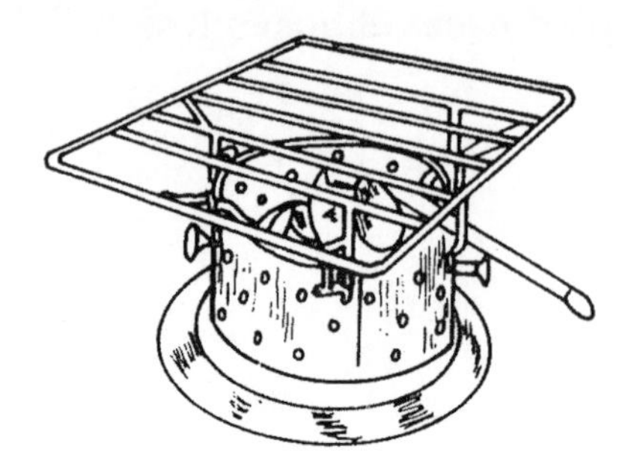

Aplicaciones. Se emplea con ayuda de un saute de comedor para hacer o terminar platos a la vista del cliente.

Material. De latón o cobre.

TUBO PASADOR DE CALDOS

Aplicaciones. Se emplea para pasar grandes cantidades de caldos, con facilidad, por el sistema de __(sifón__) y sin necesidad de trasladar la marmita.

Forma de manejo. Se llena de agua fría; se tapa uno de los orificios con un dedo; se vuelva rápidamente para que coja presión y baje el líquido. Hay que tener cuidado de no quemarse, ya que enseguida se calienta el tubo.

Material. Acero inoxidable.

BARBACOA

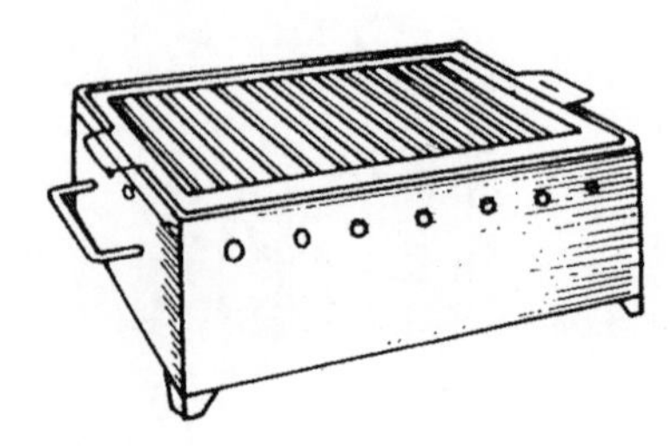

Aplicaciones. Para carnes a la parrilla.

Material. Hierro negro o hierro vitrificado.

CACEROLA

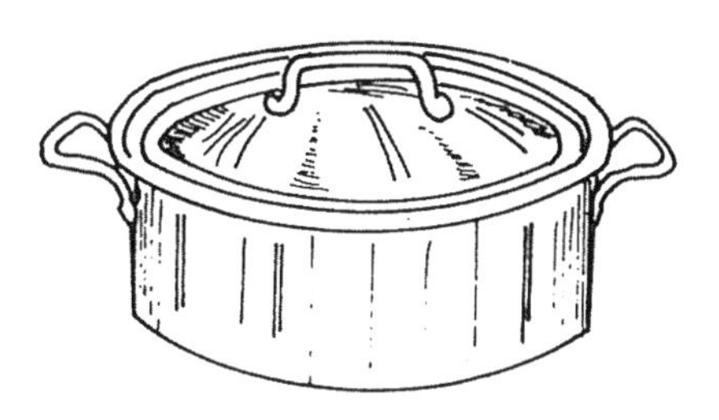

Aplicaciones. Hervidos, caldos, guisados, estofados, etc.

Dimensiones. De 60 cm. de diámetro por 40 de alto, y con capacidad de 23 litros como máximo.

Material. Aluminio.

PAELLERA

Aplicaciones. Se usa para hacer paellas u otros arroces secos.

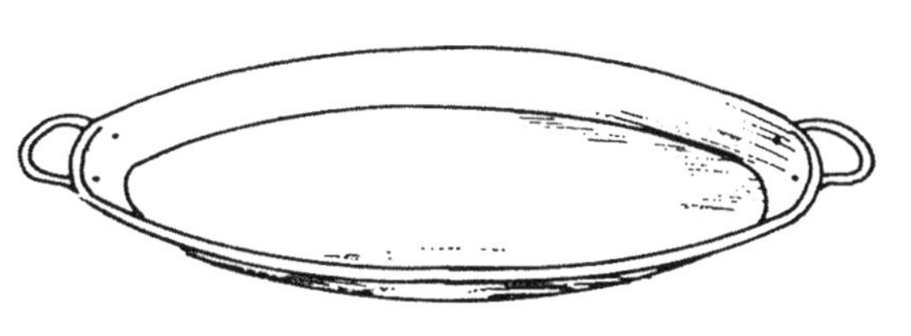

Dimensiones. La de dos raciones: 32 cm. de diámetro por 5 de alto; la de seis raciones: 40,5 cm. de diámetro por 5 de alto; la de diez raciones: 55 cm. de diámetro por 6 de alto.

Material. Acero inoxidable con fondo interno de cobre o hierro batido.

CAZUELA DE BARRO

Aplicaciones. Para pescados en salsa, huevos, mariscos, pastas italianas, verduras, carnes en salsa, angulas y para conservar géneros dentro del frigorífico.

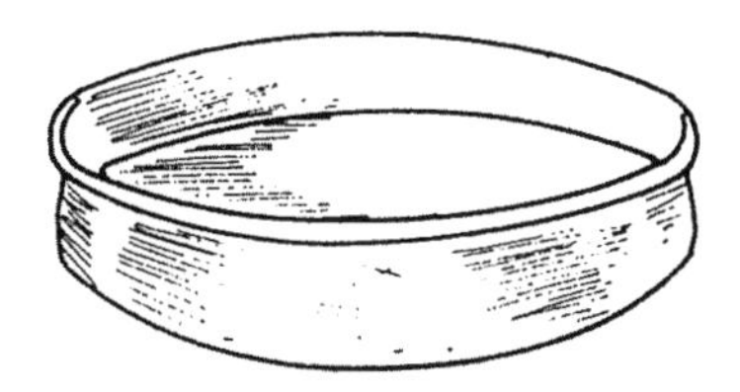

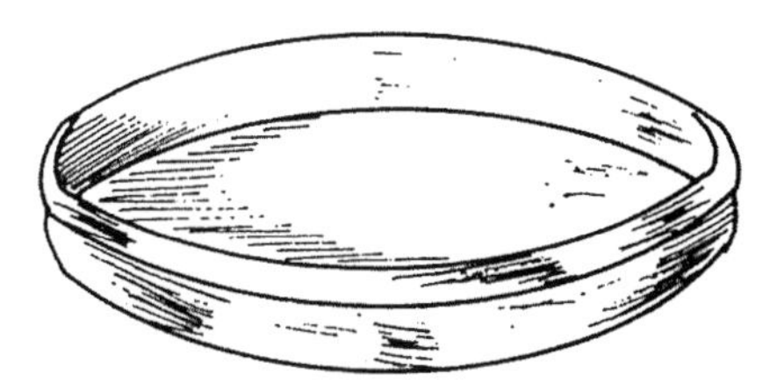

Dimensiones. De borde alto y de borde bajo. De borde alto: la individual mide 16 cm. de diámetro por 4,8 de alto; la de seis raciones, 33 cm. de diámetro por 7 de alto. De borde bajo: la individual, 14 cm. de diámetro por 2,5 de alto.

Material. Barro.

ARAÑA

Aplicaciones. Para sacar géneros cocinados de recipientes que contengan líquido hirviendo.

Dimensiones. De 18 cm. de diámetro la mediana.

Material. De alambre estañado.

MANDOLINA

Aplicaciones. Se usa para cortar patatas u hortalizas.

Material. De madera y hojas de acero o de acero inoxidable en su totalidad.

SALTEADOR DE COMEDOR

Aplicaciones. Se emplea para hacer o terminar platos a la vista del cliente (encima del rechaud).

Dimensiones. De 25,7 cm. de diámetro por 4 de alto; de 22 cm. de diámetro por 4 de alto; uno, el pequeño, y el otro, el grande.

Material. De cobre.

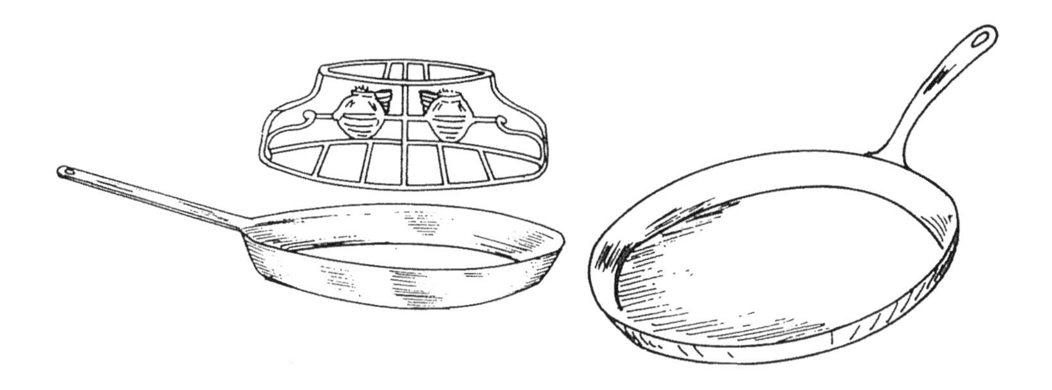

PEQUEÑA MARMITA

Aplicaciones. Como su nombre indica, se emplea para el plato de este nombre.

Dimensiones. Existen varios tamaños; los más corrientes son de cuatro a seis raciones de capacidad.

Material. Cobre o china.

SARTEN DE CREPES

Aplicaciones. Se usa exclusivamente para hacer las obleas de crepés.

Dimensiones. De 18 cm. de diámetro por 2,5 de alto.

Material. Hierro negro muy grueso.

SARTEN SALTEADORA

Aplicaciones. Salteado de carnes, pescados, salteado con salsa y en seco; también se emplea para huevos fritos.

Dimensiones. De 45,5 cm. de diámetro por 6,5 de alto, la más grande; la mediana mide 40 cm. de diámetro por 5 de alto.

Material. Hierro negro.

MANGA

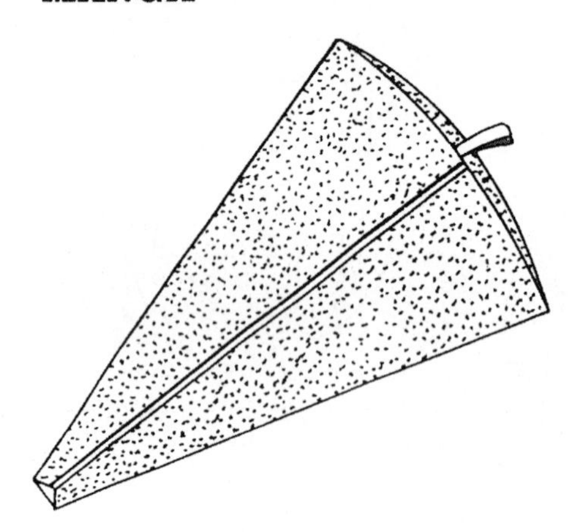

Aplicaciones. Se emplea para rellenar, marcar y decorar pasteles y pastelillos, y también para géneros salados.

Dimensiones. Hay gran variedad de ellas. De 29,5 cm. de largo, 34 cm. de largo, 43 cm. de largo.

Material. Tela tupida o lona, tejido plástico.

PIE DE TARTA

Aplicaciones. Se emplea para colocar tartas de bodas, aniversarios.

Material. De aluminio y fibra plástica.

MOLDE DE COLUMNA

Aplicaciones. Sirve para cortar géneros que se destinen a decorar platos.

Material. Aluminio o material sintético.

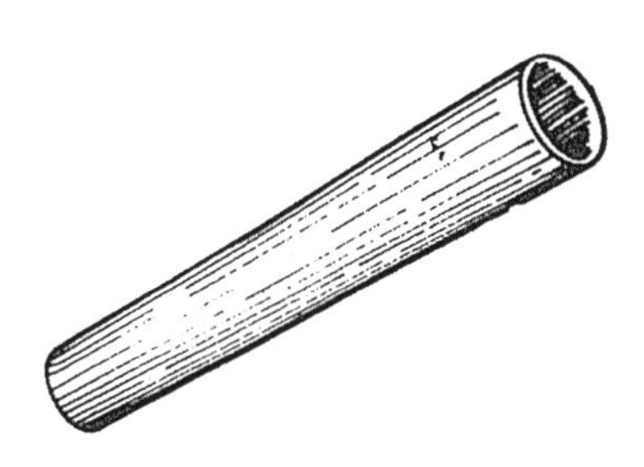

SALVAMANTELES

Aplicaciones. Se emplea para poner encima de las mesas del comedor. Con objeto de mantener el mantel limpio cuando vaya a ponerse algún recipiente de cocina, como cazuela de barro, etc.

Dimensiones. De 19 cm. de diámetro.

Material. De mimbre.

JUEGO DE CORTAPASTAS

Aplicaciones. Se usa para cortar pastas, generalmente de pastelería, aunque en cocina se usa para platos salados.

Dimensiones. Existen varios tamaños y modelos, como redondos, ovalados y de dibujos lisos o rizados.

Material. De hojalata o material sintético.

PLACA DE PASTELERIA

Aplicaciones. Cocer pasteles, dulces o salados, al horno.

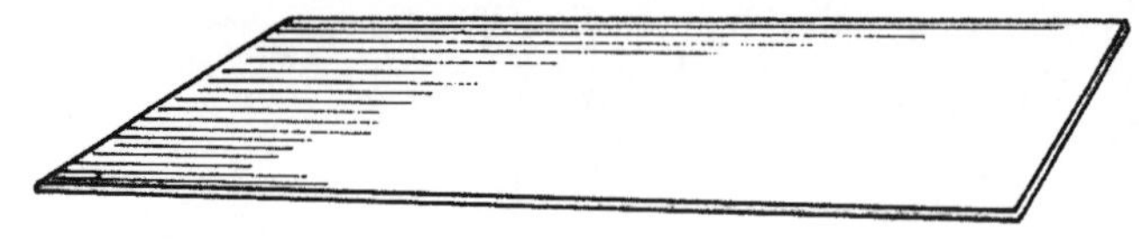

Dimensiones. La grande mide 60 cm. de largo por 40 de ancho; la pequeña mide: 48 cm. de largo por 34 de ancho.

Material. Hierro negro.

CACILLO MANGO LARGO

Aplicaciones. Salsear, napar, espumar y pasar sopas, caldos y cremas de un recipiente a otro.

Dimensiones. De 7 cm. de diámetro por 4 de alto, el más pequeño; de 11 cm. de diámetro por 5,5 de alto, el mediano; de 18 cm. de diámetro por 9,5 de alto, el más grande.

Material. De hierro estañado o acero inoxidable.

ESPUMADERA

Aplicaciones. Espumar y recoger géneros que están en recipientes con caldo o grasa hirviendo.

Dimensiones. 10 cm. de diámetro, la pequeña y de 18 de diámetro, la mediana.

Material. De hierro estañado o acero inoxidable.

CAZO ELECTRICO

Aplicaciones. Se emplea para almíbares, mermeladas, cocción del azúcar y sus puntos, etc.

Dimensiones. De 28 cm. de diámetro por 22 de alto, el grande; de 22 cm. de diámetro por 17 de alto, el pequeño.

Material. De cobre estañado.

1. Cazo eléctrico. 2. Quemadores eléctricos.

VARILLAS

Aplicaciones. Batir, montar y mezclar géneros, salsas y bizcochos.

Dimensiones. Existen dos tipos de diversos tamaños; uno con más globo, que se usa en pastelería, y otro con menos globo, que se usa en cocina. Las corrientes son de 31, 37, 44,5 y 48 cm. de longitud.

Material. Varillas de acero inoxidable, con mango de madera, metálico o de fibra sintética.

11 MOLDES

Se refiere a los recipientes o contenedores de preparados empleados para cocer al horno en unos casos, y en otros, simplemente para que el preparado reciba la forma del molde. Se estudian sus aplicaciones, tamaños más usuales y material.

Modelos y aplicaciones

MOLDE DE BIZCOCHO

Aplicaciones. Cocer bizcochos destinados principalmente a pasteles.

Dimensiones. Gran densidad de tamaños (de 10 a 50 cm.), medido el diámetro.

Material. De hojalata o aluminio.

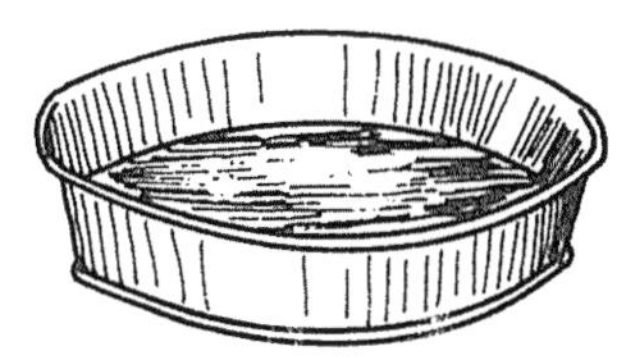

MOLDE FLANERO O CARLOTA CON TAPA

Aplicaciones. Además de flanes y carlotas se emplea para puddings, bavarois, aspic, etc.

Dimensiones. De 15 cm. de diámetro por 7,5 de alto.

Material. Hierro, cobre estañado, hojalata o aluminio.

MOLDE TERRINA

Aplicaciones. Para cocer soufflés, terrinas, moldear espumas, aspic y pudding.

Dimensiones. Gran diversidad de tamaños. Desde la individual de 8 por 5 cm., empleada para huevos en cocotte, pasando por la de 10,5 cm. de diámetro por 5,5 de alto, para soufflés individuales de carta; la de seis raciones, de 22 cm. de diámetro por 7,5 de alto.

Material. Más común: cristal de horno, barro vidriado, loza o china.

1. Flanero sin tapa. 2. Puding. 3. Paté. 4. Savarín rizado. 5. Flaneros. 6. Terrina. 7. Savarín liso. 8. Savarín individual. 9. Magdalena. 10. Tartaletas.

MOLDE DE TARTALETA

Aplicaciones. Cocción de pastas estiradas en forma diversa, ovaladas, redondas, lisas o rizadas.

Dimensiones. Existen diversos tamaños, que van desde los 4 cm. para las redondas a 9 cm. las alargadas.

Material. Son de hojalata.

MOLDE DE TARTA DESMONTABLE

Aplicaciones. Para cocción de tartas de todo tipo, dulces o saladas.

Dimensiones. De 20 a 26 cm. de diámetro por 2,3 cm. de alto las de doce raciones, rectangulares, etc.

Material. Aluminio o latón reforzado.

ARO DE TARTA

Aplicaciones. Moldeado de tartas.

Dimensiones. Los de cuatro a seis raciones son de 20,5 cm. de diámetro por 2,5 de alto; los de diez a doce raciones son de 30,5 cm. de diámetro por 2,3 de alto.

Material. Hojalata reforzada o acero inoxidable.

MOLDE DE MAGDALENAS

Aplicaciones. Cocción de masas que esponjan y otras, como magdalenas, bizcochos y brioches.

Dimensiones. De 5 cm. de diámetro por 3 de alto, aproximadamente; también de 8,5 cm. de largo por 2,5 de ancho.

MOLDE DE PUDDING

Aplicaciones. Cocción de pudding, flan, galantinas, plum-cake y moldeado de bavarois.

Dimensiones. Los de ocho a diez raciones son de 28,5 cm. de largo por 10,5 de ancho y 8,5 de alto; éstos son también de doce a catorce raciones de plum-cake.

Material. Hojalata, aluminio.

MOLDE DE PATE

Aplicaciones. Cocción de patés o pasteles salados, fríos o calientes.

Dimensiones. Los de cuatro a seis raciones son de 11 cm, de diámetro por 9 de alto; los de diez a doce raciones, de 21 cm. de largo por 9,2 de ancho; redondo, de doce a dieciséis raciones, 21 cm. de diámetro por 10,2 de alto.

Material. Hierro estañado, aluminio.

MOLDE DE SAVARIN

Aplicaciones. Cocción de savarín, moldeado de postres fríos y arroz en corona y timbales fríos.

Dimensiones. Existen diversidad de modelos, rizados o no, con diferencias de altura; de seis a ocho raciones, de 26,6 cm. de diámetro por 5 de altura; los individuales son de 7,4 cm. de diámetro.

Material. Hojalata, aluminio, o material sintético, este último para el moldeado de piezas en la cámara.

MOLDE DE PAN INGLES

Aplicaciones. Para pan de miga o molde, llamado también inglés.

Dimensiones. De 36 cm. de largo por 10,5 de alto y 11 cm. de ancho.

Material. De hierro negro u hojalata reforzada o hierro estañado.

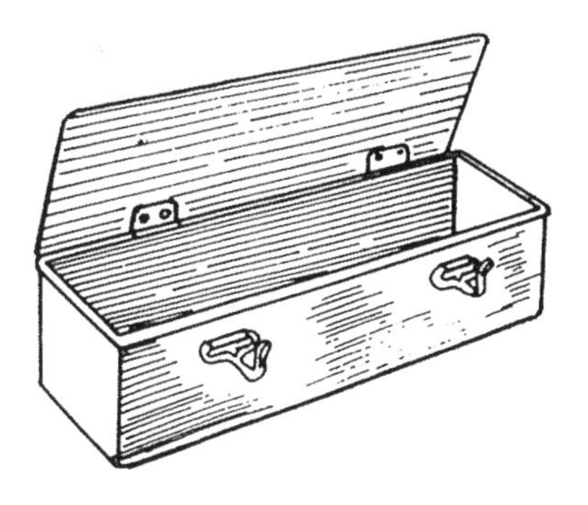

MOLDE PARA BAVAROIS

Aplicaciones. Moldeado de bavarois, helados, aspic y postres fríos.

Dimensiones. De 15 cm. de diámetro por 7,5 de alto.

Material. Cobre estañado o hierro estañado.

1. Biscuit glace. 2. Bavarois. 3. Bomba helada. 4. Terrina individual. 5. De perfecto.

MOLDE PARA FLAN INDIVIDUAL

Aplicaciones. Cocción de flan, moldeado de bavarois, espumas, aspic, etc.

Dimensiones. De 8,2 cm. de diámetro por 6 de alto.

Material. Aluminio y hojalata.

MOLDE PARA BISCUIT GLACE

Aplicaciones. Moldeado de helados sin sorbetera. También se emplea para helado al corte.

Dimensiones. De 14,5 cm. de largo por 10,7 de ancho y 9,3 de alto, los de una capacidad de un litro, que son para seis a ocho raciones; los de doce a dieciséis raciones son de 18,4 cm. de diámetro por 13,2 de ancho y 10 cm. de altura, y sirve para dos litros de capacidad.

Material. De hojalata.

MOLDE PARA PERFECTO

Aplicaciones. Moldeado de helado perfecto.

Dimensiones. De 13,3 cm. de diámetro por 22,5 de altura, y con capacidad para litro y medio.

Material. de latón reforzado.

MOLDE PARA TARTA HELADA

Aplicaciones. Moldeado de helados, con o sin bizcocho, principalmente tarta helada.

Dimensiones. De 10 a 50 cm. de diámetro.

Material. Hojalata reforzada o aluminio.

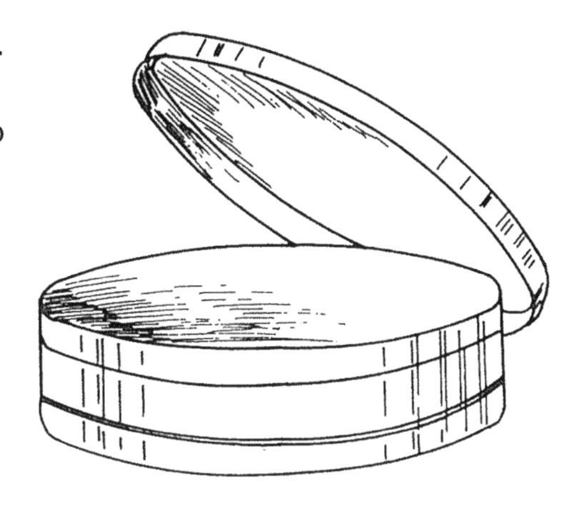

MOLDE PARA GALANTINA

Aplicaciones. Cocción y prensado de galantina.

Dimensiones. 25,5 cm. de largo por 10,5 de ancho y 10,7 de alto.

Material. Duraluminio o hierro estañado.

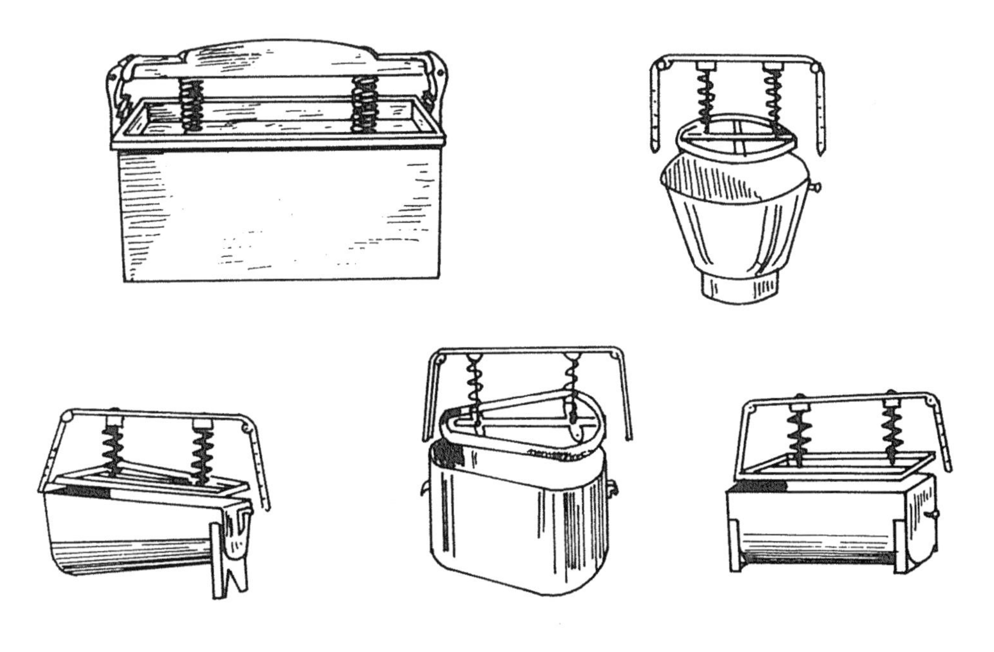

MOLDE PARA TARTA HELADA

Aplicaciones. Moldeado de bombas heladas.

Dimensiones. De 12 cm. de diámetro por 15 de altura, y con una capacidad de un litro.

Material. De latón reforzado.

MOLDE PARA BRIOCHE

Aplicaciones. Para pastas de bollería, principalmente de brioche.

Dimensiones. Pueden ser lisos o rizados; de 6 cm. de diámetro por 2,4 de alto el más pequeño; de 8,1 cm. de diámetro por 3,1 de alto. Sirve para mojicones.

Material. De hojalata o latón reforzado.

12 HERRAMIENTAS

CUCHILLO DE GOLPE

Aplicaciones. Cortar carnes con huesos no duros.

Dimensiones. De 39 cm.

Material. Acero o acero inoxidable y mango de madera.

CUCHILLO MEDIO GOLPE

Aplicaciones. Cortar grandes piezas, con huesos muy tiernos, inclusive.

Dimensiones. De 49,5 cm.

Material. Acero o acero inoxidable con mango de madera.

CUCHILLO CEBOLLERO

Aplicaciones. Para cortar hortalizas, pescados, carnes, etc.

Dimensiones. Pequeño: 37,5 cm.; grande: 42 cm.

Material: Acero o acero inoxidable con mando de madera.

Cuchillos de:
1. Golpe. 2. Medio golpe. 3. Cebolleros. 4. Deshuesador. 5. Puntilla. 6. Deshuesador. 7. Tranchelar pequeño y grande. 8. Sierra.

DESHUESADOR

Aplicaciones. Deshuesar carnes.

Dimensiones. De 30 a 36 cm. de largo.

Material. Hoja de acero o acero inoxidable y mangos de madera (tipo francés) o de color amarillento o rojizo (tipo español).

TRINCHANTE O TRANCHELAR

Aplicaciones. Trinchar fiambres y grandes piezas de carne asada; los de tamaño pequeño, se utilizan para limpiar carnes y pescados crudos o cocinados.

Dimensiones. Grande: 49 cm.; mediano: 40 cm; pequeño: 31 cm.

Material. Acero o acero inoxidable con mando de madera.

PUNTILLA

Aplicaciones. Tornear, pelar, cortar al aire.

Dimensiones. 16 a 20 cm.

Material. Acero o acero inoxidable con mando de madera.

JAMONERO

Aplicaciones. Trinchar jamón serrano y otras piezas similares.

Dimensiones. 44 cm.

Material. Acero o acero inoxidable con mando de madera.

MACHETA

Aplicaciones. Cortar huesos.

Dimensiones. 38 cm.

Material. Acero o acero inoxidable con mando de madera.

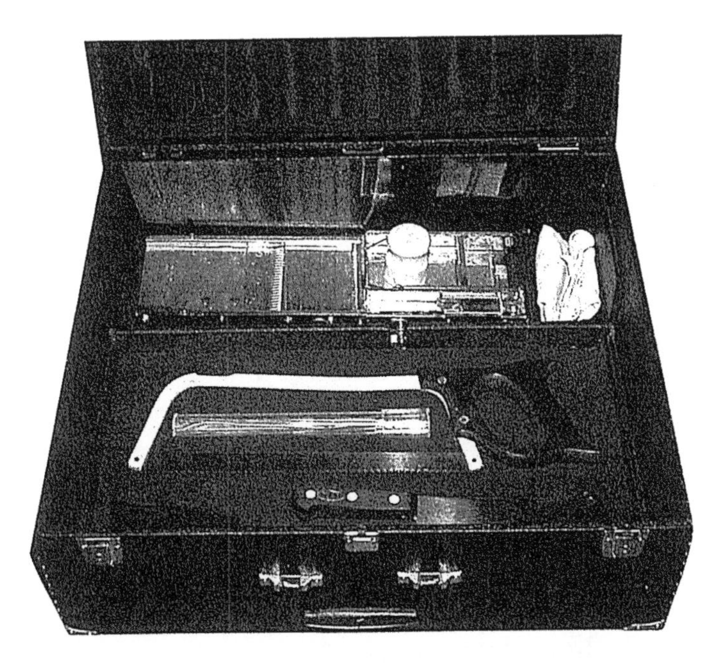

1. Manga. 2. Mandolina. 3. Sierra y agujas de bridar y picar. 4. Macheta. 5. Espalmadera.

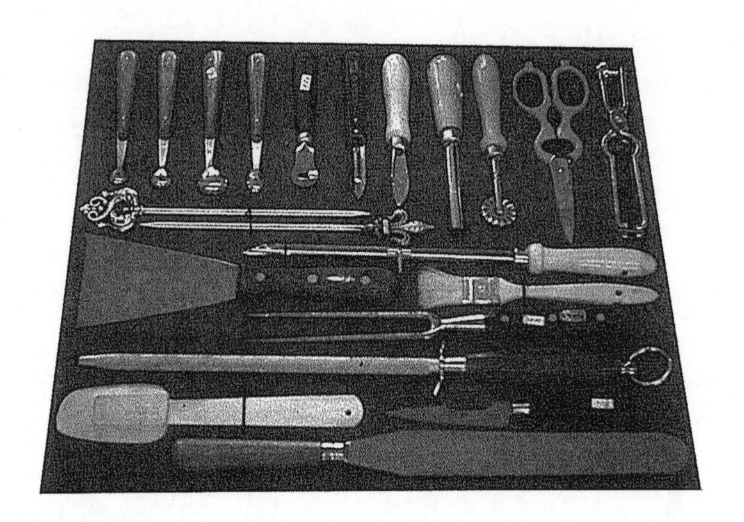

1. Sacabocados. 2. Acanalador. 3. Pelador. 4. Abrelatas. 5. Descorazonador. 6. Espuela. 7. Tijera. 8. Deshuesador de aceitunas. 9. Atellettes. 10. Mechadora. 11. Espátula ancha. 12. Brocha. 13. Tenedor de asados. 14. Eslabón. 15. Espátula de goma. 16. Puntilla. 17. Espátula de acero.

PELADOR

Aplicaciones. Pelar hortalizas y frutas crudas.

Dimensiones. 14 a 17 cm.

Material. Acero o acero inoxidable con mango de madera.

ESPATULA DE ACERO

Aplicaciones. Alisar purés, cremas, voltear ciertos géneros como escalopes, etc.

Dimensiones. 25 a 48 cm.

Material. Acero o acero inoxidable con mando de madera.

ESPATULAS DE GOMA

Aplicaciones. Recoger perfectamente residuos de los recipientes.

Dimensiones. 28 a 32 cm.

Material. Lengua de goma con mango de madera.

ABRELATAS

Aplicaciones. Abrir latas de conservas.

Dimensiones. Diversidad de modelos, manuales o no.

Material. Hierro reforzado.

MECHADORA

Aplicaciones. Mechar carnes.

Dimensiones. 30 cm.

Material. Mango de madera, tubo de acero, inoxidable o no.

ESLABON O CHAIRA

Aplicaciones. Reafilar o «suavizar» el cuchillo.

Dimensiones. 36 cm.

Material. Mango, cristalizado o plastificado o madera, barra metálica de hierro colado imantado.

ABREOSTRAS

Aplicaciones. Abrir ostras manualmente.

Dimensiones. 20 cm.

Material. Mango de madera, hoja y protector de acero.

AGUJAS DE BRIDAR

Aplicaciones. Bridar aves, carnes, pescados, etc.

Dimensiones. 28 cm.

Material. Acero.

AGUJAS DE PICAR

Aplicaciones. Mechar superficialmente.

Dimensiones. 28 cm.

Material. Acero.

ESPALMADERA

Aplicaciones. Espalmar o adelgazar géneros, carnes y pescados principalmente, para ablandarlos y conseguir que tengan mayor superficie.

Dimensiones. 26 a 27 cm.

Material. Hierro batido o acero colado, inoxidable o no.

TIJERAS

Aplicaciones. Cortar al aire.

Dimensiones. 26 cm.

Material. Acero inoxidable o no.

ACANALADOR

Aplicaciones. Hacer estrías o canales a frutas y legumbres carnosas.

Dimensiones. 16 cm.

Material. Mango de madera y hoja de hierro estañado, o acero inoxidable.

ESPUELA

Aplicaciones. Sacar rizos de mantequilla.

Dimensiones. 16 cm.

Material. Rueda de latón o acero o madera, mango de madera.

ATELETTES

Aplicaciones. Decoración de grandes platos montados.

Dimensiones. 30 cm.

Material. Plata, acero cromado.

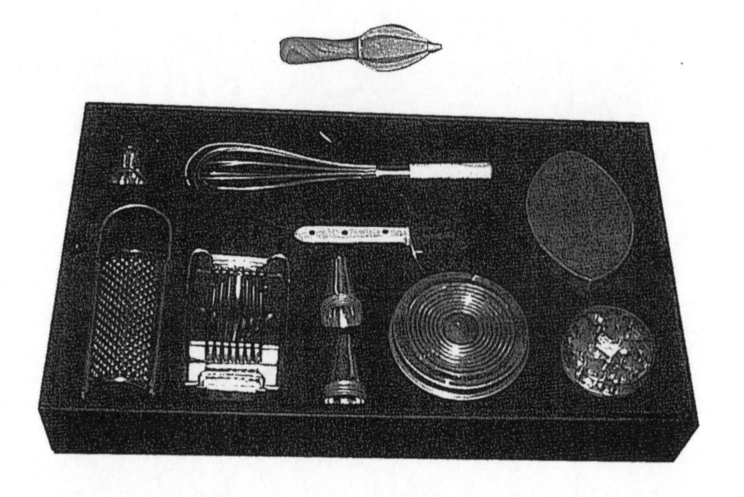

1. Exprimidor. 2. Tres juegos cortapastas. 3. Varilla. 4. Abreostras. 5. Tres juegos de boquillas. 6. Guitarra. 7. Rallador.

CORTAHUEVOS O GUITARRA

Aplicaciones. Cortar homogéneamente en rodajas huevos duros.

Dimensiones. 16 x 24 cm. aproximadamente.

Material. Cuerpo de acero o similar y alambres de acero inoxidable.

SIERRA

Aplicaciones. Serrar huesos.

Dimensiones. 40 cm.

Material. Mango de madera con hoja de acero.

VACIADOR DE MANZANAS

Aplicaciones. Retirar el corazón o centro de algunos frutos, especialmente manzanas.

Dimensiones. De 18 a 20 cm.

Material. Mango de madera y tubo de acero.

JUEGO DE CUCHARILLAS VACIADORAS O SACABOCADOS

Aplicaciones. Se emplean para sacar bolitas de patatas u otras hortalizas.

Dimensiones. De 12, 18, 28 milímetros de diámetro.

Material. Hierro fundido o acero inoxidable.

DESHUESADOR DE ACEITUNAS

Aplicaciones. Retirar huesos de ciertos artículos, especialmente aceitunas y guindas.

Dimensiones. De 18 a 20 cm.

Material. Duraluminio o acero inoxidable.

POLVERA

Aplicaciones. Espolvorear con azúcar glas preparados de pastelería.

Material. De hojalata.

BROCHA

Aplicaciones. «Pintar» con huevo batido, mermelada, etc., ciertos preparados.

Dimensiones. Existe gran variedad en cuanto a tamaño del manojo de «pelo» según sea la aplicación a la que se destine. Dimensiones corrientes de longitud son: de 16 a 18 centímetros.

Material. Mango de madera; «pelo vegetal», los corrientes y de «piel de animal» las de mejor calidad.

13 DISTRIBUCION DEL TRABAJO EN LA COCINA

Para mejor comprensión se estudian separadamente: **Categorías del personal dentro de la brigada de cocina y distribución del trabajo dentro de la cocina.**

CATEGORIAS DENTRO DE LA BRIGADA DE COCINA

Brigada de cocina. Es el personal que, dependiendo directamente del Jefe de Cocina, participa en la elaboración de alimentos que constituyen la minuta.

Categoría profesional. Se refiere a las diversas cualificaciones que existen dentro de la brigada de cocina. Cada categoría lleva aparejada atribuciones, obligaciones y retribuciones diferentes. Las retribuciones comprenden: sueldo fijo contratado, marcado, también, por la categoría asignada al establecimiento. Porcentaje (tanto por ciento sobre el precio del servicio), en cuya mayor o menor participación interviene la categoría profesional exclusivamente.

Necesidad de las diversas categorías. En un trabajo de la diversidad que la cocina encierra, se hace necesario establecer unas categorías profesionales, a las cuales se va ascendiendo según la suma de conocimientos y rendimiento demostrados. La responsabilidad, saber y rendimiento son las facetas que marcan esta categoría. Los años de profesión, categoría y diversidad de establecimientos en los que se ha prestado servicio y aptitudes particulares, son factores que ayudan a establecerlas. Actualmente, los títulos obtenidos en escuelas de hostelería son factor importante en la cualificación profesional.

La enumeración de categorías que se dan seguidamente son para hoteles de primera y lujo. Algunas de ellas existen, solamente, en las cocinas de gran volumen de trabajo como son: anunciador, segundo ayudante y aprendiz.

MISIONES: OBLIGACIONES Y ATRIBUCIONES DE CADA UNA SEGUN TRADICION Y COSTUMBRES INTERNACIONALES

Jefe de cocina. Es el que dirige la cocina y se responsabiliza ante la dirección de su buen funcionamiento; además de ser el profesional más cualificado, debe poseer dotes de mando. Sus atribuciones y obligaciones son:

a) Propondrá ascensos, admisiones y despidos, gratificaciones y castigos, del personal de su brigada.

b) Marcará horarios de trabajo, vacaciones y días libres.

c) Vigilará la limpieza personal, el orden y la compostura de su brigada.

d) Cuidará del cumplimiento del horario de entrada y salida.

e) Revisará cuantos trabajos se hagan en la cocina, en especial a su salida al comedor.

f) Hará la «masa caliente», o sea «calentará las comandas», revisará los géneros que salgan al comedor y cuidará del perfecto funcionamiento del «servicio».

g) Llevará el control de vales y cuantos controles requiere la administración del establecimiento.

h) Cuidará la conservación y limpieza del local, instalaciones y utensilios, fogones, batería, etc.

i) Confeccionará menús y cartas a los que pondrá precio, bien sobre el precio del género o bien partiendo de unos porcentajes marcados por la dirección.

j) Pedirá los géneros de mercado como carnes, pescados, hortalizas, etc.

k) Controlará la calidad y rendimiento de los géneros de mercado.

l) Distribuirá el trabajo entre el personal. Dirigirá la enseñanza de aprendices.

m) Aclarará y dará explicaciones sobre los trabajos a realizar, si fuera necesario.

n) Cuidará de la mejor administración de géneros y gastos generales, como luz, combustible, etc.

Segundo jefe. Puede ser de **gran brigada** o de **mediana brigada.**

De gran brigada o anunciador.

a) Reemplazará al jefe en sus ausencias, supervisará el trabajo de la brigada.

b) Reforzará la partida más recargada de trabajo.

c) «Cantará» las comandas, es decir, «hará» la mesa caliente.

d) Colaborará con el jefe en la mayor parte de los trabajos, enseñanza de aprendices, control de géneros de mercado, etc.

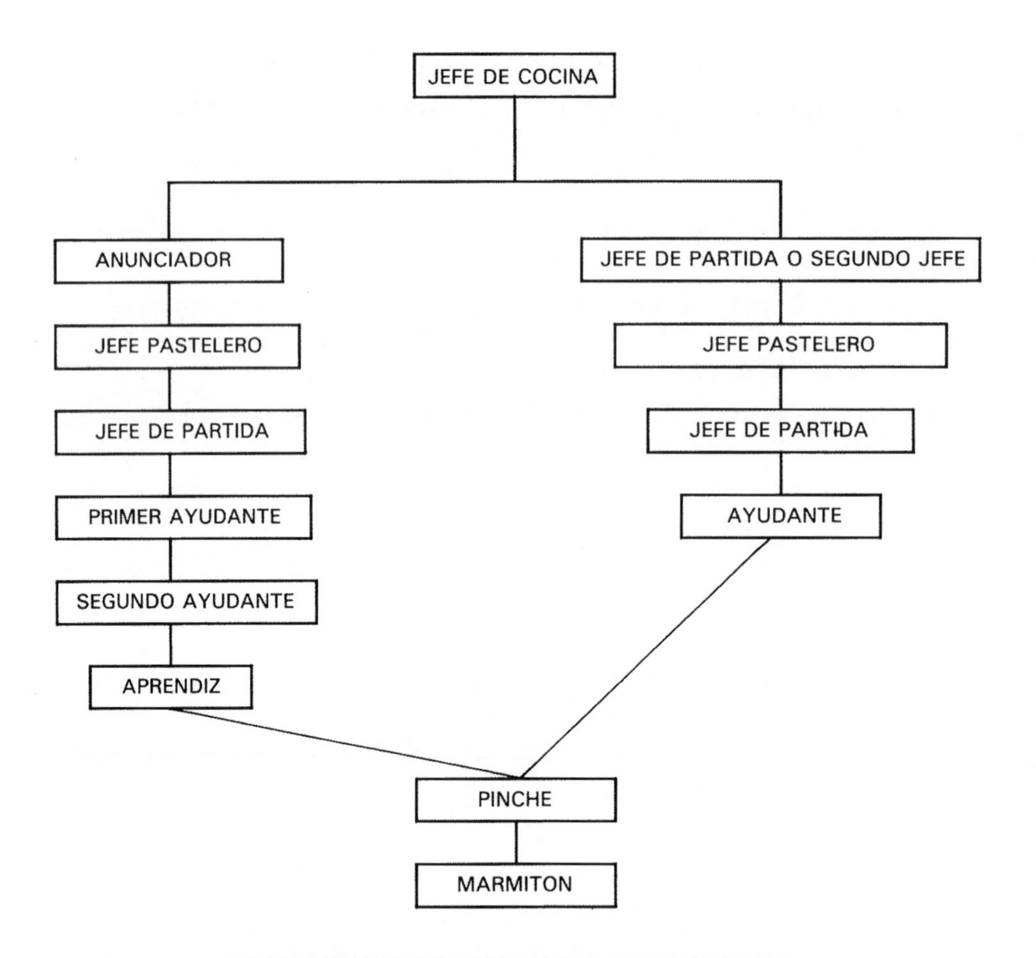

ORGANIGRAMA INTERNACIONAL O TRADICIONAL

De brigada mediana

a) Reemplazará al jefe en sus ausencias y llevará su Partida habitualmente. En el extranjero, casi siempre es el salsero, por considerar este puesto como más importante; en España puede ser otro jefe de partida.

Jefe de partida. Es el responsable ante el jefe de cocina, del buen funcionamiento de la partida a él encomendada.

a) Repartirá y dirigirá el trabajo de sus ayudantes, vigilando su labor y aclarando cuantos conceptos sean necesarios.

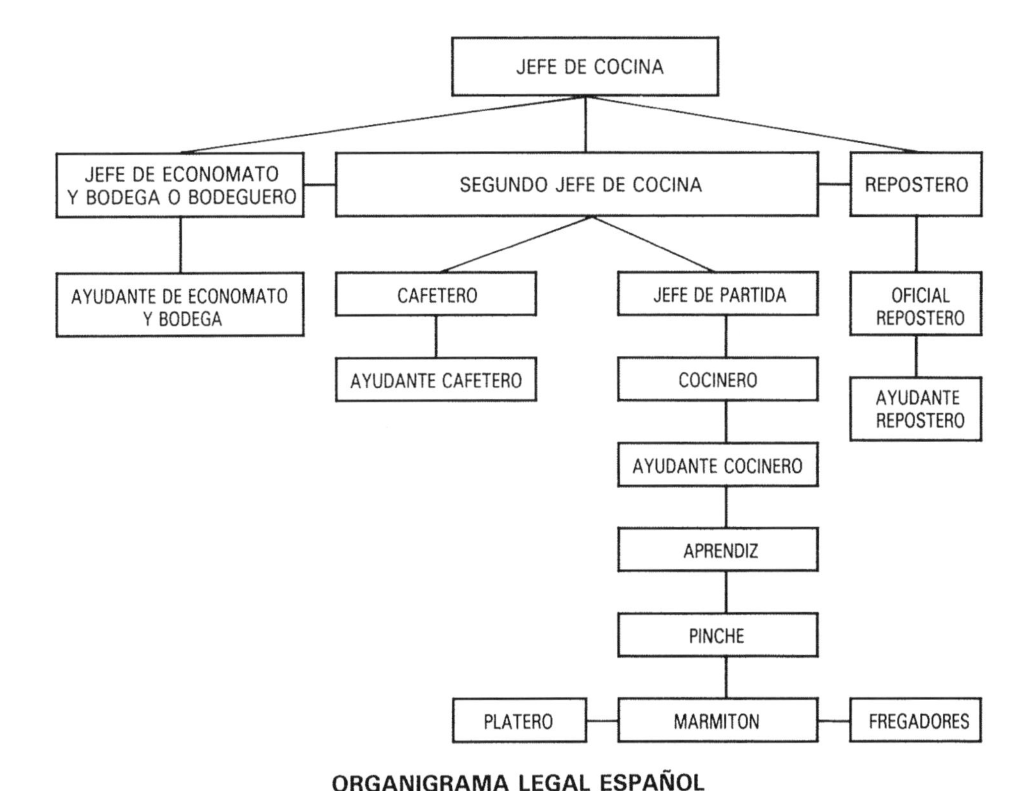

ORGANIGRAMA LEGAL ESPAÑOL

b) Confeccionará el «relevée» si fuera necesario.

c) Hará los vales para retirada de géneros del economato, bodega, etc., que firmará el jefe de cocina.

d) Elaborará y terminará los platos específicos de su partida, con auxilio de sus ayudantes.

e) Será el componente de la partida que se comunique directamente con el jefe de cocina.

Primer ayudante. Colabora con su jefe de partida en la elaboración de platos, cubriendo los trabajos más sencillos y por solicitud de su jefe hará la terminación de los fáciles.

a) Cuidará de la puesta a punto del fogón, mejor colocación, limpieza y conservación de utensilio, mesas, tablas de cortar, herramientas, etc.

b) Retirará mediante vale los artículos de economato y los situará de la mejor forma dentro de la partida.

c) Recogerá los géneros crudos o cocinados, poniéndolos en recipientes adecuados y en el lugar correspondiente.

d) Limpiará y guardará la herramienta de su partida.

Segundo ayudante. Cuando exista esta categoría, tendrá misión similar a la del primer ayudante, pero realizando los trabajos más sencillos y con mayor dedicación a los mecánicos, limpieza, recogida, etc.

Pinches. Se encargan de la limpieza general del local de cocina, sobre todo de sus instalaciones. Hacen trabajos de cocina sencillos, como pelar patatas, hortalizas, etc. Cuidan del encendido del fuego.

Marmitón. Se encarga de la conservación y limpieza de la batería de cocina, limpieza de su departamento, en cuanto a local e instalaciones. Colabora con los pinches, en algunos casos, en la limpieza general.

Aprendiz. Como su nombre indica, están en la cocina para aprender y sus obligaciones son las marcadas para su enseñanza por el jefe, sin que les sea exigible un rendimiento determinado. No entran en nómina; en algunos casos pagan por su mantenimiento y enseñanza y, en otros, reciben pequeñas gratificaciones. Su horario de trabajo puede diferir del marcado para el resto de la brigada.

MISIONES: OBLIGACIONES Y ATRIBUCIONES DE CADA UNA, SEGUN LA LEGISLACION ESPAÑOLA

Jefe de cocina. Es el jefe de esta sección y de todo el personal de la misma; dirigirá y vigilará la condimentación de cuantos platos le sean encargados; cuidará que los que se sirven reúnan las condiciones exigidas por el recetario de la cocina nacional y extranjera; asimismo, y cuando la importancia del servicio lo requiera, condimentará personalmente aquellos manjares que él juzgue convenientes. Confeccionará diariamente la minuta, de acuerdo con las provisiones existentes en el mercado y pasará ésta a la dirección para su aprobación. Vigilará la buena administración de las previsiones, a fin de conseguir su máximo rendimiento. Diariamente presentará el inventario de las existencias que queden para el día siguiente, dando cuenta, cuando así lo exija la dirección, de los promedios conseguidos durante el día. Dará las máximas facilidades para la consecución de una formación profesional.

Segundo jefe de cocina. Tendrá a su cargo las previsiones para el consumo de las distintas partidas, comprobando el paso de las mercancías a su llegada. Su misión primordial es proponer al jefe de cocina la reposición de los artículos que se hayan consumido y la adquisición de los que crea necesarios, suministrando a las partidas, por raciones, las provisiones pedidas por los clientes, siempre que ello fuera posible. Hará los despieces de las carnes o pescados con el mayor cuidado, tratando de conseguir el mejor rendimiento. Sustituirá al jefe de cocina en ausencia de éste.

Dominará la cocina nacional y extranjera, y compondrá y condimentará personalmente todos aquellos platos fríos o fiambres que se le confíen, ajustándose a las órdenes recibidas.

Jefe de partida. Es el cocinero encargado de componer y condimentar personalmente los platos de la partida que le haya sido confiada. Para el desempeño de su cometido deberá dominar los estilos de la cocina nacional, extranjera y de régimen, así como el arte de presentar los manjares y montajes de piezas. Deberá suministrar las mercancías y conseguir un buen rendimiento de las que le entreguen para su condimentación.

Cocinero. Tendrá las mismas obligaciones y conocimientos que el jefe de partida, del que puede depender, por prestar sus servicios donde exista este empleo, o directamente del jefe de cocina.

Ayudante de cocinero. Es aquél que trabaja a las órdenes de otros cocineros o del propio jefe de cocina; procurará asimilar los conocimientos que completen su formación profesional, poniendo todo su cuidado en las labores que le fueren encomendadas.

Repostero. Su misión es análoga a la del segundo jefe de cocina, refiriéndola a su especialidad y dependiendo en su actividad del jefe de cocina.

Oficial repostero. Requerirá los mismos conocimientos del repostero y ejecutará cuantas órdenes le sean dadas por éste.

Ayudante de repostero. Su cometido es auxiliar al repostero en todo cuanto éste le ordene y ejecutar cuantas misiones le sean encomendadas, en relación con su especialidad.

Cafetero. Su principal misión es el servicio del desayuno, cafés sueltos, tés y meriendas; hará también los platos fuertes del desayuno. Correrá a su cargo la manipulación, limpieza y conservación de los géneros a él encomendados.

Ayudante de cafetero. Está a las órdenes directas del cafetero, reemplazándolo durante su ausencia y ayudándole en todo cuanto éste le ordene.

Encargado de economato y bodega. Es la persona designada para recibir toda clase de mercancías y comprobar los pedidos realizados, que deberán llevar su visto bueno, haciendo los asientos en los libros correspondientes. Cuidará de suministrar a las distintas dependencias, las mercancias o artículos necesarios, previa entrega. En los casos en que, por su menor importancia, no exista la plaza de bodeguero, deberá desempeñar además los menesteres propios de este cargo.

Bodeguero. Donde exista este cargo, tendrá las mismas obligaciones que el encargado de economato, en relación con su cometido. Cuidará escrupulosamente de la buena disposición de los vinos en la bodega para su mejor conservación y, cuando fuere preciso, efectuará el embotellado de los mismos.

Ayudante de economato y bodega. Es el trabajador que, como auxiliar del encargado del economato y bodega o del bodeguero, según los casos, realice cuantos trabajos le encomiende, siempre que fuera específico del servicio.

Marmitón. Es el encargado del fregado y lavado de la batería de cocina, placas, utensilios y demás menajes propios de esta sección, contribuyendo además a la limpieza general de la cocina y al buen orden del menaje que le esté encomendado.

Pinche. Es la categoría intermedia entre el aprendiz de tercer año y el ayudante de cocina; se empleará en lavar verduras, pescados y tratar en crudo tubérculos y legumbres. Pondrá especial empeño en su total formación profesional, realizando cuantos servicios se le encomienden y específicamente la vigilancia del encendido de hornos, limpieza de la cocina, máquinas, etc.

Aprendiz de cocina. Por la naturaleza específica de esta categoría, no es necesario definirla.

Fregadores. Son los trabajadores encargados de lavar la vajilla, cristalería, fuentes de servicio y cubiertos. Tendrán especial cuidado en el manejo de este material al objeto de evitar roturas, cuidando de retener el menor tiempo posible el material sucio.

Personal de platería. Son los operarios dedicados exclusivamente a la limpieza y buena conservación de la vajilla y cubiertos de plata o metal. Será necesaria la existencia de un lote de platería donde existan más de seis operarios, dedicados a estos menesteres.

DISTRIBUCION DEL TRABAJO DE LA COCINA. PARTIDAS

Se entiende por partida al cocinero o grupo de cocineros que tienen encomendada una serie de trabajos o platos concretos, de los cuales no pueden salirse. Puede estar constituida por un jefe de partida, por un jefe y un ayudante, por un jefe y varios ayudantes. El conjunto de ellos, más los pinches, marmitones, aprendices, jefe de cocina y, en algunos casos, segundo jefe de cocina, constituyen la brigada de cocina.

Justificación de esta distribución. Dada la complejidad en una cocina que significa el desarrollo del trabajo, es lógico que se parcelen las misiones. Al formar las partidas se busca que éstas tengan analogía en sus trabajos, géneros alimenticios y utensilios e instalaciones a emplear, con lo cual el trabajo se simplifica. También la especialización del cocinero es mayor al manejar menor número de platos y, sobre todo, que al ser cantadas las comandas, sabe cuáles son los trabajos que le corresponden de estas comandas.

Composición y clasificación de las brigadas. No todos los establecimientos tienen la misma clase y número de partidas. La clase puede venir marcada por el tipo de platos que incluyan su minuta y carta, su número y por el volumen de trabajo que tenga. Así, una pequeña brigada puede incluir pescadero, si sirve muchas especialidades de este tipo. El gran establecimiento requiere mayor número de partidas, que en unos casos son un desdoblamiento de las que pudiéramos llamar fijas y en otros casos son la inclusión de algunas diferentes, como la de restuarantero, dedicada al servicio exclusivo de la carta.

Partidas clásicas. Entremetier, salsero, cuarto frío y pastelero. Su desdoblamiento máximo puede ser:

Cuarto frío
- Entremesero
- Preparador de buffet o buffetier
- Carnicero
- Chacinero
- Pescadero

Entradero
- Pescadero
- Potajero
- Entradero

Salsero
- Asador
- Parrillero
- Salsero

Los ejemplos de brigada dados a continuación serán llamados convencionalmente: reducida, media, grande y superior.

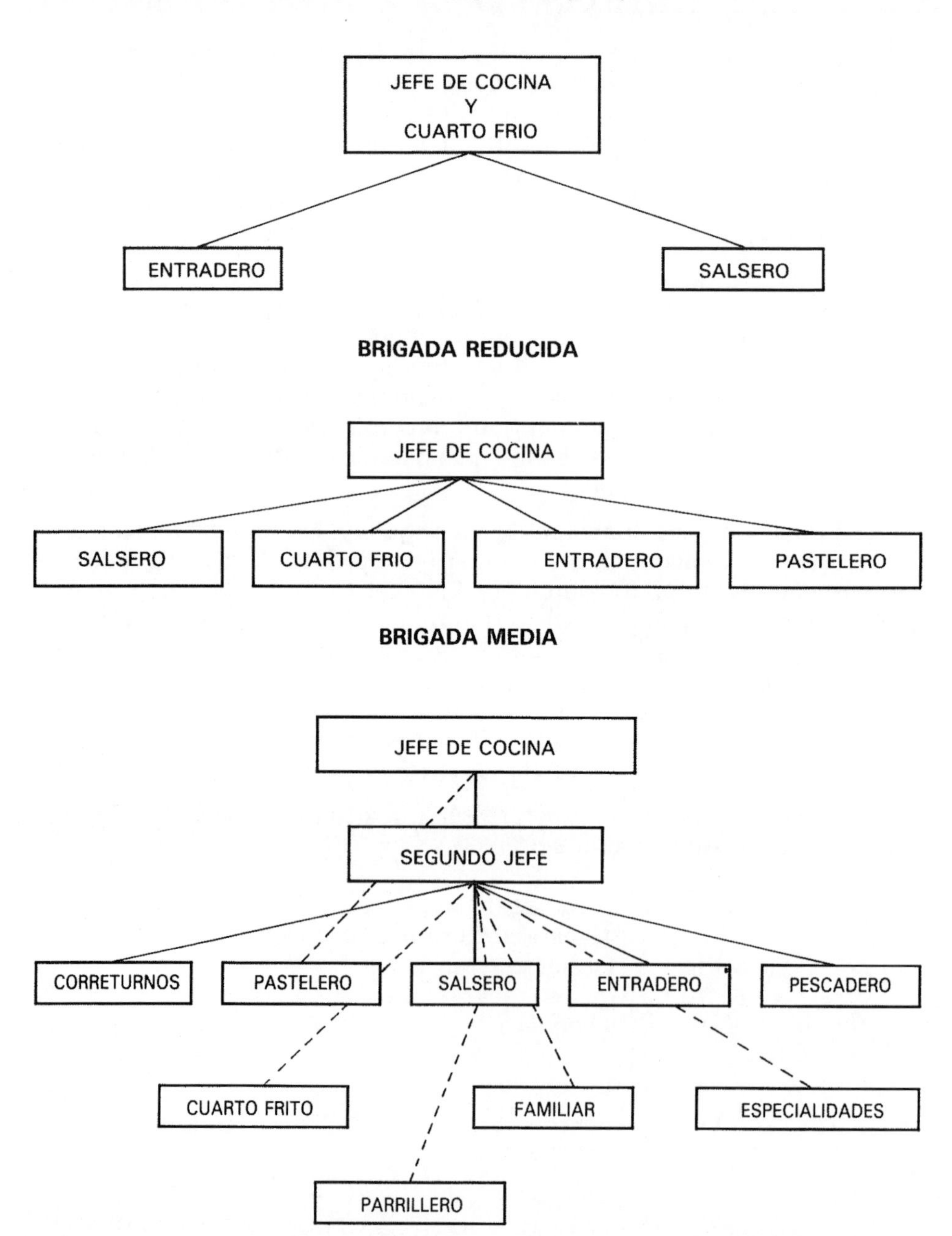

BRIGADA GRANDE

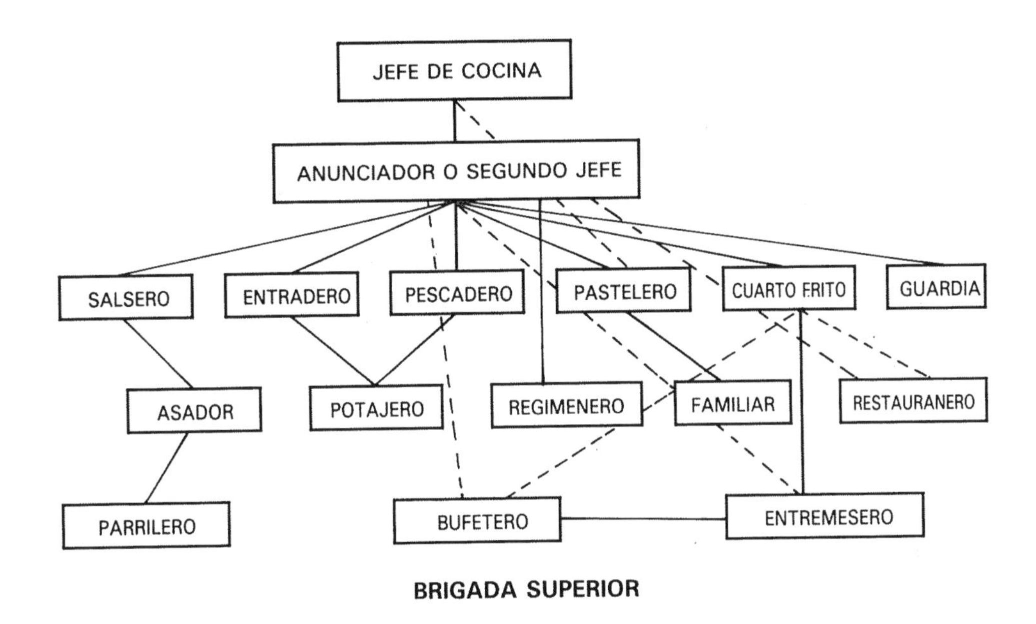

BRIGADA SUPERIOR

MISION DE CADA PARTIDA

Salsero. Confecciona: salsas, de carne o para carne; carnes salteadas a la sartén, braseadas, hervidas y estofadas; entremeses calientes no fritos; guarniciones de carne con salsa; platos especiales con carne, como paella. En la cocina internacional, es usual que prepare los pescados y mariscos especiales. Está considerada como la partida de más realce y por esto lleva aparejado el título de segundo, casi siempre.

Asador. Confecciona los distintos asados al horno, parrillas, etc., de carne, sus guarniciones de patatas fritas y géneros hechos a la gran tritura. En la cocina internacional prepara también pescados a la parrilla y a la gran fritura.

Entradero. Prepara potajes, cremas, consomés y sopas, platos y guarniciones de hortalizas, no fritas a la gran freitura, arroces, pastas alimenticias y huevos.

Pescadero. Elabora platos de pescado y sus salsas y algunas guarniciones propias.

Potajero. Confecciona caldos, sopas, consomés, potajes, cremas y veloutes.

Cuarto frío. Se ocupa del despiece, limpieza y racionamiento de carnes y pescados crudos; prepara guarniciones de carnes y pescados, productos de chacinería; galantinas, patés, etc., platos fríos y sus guarniciones y salsas, ensaladas, ensaladillas y entremeses fríos. Cuida de la conservación de géneros crudos y algunos cocinados.

Pastelero. Elabora: los postres de repostería, pastelería y confitería, bollería y dulcería de desayunos y meriendas; prepara masas de harina para la cocina; colabora con la cocina en la elaboración de algunos platos y surte a ésta en sus necesidades de preparados de pastelería: tartaletas, bocaditos, etc.

Restaurantero. Prepara y sirve los platos incluidos en la carta.

Regimenero. Confecciona los platos de régimen dietético. Es propio de balnearios y similares.

Correturnos. Cubre las ausencias de las diversas partidas en sus días libres, vacaciones, etc.

Familiar. Se dedica exclusivamente a confeccionar la comida del personal del establecimiento.

Partida de guardia. Su horario cubre la ausencia de la brigada y confecciona los platos solicitados en este tiempo. Colabora también en los preparativos del servicio normal, quedando a cargo de los platos en elaboración.

Otras posibles partidas. Pueden existir otras dedicadas a especialidades regionales, platos de caza, etc., según las necesidades concretas del establecimiento.

14 ORDEN DE TRABAJO DIARIO EN LA COCINA

Generalidades. Para el desarrollo armónico del trabajo dentro de la cocina, debe seguirse un orden estricto, además de conocer cada componente de la brigada sus trabajos específicos. Así, una partida no esperará a necesitar un género de economato para retirarlo; lo hará a primera hora de la mañana o de la tarde; no encenderá los fuegos (si son de carbón) cuando vayan a emplearse, sino con la debida antelación ya que necesitan un tiempo determinado para estar en condiciones de ser usados.

Previsiones. Antes de comenzar la jornada diaria, han de tenerse hechas algunas previsiones. Veamos las principales.

Pedidos a mercado: Con objeto de que las partidas puedan disponer de los géneros necesarios al comenzar su trabajo. Esta previsión es diaria, en los casos de géneros perecederos, verduras, pescados, etc., y de varios días de antelación cuando sean más fácilmente conservables o requieran un empleo escalonado, como carnes, o bien cuya elaboración necesite varios días: carnes enmarinadas, en salmuera, etc.

Menús confeccionados: Para que conociéndolos con antelación se pueda empezar su confección el día requerido, con la suficiente antelación al momento en que hayan de servirse.

Desarrollo de la jornada diaria en un hotel de servicio normal. Se divide esta jornada en dos partes, correspondientes cada una al servicio de almuerzos y comidas. Estas medias jornadas están separadas por tres o cuatro horas, durante las cuales la cocina permanece inactiva o con funcionamiento restringido. Para su estudio pueden dividirse en cinco partes cada una: 1.ª, limpieza; 2.ª primera «puesta a punto»; 3.ª segunda «puesta a punto»; 4.ª servicio, y 5.ª desembarazamiento.

1.ª Limpieza. a) Se refiere a la limpieza general del local, sus instalaciones y maquinaria, que ha de hacerse antes de la llegada de la brigada de cocina, a cargo de pinches y mujeres de limpieza.

b) Los pinches encienden los fogones y ponen en funcionamiento cuanta maquinaria requiera precalentamiento, marmitas de presión, hornos, etc.; agua a hervir, caldos a «levantar» y cuantos trabajos se les hayan encargado.

2.ª Primera «puesta a punto». a) Los ayudantes revisan, a su llegada, cuantos preparativos hayan sido hechos; sitúan adecuadamente en su partida los recipientes y utensilios necesarios para el trabajo posterior; retiran del economato los géneros previstos, disponiéndolos de forma conveniente; revisan y reponen el convoy (cajón de condimentos de uso corriente).

b) El jefe de partida toma nota, ante la lista de menús, de los trabajos que le corresponden y aclara conceptos, si hiciera falta, con el jefe de cocina. Revisa la puesta a punto de su «partida». Da instrucciones a sus ayudantes sobre los trabajos a realizar y comienza con los suyos.

c) El jefe de cocina comprueba la llegada a sus puestos de trabajo de la brigada. Da instrucciones y hace reajustes, si fuera preciso, dedicándose después al trabajo propio.

3.ª Segunda «puesta a punto». Una hora antes del servicio, se dan por terminados los trabajos preliminares con la segunda «puesta a punto», que es revisada en cada partida por el jefe de cocina. En esta segunda puesta a punto, se ordenan para su pronto uso cuantos géneros preparados y utensilios se han de emplear en el servicio. La brigada pasa a su comedor por espacio de media hora aproximadamente, transcurrida la cual se reintegra a su puesto de trabajo. Este horario de comida puede variarse.

4.ª Servicio. Comienza el «servicio», que dura de dos a tres horas, durante el cual se sirve en el comedor de clientes, requiriendo el mayor silencio y atención.

5.ª Desembarazamiento. a) Terminado el servicio, los ayudantes recogen la partida llevando los recipientes usados a la «plonge». Limpian y guardan la herramienta. Desconectan y limpian maquinaria, fogones, salamandras, etc. Sitúan los géneros sobrantes en recipientes y lugares convenientes para su mejor conservación. Dejan la mesa y todo punto de trabajo recogido y limpio.

b) Los marmitones limpian y sitúan en su lugar la batería.

c) El jefe de partida cambia impresiones con el jefe de cocina, sobre el desarrollo del servicio y desconectado de la maquinaria.

d) El jefe de cocina revisa la desconexión de maquinaria, funcionamiento de frigoríficos, etc.

e) Los pinches y mujeres de limpieza friegan y limpian el local e instalaciones de cocina, dejando todo listo para el servicio siguiente.

La media jornada de tarde se desarrolla de la misma manera, pero con menor intensidad, ya que los preparativos de la mañana comprenden la mayor parte de los necesarios para la noche.

Terminado el servicio de comida, el cambio de impresiones entre jefe de cocina y partida y éste y sus ayudantes, versará sobre el servicio del día siguiente o días sucesivos, si hubiera que hacer previsiones a largo plazo.

El jefe de partida correspondiente hace su relevée, que entrega al jefe de cocina, quien a la vista de éste, hará sus previsiones de pedido a mercado.

15 ADMINISTRACION DE LA COCINA

Se dedica esta lección al estudio de las normas que buscan la rentabilidad del establecimiento. Se agrupan en:

a) Perfecto aprovechamiento de los restos de géneros cocinados.
b) Ahorro de gastos inútiles.
c) Rendimiento de géneros.
d) Conocimiento de precios.
e) Cálculo de cantidades aproximadas de géneros.

A) PERFECTO APROVECHAMIENTO DE LOS RESTOS DE GENEROS COCINADOS

Se refiere a la perfecta utilización de los restos de géneros. Pueden ser: crudos o cocinados.

Crudos. Se entiende por restos crudos, los artículos de **aprovechamiento relativo**, resultado de la limpieza efectuada a un género de mercado (en casos de economato también), antes de su cocinado. Se buscará la aplicación que más lo revalorice. Si de una pieza de carne obtenemos tres partes: carne limpia en un trozo, pequeños trocitos de carne limpia, pellejos y huesos, los trocitos de carne limpia no se emplearán para hacer caldo, sino un guisado de hamburguesas, albóndigas, etc., con mejor precio de venta que el de mercado.

Cocinados. Es la porción de comida, higiénica aceptable, que resta en la cocina después de efectuado el servicio del plato. Su empleo co-

rrecto favorece a la economía culinaria. Se entiende por «empleo correcto» el que evite el reconocimiento por parte del cliente. Se aprovechan para platos aceptables en presentación y calidad de venta que consiguen la aprobación del comensal y, por tanto, su facilidad de salida. De otro modo, su utilización indiscriminada conduciría al rechazo del plato. Tal es el caso de la crema de legumbres hecha con patatas fritas, salsas de pescado, etc., no apropiadas por su sabor con pérdida del tiempo y género empleado y, lo que es peor, con el descrédito del establecimiento. Si bien en la «cocina puede transformarse casi todo» ha de procederse con el mayor cuidado.

B) AHORRO DE GASTOS INUTILES

Se refiere a los cuidados necesarios para evitar gastos inútiles y al conocimiento de los que inciden en el valor de los platos para una posterior venta. Estos últimos pueden agruparse en: generales y de material inventariable.

GENERALES. Comprende: a) combustibles, agua, artículos de limpieza, etc.; b) pagos al personal.

a) El despilfarro de carbón, gas, electricidad, agua, artículos de limpieza, etc., grava la economía de la cocina por ser de uso continuado. Ejemplos de despilfarro son: echar carbón cuando el fogón va a dejar de usarse; fogones de gas o eléctricos funcionando sin necesidad o haciéndolo a tope, sin justificación; agua corriendo inútilmente; luces encendidas sin empleo; jabón, lejía, detergente, etc., usados o conservados descuidadamente.

b) Pagos al personal. El número que comprende la brigada de cocina y los emolumentos que perciban, serán apropiados a la cantidad y calidad de los trabajos a realizar. Una brigada menor de la necesaria trae consigo una aceleración excesiva en el trabajo y fallos en el rendimiento de géneros, presentación y sabor de platos, etc., con el consiguiente desprestigio y quebranto económico. Si, por el contrario, es mayor de lo debido, resta rentabilidad o hace que los sueldos de sus componentes sean bajos e inadecuados. La retribución de cada componente de la brigada estará de acuerdo con las aptitudes y rendimiento que marcan su cualificación profesional, así como con la categoría del establecimiento. Si los sueldos altos gravan la economía en general, los bajos crean malestar y son responsables, en gran número de casos, de frecuentes cambios de empresa.

DESGASTE DE MATERIAL INVENTARIABLE. Se refiere a las instalaciones fijas, maquinaria, batería, etc. Requieren cuidados de buen trato, limpieza adecuada y pronto arreglo de averías, para conseguir su perfecta conservación evitando un envejecimiento prematuro y su consiguiente reposición.

C) RENDIMIENTO DE GENEROS ALIMENTICIOS

Se refiere a: **Conocimiento de precios, Cálculo de cantidades aproximadas de géneros, Adecuación de empleo y Conservación.** Los dos primeros grupos están comprendidos en los apartados d) y e) de la referencia general.

CONOCIMIENTO DE PRECIOS. Se refiere al costo unitario de los géneros, cuyas motivaciones son: **Calidad, Rendimiento, Estacionalidad, Procedencia.** Por alguna de estas causas puede resultar barato el de más alto costo y viceversa.

Calidad. Se refiere al sabor, terneza, presencia, etc., que los hacen más o menos cotizables porque permiten mayor o menor número de aplicaciones. Será de mejor calidad el que facilite confeccionar más clases de platos de alto precio.

Rendimiento. Se refiere a las mermas que sufre el género recién comprado, a su paso por la cocina, antes de llegar al cliente.

Pueden ser originados por: a) limpieza en crudo; b) almacenamiento; c) cocinado.

a) Limpieza en crudo. Los géneros de mercado son sometidos a un proceso de eliminación de materias superfluas: hojas duras, pieles, vísceras, huesos, espinas, etc., que dan como resultado una parte **aprovechable absoluta**, otra, **aprovechable relativa** y una **no aprovechable**, sin valor. El tanto por ciento que corresponde a cada una de es dato que influye sobremanera en que el precio sea adecuado. Una pieza de carne con abundancia de sebo (no aprovechable), mucho nervio y hueso y poca cantidad de carne limpia, resultará cara a pesar de su bajo precio de costo.

Cálculos, precios, adecuación, conservación

b) Almacenamiento. Los géneros que requieren almacenamiento, con la consiguiente merma en su peso, serán más caros (en igualdad de condiciones) que los que no lo requieran. Al comprar a largo plazo ha de tenerse esto muy en cuenta. Una patata recién recolectada, comprada a más bajo precio, puede resultar más cara, aunque en el momento de gastarla el precio actual sea mayor. Una carne sin «envejecer» deberá comprarse a menor precio que la dispuesta para su uso.

c) Cocinado. Algunos géneros requieren una cocción más prolongada que otros similares, con la consiguiente pérdida de peso y tamaño específico. Por tanto, requerirá el empleo de mayor cantidad de género crudo. Por esta razón puede resultar más cara una carne dura de menor precio unitario, que otra tierna, de más alto precio.

En algunos artículos de economato también existen las pérdidas por limpieza (tal es el caso de conservas con caldos y otros aditivos, excipiente húmedo en la mantequilla), o almacenamiento (pérdida de peso en legumbres y quesos), que han de tenerse en cuenta al comprar.

Estacionalidad. Se refiere a los mejores precios por calidad, rendimiento y valor unitario que tienen la mayoría de los géneros perecederos, en determinadas épocas del año, por una mayor producción y sazón, lo que aconseja su empleo con preferencia.

Procedencia. Los productos propios de la región o de procedencia cercana no están encarecidos por largos transportes o almacenamientos, por lo que, en general, resultarán más comerciales (las excepciones se producen por producción escasa o exportación masiva). Otra ventaja es disponer de ellos en mejor sazón y con mayor continuidad.

CALCULO DE CANTIDADES APROXIMADAS DE GENEROS. Al elaborar los platos, es importante emplear las cantidades correctas de géneros, para evitar que lo sobrante suponga pérdida de rendimiento. Algunos de éstos tendrán aprovechamiento posterior, pero con valor de venta disminuido, obligando, por otra parte, a incluir en menús platos de menor aceptación o con menoscabo de su sabor. Incluso resultarán inútiles algunos.

Para el cálculo de géneros que forman el elemento principal del plato, se incluye una lista de cantidades aproximadas que pueden servir como base para artículos similares. Y son aproximadas por incidir en ello diversas causas. En los artículos, tal y como se presentan en el mercado, los factores de estacionalidad, costumbres del mercado concreto, precio unitario, etc., inciden en su rendimiento al prepararlos. En las cantidades dadas en limpio influye la importancia de la guarnición del plato, el método de cocinado (por la merma que pueda suponer), número de platos que componen el menú, precio de venta, etc.

Los géneros incluidos son los de mayor uso, elaborados por métodos básicos de cocinado, sin guarnición propia.

La forma más justa de cálculo culinario es la que parte de artículos para cocinar, puesto que las motivaciones que los alteran son conocidas. En cambio, al hacer el cálculo sobre géneros en bruto puede surgir la sorpresa, por su mayor o menor rendimiento. Esto es de capital importancia cuando se trata de menús contratados para gran número de comensales, ya que, tanto la falta como el excedente, creará problemas.

Tabla de cálculo aproximado de géneros: por persona, en bruto, para menú, en crudo

HORTALIZAS	
Alcachofas rehogadas	400 a 500 gramos
Habas rehogadas	400 a 500 gramos
Repollo rehogado	300 a 400 gramos
Judías verdes rehogadas	175 a 200 gramos

HUEVOS (piezas de 55 gramos aproximadamente)

Revueltos	2 a 3 piezas (según guarnición)
Tortillas	2 piezas
Escalfados, mollets, cocotte	2 piezas
Plato, fritos	2 piezas
Duros para rellenar	1,5 piezas

LEGUMBRES SECAS Y FARINACEAS

Alubias con chorizo	80 gramos
Arroz en paella	90 a 100 gramos
Arroz en pilaw (guarnición)	40 gramos
Tallarines (secos) con tomate	50 gramos

PESCADOS

Merluza (limpia) rebozada	200 a 250 gramos
Lenguado (pieza) a la molinera	225 a 250 gramos
Besugo (entero) asado	325 a 375 gramos

CRUSTACEOS Y MOLUSCOS

Langostinos (3 a 5 piezas), hervidos	200 gramos
Langosta hervida en media pieza	350 gramos (menú contratado)
Almejas marinera	200 a 250 gramos
Mejillones al curry	200 a 250 gramos

CARNES

Solomillo a la parrilla (limpio)	125 a 150 gr.; (sucio) 300 gramos
Escalope de ternera parrilla	200 a 225 gr. sucio; 125 gr. limpio
Escalope de ternera empanado (limpio)	90 gramos; sucio 125 a 150 gr.
Chuleta ternera o cerdo parrilla	200 a 250 gr. su.; 150 a 175 gr. li.
Entrecôte parrilla (deshuesado)	200 gr. sucio; 125 a 150 gr. limpio
Cordero lechal asado (canal limpia)	350 gramos

AVES

Pollo asado	250 gramos
Gallina (en pepitoria)	250 gramos

ADECUACION DE EMPLEO. Todos los artículos deben ser usados de forma racional, empleando en cada plato los apropiados a su precio de venta y método de cocinado. Resulta antieconómico emplear una carne de primera apropiada para escalopes, tournedós, etc., en un estofado, que ha de venderse a más bajo precio que aquéllos. Si, por el contrario, usamos los de baja calidad en elaboraciones que la requieran mejor, el rechazo por el cliente y el descrédito del establecimiento será seguro. Pretender hacer un escalope con carnes que precisan cocción de varias horas es un ejemplo negativo.

CONSERVACION. Se refiere al cuidado que ha de ponerse en evitar mermas y pérdidas totales en los géneros. Al empleo del método de conservación adecuado a cada uno (seco, húmedo, por oreo, etc.), regulación de grado de frío y humedad de cámaras y armarios frigoríficos, situación en recipientes adecuados, empleo ordenado por orden de antigüedad, pedidos hechos con justeza y la revisión y cuidados que permita tomar medidas adecuadas. Todo ello contribuye a evitar numerosas pérdidas.

16 CONDIMENTOS

Definición. La palabra condimento designa la sustancia empleada en cocina para dar sabor especial a los alimentos. Cumple también la misión de actuar sobre el dinamismo del estómago, favoreciendo la transformación de los alimentos y excitando el apetito. En algunos casos transmite color y olor especial; en otros actúa como elemento de conservación de géneros.

Clases según su procedencia. De origen mineral, sales; de **origen vegetal,** especias, hierbas aromáticas y hortalizas de condimentación, constituyendo el grupo más importante; también derivados de vegetales como el azúcar, etc.; **de origen animal**, grasas, derivados de la leche, como queso, etc.

Se refiere esta lección a sales, azúcar, vinagre; condimentos vegetales secos como especias, hierbas aromáticas; hortalizas de condimentación o condimentos frescos. No se incluyen los artículos que no son condimentos puro, aunque en ciertos casos actúen como tales la mantequilla, el queso, etc.

Clases y utilización

SAL

Del mismo nombre latino, es el único condimento de origen mineral, de uso más antiguo, objeto de importantísimo comercio en la antigüedad y cuyo nombre químico es cloruro de sodio. Purificada, presenta forma de cristalillo blanco fácilmente soluble en elemento húmedo, crepitante al fuego, con gran poder higroscópico o de atracción de la humedad. Se encuentra en buena cantidad de alimentos, en solución, formando el agua del mar, lagos y manantiales, y sólida en minas.

Aplicaciones. a) En el sazonamiento de la mayor parte de alimentos (se exceptúan algunos de postres o dulces); b) en la conservación de gran número de géneros crudos o cocinados, en razón al poder de atracción sobre la humedad que produce una deshidratación grande y una penetración a través del género u «ósmosis» (acción de empujar) que crea en éste un ambiente poco propicio para organismos vivos. Su empleo como condimento debe ser hecho con discreción, ya que el exceso inutiliza cualquier preparación. En la lección de fondos se estudia «salmueras» o la sal como elemento conservador. Se emplea también en producir mayor intensidad de frío en el hielo.

Conservación. Por tener gran poder de oxidación sobre el hierro y otros metales, debe ser almacenada en recipientes no metálicos; por la facilidad que tiene de atraer la humedad ambiente, deberá ser guardada en lugar seco, para evitar su aglutinación y humedecimiento. Son apropiados los envases de cierre hermético. Para que recobre su sequedad, suele ponerse en una estufa para después tamizarla. Su tiempo de conservación es prácticamente indefinido. El fosfato de calcio es añadido para facilitar su sequedad.

Clases, según su procedencia. Puede ser **marina o gema** y, según su tamaño de presentación, fina o gorda. Otra sal, con aplicación diferente, es la sal nitro.

Marina. Extraída por evaporización del agua del mar, reúne las mejores propiedades alimentarias; presenta, en estado natural, formas geométricas anguladas, tanto más limpias y grandes cuanto mejor sea la calidad. También puede presentarse molida. Se puede emplear en caldos o cualquier género líquido y no es práctico su empleo en sazonamiento de carnes, pescados y otros alimentos sólidos, por la lentitud de su disolución y mala distribución.

Gema. Puede ser obtenida por medio de extracción mineral o por evaporación de aguas saladas no marinas. Se presenta en pequeñísimos granos tanto más pequeños y más blancos y secos cuanto mayor sea su calidad; **a granel o suelta** usada en la cocina, después de seca y tamizada; empaquetada, la más fina se dedica al uso del comedor.

Sal nitro o nitrato potásico. De origen distinto a la sal común, se presenta con aspecto similar a la sal común fina. Se emplea en la nitrificación de productos cárnicos por su poder de convertirse en **nitrito** al contacto con los componentes de la sangre, consiguiéndose la conservación y reforzamiento de su color rojo. Es tóxica usada en grandes cantidades, por lo que su uso está sujeto a la dosificación aproximada del 5 por 100 con relación a la sal común y, por esta misma razón, debe ser guardada donde no pueda ser confundida, en envase de cristal o similar, con letrero bien visible. Se identifica por el sabor a fresco y un poco amargo.

AZUCAR

Deriva la palabra del árabe «acúccar». Traída por los árabes hacia el año 1200, se llamó en principio «sal india» por su procedencia y propiedades y aspecto parecido a la sal. La primera era extraída de la caña de azúcar, llevada por los españoles de América. Su aparición fue una verdadera revolución culinaria, hasta el punto de emplearse en casi todos los platos de «alta cocina» de aquella época. Se vendía en boticas, lo que da una idea de alto precio. Su vulgarización vino intensificada por el descubrimiento de la de la remolacha por Malgraff y Achard hacia el año 1750.

Clases, según su procedencia. La mayoría de los vegetales pueden ser origen de sacarosa; tal sucede con los cereales que producen «maltosa», frutas como la uva que producen «glucosa», árboles como el arce productor del azúcar «mapel». De la leche se extrae el azúcar llamado lactosa, empleado en la alimentación infantil.

El azúcar estudiado es el de remolacha o de caña de azúcar.

Azúcar de caña o remolacha. Es el producto cristalino extraído del zumo de la remolacha o caña de azúcar, después de su purificación y concentración al vacío. La purificación consiste principalmente en retirar la melaza (sustancia espesa dulce y oscura que no es cristalizable) y otras sustancias menores. Esta melaza se emplea en la fabricación del ron.

Propiedades. Además de transmitir sabor es: fácilmente soluble; con gran poder de atracción de la humedad; fundente al calor y caramelizable, con profunda transformación de su sabor.

Aplicaciones. Para dar sabor a gran número de postres y otros dulces; para dar densidad a jarabes y licores; conservar géneros como mermeladas, confituras, etc.; fabricación industrial de dulces, como chocolates, turrones, etc.

Conservación. Aunque no es corrosiva como la sal, es preferible conservarla en recipientes no metálicos, en lugar seco y cubierto. Es de conservación indefinida.

Presentación. Dentro de la cocina se emplean distintos tipos: pilón, cortadillo, grano o granillo, glas, morena.

Pilón. Es el azúcar altamente purificado, de caña, presentado en bloques, empleado principalmente en la industria del caramelo por su gran pureza.

Cortadillo. Se llama al presentado en pequeños cuadrados o rectángulos. Puede ser de caña o remolacha, también de gran pureza si sus cristalillos son gruesos y brillantes, empleada para elaboración de almíbares muy densos, como fondat.

Grano. Es el presentado en forma de pequeños gránulos sueltos, de uso corriente, que será tanto más bueno cuanto más transparente y brillante sea y cuanto mayor sean los cristalillos. A éste se refieren todas las recetas cuando no especifican clase.

Glas. Se denomina en la cocina internacional al azúcar más molido, a modo de harina, empleado para espolvorear y también en preparaciones como merengues, baños como el «royal», pudiendo estar avainillado.

Morena. Es la menos purificada y, por tanto, con gran contenido en melaza que le da aspecto más o menos oscuro y la mantiene pegajosa. Empleada en algunos dulces europeos, coctelería, chacinería, que puede mixtificarse con azúcar en grano con algo de «color caramelo».

Calidad. La pureza del azúcar se reconoce por la transparencia sin matiz oscuro y brillo de sus cristalillos. Una prueba para comprobarlo es cocerlo con agua para controlar que no suelta espuma.

VINAGRE

Etimológicamente la palabra quiere decir vino agrio. En la realidad, su denominación de líquido alcohólico acetificado por la acción del fermento «micoderna aceti», que es lo que forma la llamada «madre» del vinagre o especie de nata que flota, es más acertado, puesto que puede elaborarse con elementos tan dispares como cereales, azúcar, leche, frutas, etc. El ácido acético, que puede sintetizarse, no pasará de la proporción del 13 por 100, ya que las bacterias no pueden vivir en mayor concentración, siendo corrientemente de 7 a 8 por 100 la concentración de los vinagres de vino.

Calidad. Viene marcada por la procedencia del líquido alcohólico (mejor los de frutas como la uva, manzana, etc.), y su graduación alcohólica (que no pasará de 10 grados), además de por el envejecimiento y en ciertos casos por la adición de hierbas aromáticas.

Conservación. Los embotellados se conservan perfectamente por estar pasteurizados (30 minutos a 60 ó 66 °C); los servicios a granel están más expuestos a pérdida de aroma y su posible conversión en agua por efecto del Bacterium Xylium. Por su gran poder corrosivo no debe, en ningún caso, almacenarse en depósito metálico o que lo contenga, aparte de que su descomposición puede producir envenenamiento, como en el caso del zinc, con el que forma acetato de zinc venenoso.

Obtención casera. Basta poner vino sin tapar en recipiente ancho a una temperatura de 12 a 36 °C (mejor entre 27 y 28 °C), por varios días; filtrar o pasteurizar después.

Vinagre industrial para conservas. Su composición es: agua, 90 litros ácido acético, 5 litros; sal común, 3,3 kilos; nitrato potásico, 120 gramos; sulfato, 310 gramos; azúcar, 1,52 kilos; sustancias extractivas (aromas, etcétera), 350 gramos.

Aplicaciones. Reducido en salsas calientes, conservación de géneros crudos o cocinados puestos en vinagre o escabeche, preparación de salsas frías, aliño de ensaladas.

17 CONDIMENTOS DE VEGETALES SECOS

Se refiere a los condimentos puros que son sometidos a un proceso de desecación por medios naturales o artificiales y se conservan por largo tiempo en perfectas condiciones. Pueden distinguirse: especias y hierbas aromáticas.

CUIDADOS QUE REQUIEREN

Se refiere al «cuidado» que en su **conservación** y **utilización** debe guardarse de estos condimentos.

Conservación. Los condimentos **secos molidos** están sujetos a una degeneración de sus propiedades de sabor, color, etc. Por ello, deben almacenarse en lugar seco, en recipiente perfectamente cerrado y su almacenaje no excederá del año, para evitar dicha degeneración. Los condimentos **secos sin moler** están menos sujetos a tal proceso. Pueden ser, por tanto, conservados por más tiempo y en las mismas condiciones de ambiente seco y recipiente hermético. Ciertos condimentos, especialmente los de hojas o hierbas pueden resultar inutilizados si su almacenaje en gran cantidad obliga a una manipulación frecuente, que puede desmenuzarlos, y por tanto, serán de difícil empleo posterior.

Utilización. La dosificación de condimentos secos debe siempre basarse en el perfecto conocimiento de las propiedades y fuerza de cada uno. El exceso de un condimento puede estropear el mejor plato. Conocimiento y mesura en su uso tendrán como resultado mejoramiento de los platos. Como norma general puede decirse que la identificación clara, al consumir un plato, será indicativa de exceso de dicho condimento.

ESPECIAS

De origen vegetal, aprovechan las cualidades de ciertas partes de algunas plantas, semillas, raíces, etc. Las aportaciones más interesantes de especias fueron hechas por árabes y por Sebastián Elcano a su regreso de la vuelta al mundo. También el descubrimiento de América marcó una etapa importante.

Su aparición produjo la revolución más profunda en la cocina y su alto precio, debido en parte al transporte, hizo de ciertas especias una forma de moneda, objeto de cláusulas testamentarias. Se vendía en boticas a precios altísimos. La mayoría tienen poder conservador, al crear un ambiente seco, oloroso e irritante, poco apto para el desarrollo de bacterias. Se incluyen las más usadas en Europa, que son: pimienta, clavo, comino, nuez moscada, anís, azafrán, vainilla, canela, pimentón, paprika, cayena, curry, mostaza, alcaparras y bayas de enebro.

Variedades y empleo

Pimienta. Es el fruto de un arbusto trepador, cultivado principalmente en la India y las islas de Java y Borneo; existe verde, negra y blanca, según sea secada al natural o secada por ligero tueste o tostada y descascarillada después de su salmuerización con agua de mar, y dentro de éstas, en grano o molidas, éstas últimas poco aconsejables por la pérdida de sabor y aroma; en grano se usa para elementos caldosos que han de colarse o para clavetear; molida, para espolvorear géneros y hacer salsas, con empleo de blanca o negra, según convenga al color del género; de uso excesivo por la cocina francesa es la más empleada por la charcutería internacional; el molino de pimienta es usado en comedor o cocina para dar punto final de sazonamiento a un plato, con pimienta blanca o negra recién molida.

Clavo. Es el capullo de la pequeña flor del clavero o girofle, originario de las Molucas y otras; muy empleado en combinación con la pimienta, sobre todo en caldos y marinadas; de fuerte sabor, requiere una dosificación cuidadosa; su uso claveteado ha dado nombre a esta operación; se presenta en grano seco y negro, molido, y molido y mezclado con pimienta, canela, nuez moscada, formando «las cuatro especies», muy usadas en charcutería; traído a España por Elcano, formó posteriormente parte del escudo que le fue concedido.

Comino. Pequeñas semillas de forma ovalada y color grisáceo; confundibles con el anís, del que se distingue por su olor acre y sabor áspero; de origen árabe, es empleado en España en platos regionales como gazpachos fríos y calientes; es empleado por la cocina Europea; da origen al Kumel o aguardiente de cominos; su fuerte sabor aconseja una dosificación cuidadosa; se presenta en grano para su posterior «majado» o en polvo.

Nuez moscada. Fruto de un árbol originario de la India llamado mirística, de aspecto similar al albaricoque, cuya carne forma «la flor de macis» o aspecto de pulpa secada de color rosado; su forma de aceituna estriada y su textura similar a la de la almendra; se adquiere entera o molida (de menor sabor ésta); se emplea rallada en el momento de usarse con rallador o con la puntilla; de gran aplicación en charcutería y en salsas blancas; además de desecada, ha sido sometida a un baño de cal que la inmuniza contra la germinación y el ataque de insectos.

Anís. Existe el llamado estrellado, con granos en fundas de corteza en forma de estrella, no usado en la cocina, propio para infusiones infantiles. Empleado en la cocina es el anís común o matalauva, en granos muy pequeños ovalados, de color pajizo, de fuerte olor dulzón y sabor dulce; de origen árabe; usado por la dulcería regional española en mantecados, bollos, turrones, etc.; muy empleado en la fabricación de aguardientes y licores; muy cultivado en España, que lo exporta.

Azafrán. Esta planta bulbosa es originaria de Asia. Traída a España por los árabes, es cultivada desde el año 1000; es España el principal país productor del mundo, con exportación a América y la India, donde se usada para dar olor al arder en fiestas religiosas; su uso más antiguo es como colorante; formado por los estambres (de color más intenso y menor peso) y pistilos (mayor peso y menor color) de la flor, que después de retirados con los dedos son puestos a tostarse en cedazos cerca del rescoldo; su precio altísimo (más caro que cualquier género) es de 7.000 a 7.500 pesetas la libra —de 460 gramos— y es más bajo en el mes de octubre, época de la recolección.

De cultivo en las provincias de Albacete, Murcia, Ciudad Real, Cuenca, Teruel (Motilla de Palancar y Campillo de Altobuey en Cuenca); adulteraciones son hechas con estigmas de maíz, parecidos pero más largos; el de color excesivamente oscuro no transmitirá apenas color ni sabor por exceso de tueste ni tampoco el que contenga excesiva cantidad de filamentos casi blancos, signo de adulteración; la razón de su carestía es que hacen falta de 500.000 a 1.000.000 de flores para obtener un kilo de azafrán, habida cuenta que cada bulbo produce dos o tres tallos poseedores, a su vez, de dos o tres flores y cada flor produce tres pistilos.

Su conservación requiere cuidados especiales, referidos a mantenerlo con un grado de humedad suficiente, para evitar la pérdida de peso y el desmenuzamiento, lo que se logra poniendo entre él un trozo de patata; su utilización más cómoda en la cocina se hace secando el azafrán, cuidando que no se tueste, y moliéndolo en el mortero (o en su mismo papel); se añade agua y se pone el líquido obtenido en una botella con tapón ranurado que permita una salida lenta; la cocina española lo usa en muy diversos guisos; también las cocinas italiana, griega y árabe, principalmente en arroces y sopas; el llamado azafrán en polvo es simplemente un colorante artificial.

Vainilla. Es la vainilla o semillero de la planta trepadora criada en América Central y algunas islas de Africa y Asia, llamada vainillero; su color fuertemente oscuro; no debe estar excesivamente seca; se usa en infusión de leches, jarabes, etc., o por simpatía sobre azúcar glas, en elaboraciones de pastelería o repostería; también en la industria chocolatera y licorera; su fuerte sabor requiere cuidados en su empleo; de empleo abusivo en la pastelería francesa y europea en general y también en la española de baja calidad; la vainillina es un producto sintético, de muy fuerte sabor, en forma de polvillo soluble, de color blanco y con peores características de sabor.

Canela. Es la corteza, sin piel, del canelero de origen asiático, traído también por Elcano, teniendo fama el de Ceilán; se presenta en tronquitos retorcidos y secos de color marrón claro; se usa por infusión como la vainilla, también molida, preferiblemente reciente, por lo que evita pérdida de sabor; la adulteración es posible en la que se vende en polvo; se emplea en charcutería y repostería, chocolatería y turronería, sobre todo en la típica española; su uso está limitado en ciertos países por ser considerada excitante.

Pimentón. Polvo de color fuertemente rojo, obtenido por la molienda de pimientos rojos, secados por medios naturales al sol o artificiales en estufas; el demasiado oscuro indica excesivo tueste; el de mejor calidad es el elaborado con la pulpa y el de peor calidad el que emplea el pimiento entero; pimentón dulce es el hecho con pimientos no picantes; pimentón picante el que emplea pimientos de este tipo o guindillas en mayor o menor cantidad; en su calidad interviene también el que esté recién hecho, ya que el atrasado pierde propiedades de color y sabor; España es el principal productor, que exporta a América Central y del Sur; provincias productoras son Cáceres y Murcia, principalmente; muy usado en la chacinería española, imprescindible en el chorizo, nuestro clásico embutido, y también como elemento de sabor y color en guisos; para su empleo en elaboraciones de cocina se disuelve, rehogándolo con cuidado para que no se queme, en aceite o grasa.

Paprika. Pimentón de origen húngaro, de inferior calidad al español, empleado en ciertas cocinas de Europa central para guisados de carne, principalmente.

Cayena. Pimentón fuertemente picante obtenido de pequeñísimos pimientos de Cayena, antigua posesión francesa de América; debe ser usada en muy pequeña cantidad, de donde viene la denominación culinaria de «punta cayena», que indica tomar una pequeña porción con la punta de un cuchillo; el poco picor significa que está «pasada»; se vende también sin moler; muy usada por la cocina francesa.

Curry. Composición en polvo de origen indio, variable de unos a otros lugares en la proporción de elementos; composición básica de carcuma, gengibre, pimentón picante, coliantro, pimienta, clavo, canela, laurel, ajo, limón, pescados, crustáceos, también tamarindo y flores de miristica; más acreditados los de Madrás y Ceilán; se hacen mixtificaciones sin empleo de pescados y crustáceos; da nombre a los platos, casi siempre de crustáceos, carnes, huevos, en salsa hecha con leche de coco, cebolla, manzana, etc.

Mostaza. Semilla formada por pequeñas bolitas (del tamaño de la sémola), de diversas clases, entre las que destacan la negra, de fuerte color marrón; la blanca, de color amarillento, y la salvaje, más grasa; se llama también así a la pasta formada por estas semillas molidas, sal, vinagre, azúcar ácida, extraída de uvas pasas mal hechas, y aromas como apio, estragón, etc., en el caso de las mostazas francesas, de las que son famosas la de Dijon o amarillenta y la de Burdeos, de color marrón oscuro; la llamada mostaza inglesa lleva carcuma y es muy amarillenta, vendiéndose también en polvo; la mostaza inglesa se emplea en ciertas

HORTALIZAS

Clase de género	Forma de cocinado	Como plato		Como guanición única		Observaciones
		Sucio	Limpio	Sucio	Limpio	
Alcachofas	Rehogada con mantequilla	500 gr. p/p.	170 gr. p/p.	250 gr. p/p.	80 gr.	Cortadas en cuartos. Plato = 2,5 a 3 unidades p/p.
Habas	Rehogadas jamón	400/500 gr. p.p.	100/175 gr.	200/225 gr.	50/70 gr.	2,5 kg. en bruto resultan de 600 gramos a un kilo en limpio.
Repollo	Rehogado	400 gr.	300 gr.	200 gr.	150 gr.	El rendimiento depende de la clase de repollo y de la eliminación total o parcial del tronco y de la hoja.
Judías verdes	Salteadas	200 gr.	150/160 gr.	100 gr.	75 a 80 gr.	

HUEVOS

Se toman como base piezas de 55 a 65 gramos

Revueltos (según guarnición	2 a 3 unidades p/p.
Revueltos en vol-au-vent (según guarnición)	1 a 1,5 unidades p/p.
Fritos	2 unidades p/p.

LEGUMBRES SECAS Y FARINACEAS

Clase de género	Forma de cocinado	Cantidad	Observaciones
Alubias	Con chorizo	80 a 100 gramos p/p.	Según guarnición
Arroz	Paella o Rizzotto	90 a 100 gramos p/p.	
Tallarines y similares	Con tomate conccassée y queso	55 a 65 gramos p/p.	

PESCADOS

Clase de género	Forma de presentación	Forma de cocinado	Peso en sucio	Peso en limpio	Observaciones
Merluza	Sin cabeza ni vísceras	Rebozada en medallones	200/225 gr./p.	150/170 gr./p.	2 ó 3 medallones.p/p.
Lenguado de ración	Con cabeza y vísceras	Fritos a la molinera	225/250 gr./p.	200/225 gr./p.	
Besugo, dorada o similar	Con cabeza y vísceras	Asados al horno	325/375 gr./p.	200/350 gr./p.	

Nota.– Existen grandes diferencias de presentación y rendimiento según los mercados. Ls cantidades en sucio de esta lista se refieren a tal como se presentan en el mercado de proveedores de Madrid.

CRUSTACEOS

Se incluyen los langostinos, ya que pueden servirse en menús habituales, apartando los que suelen venderse al peso.

Clase de género	Forma de presentación	Forma de cocinar	Peso en sucio	Peso en limpio	Observaciones
Langostinos	Enteros (3 ó 5 piezas)	Bellavista	200-250 gramos/pieza		El mayor tamaño 12 piezas kilo. Tamaño medio 20 piezas kilo.

CARNES

La diferencia de presentación de los distintos mercados son más acusadas. Incluso en el mismo mercado hay gran variedad en cuanto al rendimiento, según el precio. Se entiende por «por peso en limpio» cuando están en disposición de cocinarse. Las cantidades son p/p. (por persona). Puede considerarse que el peso en limpio mínimo corresponde al plato de menú de diario y el precio máximo en limpio al plato de carta.

Clase de género	Forma de presentación	Forma de cocinado	Peso en sucio	Peso en limpio	Observaciones
VACA					
Solomillo	Entero, cargado con sebo y oreja	A la parrilla	300 a 400 gr./p.	150 a 200 gr./p.	
Escalope empanado		Salteado	125 a 150 gr./p.	100 a 125 gr./p.	
Escalope sin emp.		A la parrilla	225 a 265 gr./p.	150 a 175 gr./p.	
CERDO					
Chuleta	De la doce a la última costilla, con parte de espinazo y sin pecho	A la parrilla	250 a 360 gr./p.	175 a 250 gr./p.	
CORDERO PARA ASAR					
Entero	Con menú y cabeza	Asado	450 a 500 gr./p.	350 a 400 gr./p.	

salsas y en prepararlas en pomada en el momento de ir a servirla y toda la mostaza pomada se emplea para salsas de cerdo y aves principalmente y para uso de comedor con carnes a la parrilla.

Alcaparras. Son los botones de la alcaparra a los que se deja abrir después de recolectados y se ponen en vinagre a continuación; se presentan en vinagre aromatizado con hierbas, como estragón, perifollo, etc.; el alcaparrón es de mayor tamaño; se emplean en salsas frías o calientes y como guarnición de huevos.

Bayas de enebro. Son las bayas en forma de pequeñas bolas oscuras del arbusto salvaje llamado enebro, utilizadas casi exclusivamente en marinadas de caza y en la preparación de algunas bebidas alcohólicas.

HIERBAS AROMATICAS

Son hojas vejetales, cultivadas o salvajes de fuerte sabor. No se estudian perejil, perifollo, estragón, apio, incluidos en los «condimentos frescos». Las más empleadas en la cocina española son: laurel, tomillo, orégano y hierbabuena.

1. Laurel. 2. Perejil. 3. Estragón. 4. Albahaca. 5. Orégano. 6. Hierbabuena. 7. Tomillo.

Laurel. Hojas grandes del árbol del mismo nombre; fuerte sabor, que obliga a una dosificación cuidadosa, sobre todo cuando la hoja está verde; muy usado por la cocina regional española y la cocina internacional; aliado con tomillo y perejil forma el ramillete guarnecido; empleado en caldos, guisos y adobos.

Tomillo. Pequeño arbusto, muy abundante en España, donde se emplea en adobos; la cocina internacional lo emplea principalmente en bouquet-garni y para platos de caza.

Orégano. Arbusto muy abundante, del que se aprovechan sus pequeñísimas hojas; la cocina española lo emplea en adobos de aceitunas, pescados, chacinería; usado también en Italia y la charcutería internacional.

Hierbabuena. Muy cultivada en la mitad sur de España que la emplea para sopas, principalmente; empleo principal por la cocina árabe sobre todo en infusión con té; puede conseguirse fresca en primavera.

18 CONDIMENTOS FRESCOS. HORTALIZAS DE CONDIMENTACION

Se refiere a los condimentos perecederos o de difícil conservación a largo plazo. Son condimentos: perejil, estragón, limón, ajo, puerro, chalota, cebollino, cebolleta, zanahoria, apio, tomate y pimiento.

Conservación y almacenaje. La conservación de estos géneros requiere, en general, lugar fresco (dos o cinco grados centígrados sobre cero), ventilación sin luz solar y reposición periódica de dos o tres días, con las excepciones de cebollas, ajos, chalotes, limón que llegan a la cocina preparados para un larga conservación. El amontonamiento es causa de la putrefacción rápida, incluso a temperaturas frescas.

Especies y usos más corrientes

Perejil. Hierba de hojas ramificadas; hojas utilizables para picar finamente y tallos empleados sin picar para aromatizar caldo; se conservan puestos los tallos con hojas en agua fría o en recipiente tapado en el frigorífico o picado y desecado posteriormente con un paño o introducido en aceite; se utiliza, además de su sabor, el bonito color verde, por lo que debe ser desechado el que esté amarillento; se adquiere fresco todo el año; forma con el cebollino, apio y astragón las llamadas «finas hierbas»; forma ramillete con laurel y tomillo, cuando es el «bouquet-garni» y en ocasiones con puerro y otras hierbas; es el condimento de más uso en España; su carencia sólo presenta el problema de tener cultivo propio, cosa fácil incluso en macetas; pierde fácilmente el color por cocción prolongada y por esto debe ser echado lo más tarde posible.

Estragón. Hierba de forma similar a la de un cereal; muy verde en buen estado y con mucha hoja y poco tallo; de adquisición fresca en primavera; conservado en vinagre para su empleo en reducciones y salsas el resto del año y también en seco; empleado en fresco, puede ser picado o sin picar; se emplea en aromatización de vinagres usados en conservas industriales como mostazas, alcaparras, etc.; muy utilizado por la cocina francesa.

Limón. Fruto del limonero, de sabor ácido; buenos para zumo los de poca cáscara y gran peso relativo, el verdor indica falta de madurez; su zumo se descompone fácilmente tomando sabor amargo y por esto debe hacerse a diario y reservarse en recipiente de material inalterable en el frigorífico; se emplea la parte externa de la cáscara en aromatizar diversos géneros y también en reforzar el sabor del zumo; la «camisa» o parte entre la pulpa y la cáscara debe ser eliminada por el amargor que transmite; el uso del zumo puede hacerse desde una botella, parcialmente tapada con corcho agujereado o directamente apretando el limón sobre el género a sazonar; el zumo se emplea en la conservación del color de ciertas frutas ricas en tanino como la uva, por su contenido en ácido cítrico; sustituye con ventaja, en la mayoría de los casos, al vinagre; el color oscuro de parte de la pulpa lo hace inaprovechable; se adquiere fresco durante todo el año.

Ajo. Bulbo dividido en gajos con forma de riñón, de carne pegajosa; el ajete es la planta joven que puede adquirirse en el final del invierno y principio de la primavera para su empleo en tortillas, etc. Se presenta en el mercado en manojos secos exteriormente; en forma de sal o de manteca; su uso en la cocina puede hacerse fileteado, picado finamente y en ocasiones mezclado con aceite para evitar que se seque y transmita olor y sabor a otros alimentos guardados en el frigorífico; en puré con mantequilla o aceite; en España es típico el majado de ajo frito con pan y otros elementos y el crudo con perejil, empleados en la terminación de platos. Su recolección y, por tanto, la mejor época para su compra al por mayor es en el verano; se conserva en lugar seco colgado, sin empleo de frío; su cualidad pegajosa se utiliza en la elaboración de ali-oli, pil pil, etc., como elemento de ligazón; su uso, casi exclusivamente mediterráneo, sorprende a comensales de otros países.

Puerro. Tallo blanco compuesto de hojas superpuestas blancas aprovechables y hojas verdes no aprovechables; se presenta fresco, muchas hojas blancas cuanto está en sazón y con tronco interior duro cuando no lo está; más apreciados y de mayor precio los más gruesos; su mejor época el invierno y la primavera, aunque los haya todo el año; empleados también como guarniciones.

Chalota. Recibe también los nombres de ascalonia (en recuerdo a su procedencia de Ascalón, ciudad fenicia) o escaluña; de gran uso en la cocina francesa; es una cebolla de pequeño tamaño con dientes como el ajo; sabor más fuerte que la cebolla; se adquiere fresca en primavera y principio del verano y el resto del año semiseca, como el ajo; se emplea picada muy finamente, puesta o no en aceite, también en pulpa mezclada con mantequilla.

Cebollino. Es la primera manifestación de la simiente de la cebolla, criado en planteles que después pasarán a otro lugar para convertirse en cebolleta; se emplea picando toda la planta (hojas verdes incluidas) muy finamente; su época es el final del invierno y principio de la primavera; de poco uso en España.

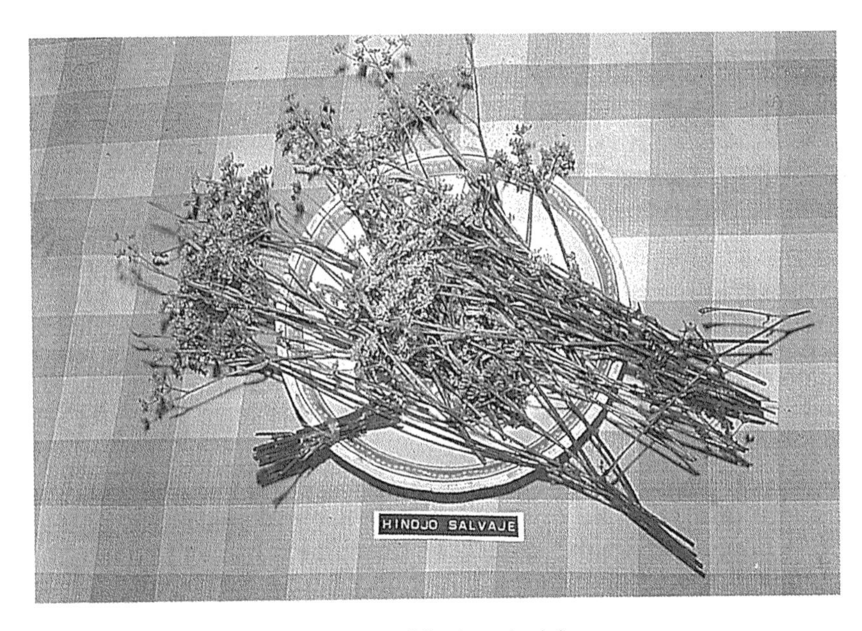

Cebollinos (hinojo salvaje)

Cebolleta. Es la segunda fase de la cebolla; formada por tallo blanco de capas superpuestas aprovechables y hojas verdes no aprovechables; su época es exclusivamente de primavera; sustituye a la cebolla con ventaja, de la que se diferencia en sabor por ser más picante. Se emplea en las mismas aplicaciones que la cebolla.

Cebolla. Es uno de los condimentos frescos más usados en el mundo entero; originaria del norte de Asia; forma una especie de bola compuesta por capas superpuestas tiernas y una externa seca; se conserva todo el año; su recolección se efectúa en verano; la bien conservada tendrá sus capas bien apretadas, estará dura y no presentará retoños; su corte se hace en picado fino, fileteado o troceado grueso cuando es para tamizado posterior; se conserva entera en crudo, picada finamente en crudo

Escaluña

y puesta con aceite crudo, fileteada y rehogada y tamizada o en puré; se emplea también como guarnición e incluso como plato de relleno. Puede reducirse el picor de los ojos al trocearla, situándose en corriente de aire o humedeciéndolas.

Zanahoria. Raíz carnosa de color anaranjado; en sazón no presenta tallo central duro, que en ocasiones debe ser retirado antes de su uso cuando lo posea; se emplea picada en brunoise o troceada para su posterior tamizado; su empleo en guarnición es más importante que el de condimentación; son de mejor calidad las de pequeño tamaño, hojas pequeñas y frondosas y carne acuosa y quebradiza; mejor estación la primavera.

Apio. Tallos tiernos en su parte baja y duros en sus hojas ramificadas similares a las del perejil y de mayor tamaño; aprovechable toda la mata para sabor y como plato o guarnición el llamado «Pie de Apio» o cogollo con parte de raíz, braseado o crudo en ensalada; sabor muy fuerte y aromático; mejor calidad en las matas gruesas y blancas; los modernos pies de apio de venta actual, cultivados de formas especiales no tienen apenas sabor y no son, por esto, apropiados para aromatizar; además de fresco puede conservarse seco. También se vende la llamada sal de apio, buena para asados de carne.

Tomate. Fruto muy carnoso de color rojo intenso cuando está maduro y bueno por ello para condimentar, y tonalidad verdosa cuando es propio

Cebollinos

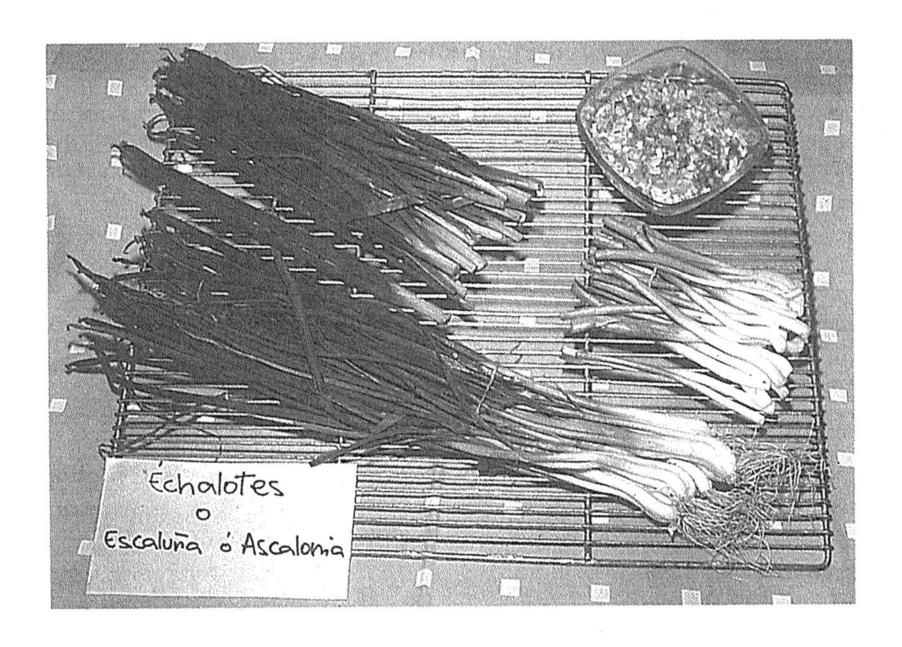
Échalotes
o
Escaluña ó Ascalonia

para ensalada; se dispone de él todo el año en su estado fresco y su época de más bajo precio y superior calidad es el verano; se conserva fácilmente en la cocina, llenando con la pulpa botellas que se esterilizan en agua hirviendo o al vapor y también añadiendo a la pulpa cruda un aditivo conservador y envasado después, en cristal u otro material inalterable. El excesivo ácido del tomate se contrarrestra con azúcar; es de origen americano; se presenta en el mercado envasado al natural (conserva por esterilización al calor), en purés cocidos, en zumo al natural, en salsas preparadas; su utilización como condimento es la más importante, aunque se use mucho como guarnición; se conserva largo tiempo en ambiente fresco.

Pimiento. Fruto carnoso, verde en su primera etapa y con poco pellejo, rojo en su madurez y con piel fuerte; de color brillante y aspecto terso cuando está recién recolectado; se arruga y pierde el brillo cuando está «pasado»; se conserva difícilmente en ambiente húmedo; su empleo como condimento es típico de España; se presenta en el mercado en fresco, verde o rojo, de diversos tamaños y formas redondeadas o alargadas, cuyo peso relativo marca en parte su precio, en conservas al natural (por esterilización al calor, envasado, pelado y sin semillas), secos y enteros (reciben el nombre de ñoras. choriceros, secos), que en ocasiones han de remojarse previamente; en vinagre y salmuera menos corrientes y en pimentón o harina de pimientos; otra diferencia es el que sean «dulces» o picantes. Las guindillas son picantes en diversas escalas y se presentan rojas o verdes en vinagre o guisadas y naturales más o menos secas; mejor época de pimiento verde es la primavera, del pimiento rojo, finales de verano y otoño; para eliminar en la cocina la piel se los somete a un asado ligero a horno fuerte o fritura con grasa abundante y muy caliente, sudado posteriormente y retirada de pieles y semillas; se emplea mucho en guarniciones y como plato; es poco apropiado para estómagos delicados.

19 FONDOS DE COCINA I

Definición. Se entiende por fondo la elaboración hecha en la cocina con aplicaciones muy variadas. Pueden considerarse como el fundamento o base de toda buena cocina. Su conocimiento y cuidado en su elaboración son imprescindibles al cocinero.

Fundamentales. Son los de uso constante en cualquier tipo de cocina, la mayoría de difícil improvisación.

Complementarios. De uso más restringido, según el tipo de cocina y de posible improvisación, en la mayoría de los casos.

FONDOS FUNDAMENTALES

Se refiere a las características de composición, elaboración, conservación y aplicaciones. Las principales son: fondo blanco, fondo oscuro, consomé clarificado, consomé blanco, fumets, gelatinas, glaces y grandes salsas básicas.

Fondos para múltiples platos

FONDO BLANCO

Definición. Es el líquido de color blanco lechoso, basado en el empleo de restos crudos de carnes.

Composición para diez litros.

Huesos de ternera troceados, como elemento básico ..	10 kilos
Puerros	500 gramos
Cebolla	500 gramos
Zanahoria	500 gramos
Apio	100 gramos

Todo pesado en limpio, cortado en mirepoix gruesa.

Tomillo	1 rama
Laurel	2 hojas
Ramillete de perejil	1 pieza
Clavos	5 piezas
Pimienta negra en grano	10 granos
Sal marina	40 granos

Todo pesado en limpio, cortado en mirepoix gruesa.

Agua fría	14 litros

Variaciones en su composición. Pueden ser: disminución o aumento en la cantidad de elemento básico y su sustitución parcial o total por otros tipos de elementos, como restos crudos de carnes o huesos de aves, vaca y en algunos casos cerdo; disminución de los elementos de condimentación.

Elaboración. Poner en la marmita lavados con agua, los elementos de base y condimentación (los huesos pueden ser blanqueados si fuera necesario); acercar la marmita al fuego y revolver los ingredientes; retirar la espuma, según se vaya produciendo, pero dejando que previamente se condense un poco. Al romper el hervor bajar la intensidad del fuego y seguir espumando durante media hora más; bajar la intensidad del hervor al mínimo y mantenerlo durante cuatro a diez horas; colar el caldo por el chino y colador de tela metálica; retirar la grasa; enfriar en agua corriente o agua con hielo; retirar la grasa nuevamente, si hiciera falta; sin cambiar de recipiente, guardar el caldo en la cámara frigorífica. Es importante la limpieza de los ingredientes, espumando y desgrasado perfecto y enfriado rápido.

Conservación. Por espacio de hasta una semana o más si está suficiente gelatinoso, bien desgrasado, enfriado con rapidez, no agitado durante el tiempo de almacenaje y temperatura cercana a los cero grados centígrados.

Síntomas de descomposición. Pérdida de característica gelatinosa; color ligeramente sonrosado, espumilla en la superficie; carencia de sabor o sabor acidificado; mal olor. Al existir duda sobre su estado se «levanta» y comprueba posteriormente éste.

Calidad. Viene marcada por: frescor y cantidad de productos de base que marcarán su sabor fino y condensado; cuidado en su elaboración para obtener aspecto blanquecino y algo transparente. El caldo de «repas», de inferior calidad, es obtenido de una segunda elaboración con los mismos ingredientes sólidos.

Fundamento del enturbiado de caldo. Las materias desprendidas de los elementos sólidos (albuminoides, grasas, etc.), en forma de pequeñas partículas, tienen tendencia, al principio de empezar su coagulación por el calor, a conglutinarse formando la espuma y arrastrando a ella otras partículas de suciedad. Retirada la espuma se eliminan en parte. Cuando el hervor es fuerte, sufre el caldo una especie de homogeneización, quedando para siempre las partículas en suspensión.

Los fundamentos para obtener un caldo limpio son: espumado y desgrasado perfectos; hervor lento; colado cuidadoso.

Aplicaciones. Mojado de platos, arroces, sopas, etc.; obtención de glace de carne, principalmente el de «repas»; elaboración de consomés, gelatinas y salsa veloute.

Desgrasado o desgrasí. Se refiere a la operación de retirar la grasa de caldos, recipientes, etc. Para la desgrasí de caldos se emplean varios sistemas, solos, o complementados con otros. En frío se hace retirando el sebo solidificado del caldo frío, también retirando la grasa en caliente con el cacillo y dejándolo enfriar, antes de retirar el caldo sobrante para su aprovechamiento. En caliente:

a) Retirando con el cacillo la grasa que flota durante el tiempo de cocción.

b) Retirando con el cacillo la grasa del caldo ya colado.

c) Humedeciendo el paño de colar con agua fría, antes de utilizarlo.

d) Pasando por la superficie del caldo colado un papel, limpio y sin letras para que se peguen a él las pequeñas partículas restantes de la aplicación de los métodos anteriores. La grasa o sebo obtenido es empleado por la cocina frances en la «gran fritura» y para saltear tostas de pan.

FONDO OSCURO

Definición. Es el líquido de fuerte color oscuro, algo transparente, basado en el empleo de restos tostados de carnes.

Composición. Similar a la del fondo blanco con las siguientes diferencias: adición de un kilo de tomates maduros, posible sustitución de parte del agua por fondo blanco, disminución de sal, posible disminución de agua.

Variaciones en su composición. Puede ser el cambio de los elementos básicos por otros de caza (corzo, liebre, perdiz, etc.), añadiendo otros de condimentación, como algunas hierbas aromáticas y bayas de enebro, cuando se quiera obtener fondo oscuro de caza para platos de este tipo. También se debe añadir vino en cualquier caso.

Elaboración. En placa puesta al horno, tostar los elementos de base (carnes o huesos) troceados; retirar la grasa de la placa; añadir los elementos de condimentación frescos, troceados en dados grandes y lavados; dejar que se tuesten; poner los ingredientes con el líquido; retirar la grasa de la placa y añadir el resto de los ingredientes; poner a hervir y espumar durante los primeros minutos; mantener en hervor continuo y lento durante cuatro a diez horas, con espumado constante; colar; hacer la degrasí; utilizar.

Conservación. Se hace solo de forma circunstancial por uno o dos días; su utilización sigue a su elaboración, por lo general.

Calidad. Viene marcada por las mismas razones que las aplicables al fondo blanco, teniendo en cuenta que la concentración de sabor debe ser mayor y producto de la cocción más prolongada o empleo de menos líquido y en otros casos reducción por evaporización posterior a su colado y retirado de grasa. Con sus elementos sólidos se hace un segundo caldo de repas.

Aplicaciones. Principalmente en la elaboración de la salsa española o «demi-glace» y jugo ligado, mojado de platos de carnes, confección de «glace».

CONSOME CLARIFICADO

Definición. Es el líquido totalmente desgrasado, muy transparente, basado en carnes y, en raras ocasiones, en pescados. Al no especificarlo se entenderá siempre por consomé el de carnes y clarificado.

Composición básica. Elementos básicos pueden ser: caldos o productos cárnicos crudos (si son tostados, de preparación similar a los empleados en el fondo oscuro); de mojado, agua o fondo blanco; de clarificación, clara de huevo batida ligeramente o sin batir, carnes rojas frescas, hortalizas de condimentación, nombradas en orden a su importancia «clarificadora».

Conservación. Similar en todo al del fondo blanco.

Calidad. Viene marcada por la condensación de sabor básico, aromatización, transparencia o clarificación, obtenidos por cuidadosa confección, empleo de géneros de excelente calidad y frescor y dosificación correcta de ingredientes.

Aplicaciones. Sin dar el punto de sal y color como sustituto del fondo blanco; terminado, como plato servido con taza o plato, con diversos nombres, con o sin guarnición.

Clarificación. Se entiende por «clarificación», a la operación de dar transparencia a un caldo por la adición de ciertos elementos clarificadores y hervor posterior.

Elementos de clarificación. Son del tipo de los albuminoides y han de estar crudos (sin coagular). Los más empleados son: clara de huevo, carnes, principalmente rojas por su mayor cantidad de sangre, hortalizas de menor importancia.

Fundamento de clarificación. Todo alimento sólido desprende, al calentarse dentro de un líquido, una serie de partículas que quedarán en suspensión en el caldo. Cuando estas partículas se trasladan (por la corriente producida al calentarse el líquido) pueden ser atraídas y aglutinadas por ciertas materias albuminoides que están en período de coagulación. Las materias que mejor cumplen esta misión son la clara de huevo y la sangre contenida en carnes rojas y frescas.

Clarificación imperfecta o nula. Los malos resultados pueden ser debidos a caldos excesivamente turbios por empleo de elementos básicos en malas condiciones de conservación o muy grasos; caldo o agua excesivamente caliente al ser unidos los elementos de clarificación, que por esto coagulan con excesiva rapidez; empleo de carnes blancas o de rojas en malas condiciones de conservación o muy grasas; mezcla incompleta de líquidos y elementos de clarificación; «agarrado» de los elementos de clarificación que impidan la «subida» y «recogida» de partículas; hervor excesivamente fuerte, que disgrega y convierte en partículas pequeñas, que posteriormente pueden permanecer en suspensión; forzar o apretar al efectuar el colado o filtrado por emplear paños poco tupidos.

Métodos básicos de clarificación. Los mejores resultados son dos: a) con desangrado previo; b) sin desangrado.

a) **Con desangrado previo.** Preparado el día anterior a su cocción, poniendo todos los ingredientes sólidos con todo o parte del líquido en frío dentro del frigorífico. Tiene como ventaja la rápida puesta en marcha al día siguiente, el perfecto aprovechamiento de todas las materias albuminoides contenidas en las carnes y sin necesidad de que éstas están picadas, con un posible aprovechamiento posterior. También puede ser confeccionado directamente con huesos y recortes. Como inconveniente, la menor perfección de clarificación y la constante vigilancia que requiere durante cuatro o cinco horas.

b) **Sin desangrado.** Suele hacerse preparando una especie de masa cruda con las hortalizas de condimentación finamente picadas en «paisana» y bien lavadas, la carne de vaca sin grasa y picada por la máquina y las claras, todo en frío y bien mezclado; añadiendo el caldo o agua fríos, mientras se revuelve bien. Se pone al fuego, revolviendo de cuando en cuando hasta que está a punto de hervir la mezcla; «asustando» con hielo o agua fría cuando rompe el hervor, una, dos o hasta tres veces; dejando a hervor muy lento hasta ver el consomé clarificado y que las materias cárnicas han dado todo su sabor (media hora la carne picada aproximadamente): retirando del fuego y dejando en reposo; pasando un paño humedecido, sin revolver la mezcla; desgrasando con cacillo y papel. Las posibles variaciones de este método son: empleo de agua y carne picada (200 gramos por litro, como mínimo); que caldo y agua estén templados para imprimir mayor velocidad al proceso; que se emplee fondo blanco o consomé enturbiado y claras y hortalizas solamente.

Un tercer método, que puede considerarse mixto, consiste en hacer consomé por el método de **desangrado,** efectuando todas las operaciones en el momento de ir a poner a hervir.

Coloreado. Para dar una tonalidad más o menos ambarina se emplean dos sistemas: a) Añadiendo, al empezar a cocer, rodajas de cebolla muy tostadas sin grasa, que pueden estar quemadas, sistema apropiado para consomés de aplicación única como tal.

b) Añadiendo, en el momento de su terminado, salsa «parís» o color caramelo, sistema que permite mejor dosificación de la intensidad de color y empleo de «fondo blanco» antes de colorearlo. Los tonos más usados son: tonalidad muy clara para los de ave, media para los del resto de carnes corrientes y muy oscuro para los de caza.

Clases. Según su composición, el consomé básico puede ser de vaca o buey o ternera, de ave, de caza, gelés, doble, en infusión, de pescado.

De ave. Con empleo principal de gallinas y pollos y, en menor escala, pavos.

De vaca o buey o ternera. Engloba todo consomé sin denominación especial aclaratoria, con o sin empleo de ave.

De caza. Preparado con faisán, ciervo, liebre, perdiz o conejo, aromatizado con tomillo, laurel, bayas de enebro, clavos, champiñones; de fuerte sabor, muy oscuro, servido generalmente en pequeñas tacitas.

Gelés. Elaborado con materias básicas gelatinosas, morcillo o morros o patas de vaca o ternera, huesos de ternera o pollo; servido frío muy espeso, pero no sólido. Puede hacerse, también, con gelatina de carne y consomé.

Consomé gelé

Doble. Se refiere al compuesto de un fondo blanco o consomé reforzado con carne picada al clarificarlo; resulta por esto «doble» de sabor. Se aromatiza y colorea como cualquier consomé de ave o vaca.

En infusión. El más delicado y caro de todos los consomés. Se hace cociendo al baño maría o al vapor durante tres horas, con cierre hermético, carne de vaca si nada de grasa y picada con muy pequeña cantidad de agua y algo de sal, y colando el jugo obtenido, que se sirve tal cual en pequeñas tazas. Es el verdadero extracto o esencia de buey.

De pescado. Obtenido por la clarificación de fumets o caldos de pescados blancos como merluza, rape, rodaballo o lenguado, principalmente. La clarificación se hace sustituyendo la carne por pulpa de pescado (del mismo tipo) picada y debe ser hecha en el momento de ir a servir; así como el fumet, debe ser también reciente. No va coloreado y puede emplear otros pescados de roca.

CONSOME BLANCO

Definición. Es un caldo transparente, por espumado constante, unido a una larga y lenta cocción de cinco a doce horas, que en ciertos casos lleva algunos de los ingredientes de base tostados.

Similar en todo el fondo blanco.

FUMET

Definición. Es el caldo de aspecto blanquecino y algo transparente, extraído de pescados blancos.

Composición. Como base lleva espinas y cabezas de pescados blancos que, nombrados en orden a su idoneidad, son: lenguado, merluza, rodaballo, rape, lubina (mejor pequeña), gallos, pescadillas, solos o mezclados. Como elementos de condimentación lleva: blanco de puerro, cebolla, zumo de limón, laurel, tallos de perejil, pudiendo llevar también vino blanco, tallos de champiñón o su caldo. Como elemento de mojado lleva agua en una proporción de un litro por medio kilo de restos crudos de pescados.

Variaciones en su composición. Puede hacerse fumet al vino rojo, empleando este vino. El fondo oscuro de pescado se hace de forma similar al «fondo oscuro» de carne. Puede incluirse algún marisco.

Elaboración. Poner restos troceados con las hortalizas y otros condimentos (picado finamente el que lo requiera) y el agua fría; acercar el recipiente al fuego, después de revolver bien; espumar desde el momento en que empieza el hervor; cocción lenta por espacio de media hora; colado por la estameña hemedecida en agua fría; enfriado rápido. El hervor vivo lo enturbia y en algunos casos resulta de color oscuro a causa del vino blanco. El exceso de cebolla le da color amarillo.

Conservación. Se enrancia fácilmente, por lo que es preferible hacerlo al día para tres días como máximo. También por su facilidad de fermentación, que es identificable por el olor, aspecto turbio y espumilla. Ante la menor sospecha debe ser eliminado, ya que el tipo de microorganismos que producen la descomposición son altamente tóxicos. El recipiente debe ser de material inalterable, para evitar una toma de sabor desagradable.

Calidad. Viene marcada, principalmente, por el grado de frescor del pescado y su clase. La concentración de sabor por la cocción continuada perjudica su sabor. Por esto es importante una correcta dosificación del tiempo de hervor.

Aplicaciones. Mojado de platos, salsa veloute, glace de pescado, consomés de pescados, gelatinas de pescados; todos de pescados o mariscos ya que su fuerte sabor impide su uso generalizado como en el caso del «fondo blanco».

20 FONDOS DE COCINA II
GELATINAS

GELATINAS

Del latín «gelatus», igual a coagulado, se refiere al preparado de cocina dulce o salado, sólido a una temperatura ambiente no cálida y líquido a temperaturas de treinta grados centígrados o más. Debe reunir las cualidades de: transparencia, buen sabor y consistencia adecuada.

Conservación. En el frigorífico se conserva ocho o diez días. Vuelta a «levantar» se conservará otros tantos días. No es posible su congelación, ya que sufre un proceso de desintegración.

Calidad. Vendrá marcada por su transparencia, sabor y consistencia adecuada, obtenida por la dosificación de cola, cuidados en su elaboración y empleo de caldos o sustancias apropiadas.

Clases. Pueden dividirse en naturales y elaboradas.

Naturales. Son las extraídas directamente de alimentos gelatinosos, por medio de su cocción en un líquido al que pasa la «cola» al disolverse. Son importantes las de carne, pescado, fruta.

Carne. Obtenida por la prolongada cocción de carnes gelatinosas, principalmente morros y patas de ternera o vaca, corteza de cerdo, huesos de ternera y carnes de morcillo de vaca o ternera; reducción por evaporización de dicho caldo y su clarificación. Este sistema se emplea principalmente en la elaboración de cabeza de jabalí.

Pescado. Obtenida de caldo hecho con pescados gelatinosos como rodaballo, lubina y merluza; reducido por evaporización y clarificado posteriormente. Apropiada para platos de pescados o mariscos únicamente.

Fruta. Obtenida de la cocción de frutas (piel y corazón principalmente) ricas en pectinas (la pectina es el principio coagulante) con azúcar y agua y algo de zumo de limón o similar, y su reducción por evaporización. Las más ricas en pectina son: membrillo y manzana, en segundo

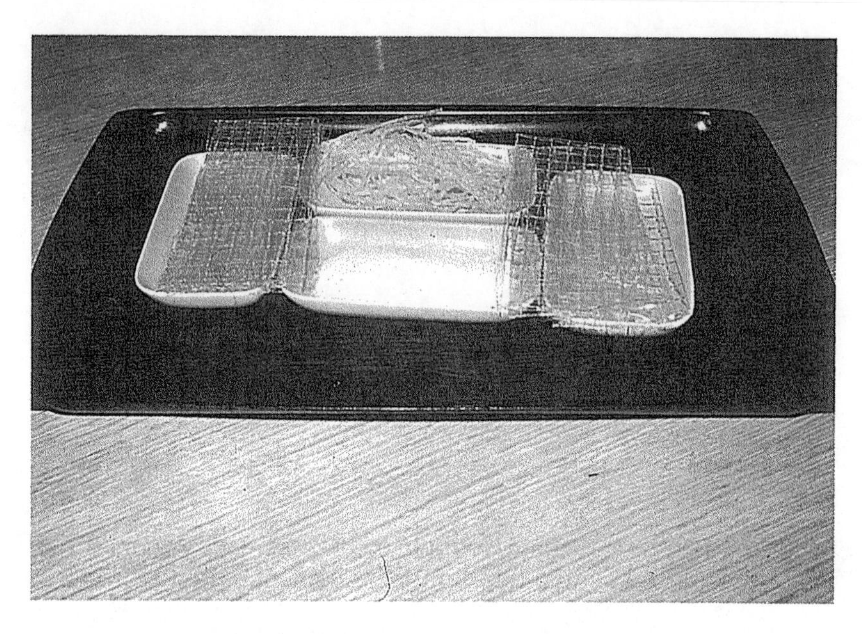

Colas de pescado y coagulantes

lugar, pera, albaricoque y otras de huesos. Un ejemplo lo constituye el «dulce de membrillo» y las «jaleas» de frutas en forma de bombones. Las jaleas transparentes, como la de manzana, se emplean para abrillantar dulces; otras, como la de frambuesa, en salsas, para caza, como la Cumberland. La pectina ayuda a la obtención de mermeladas.

ELABORADAS. Se refiere a las elaboradas dentro de la cocina con «colas» preparadas industrialmente. Según el elemento coagulante, pueden ser hechas con **cola de pescado** o con **derivados de agar-agar.**

De cola de pescado. Es la más importante y la más usada, por lo que, al no especificar tipo o clase de «cola» empleada, se referirá a ésta. Según la sustancia de base o caldo empleado, pueden ser: de carne, de pescado, de fruta y de almíbar.

De carne. Su composición básica puede dividirse en tres grupos: elementos de base o sustancia, elementos de clarificación y elementos de «mojar».

Elementos de base o sustancia. Se refiere a carnes o caldos obtenidos con ellas, que pueden ser: ternera, vaca y también caza y ave, llevando en este caso la misma denominación de la carne. Deben estar desposeídos de grasas y enteras o picados finamente, en el caso de las carnes. Las carnes mal conservadas no son buenas por la dificultad de su clarificación.

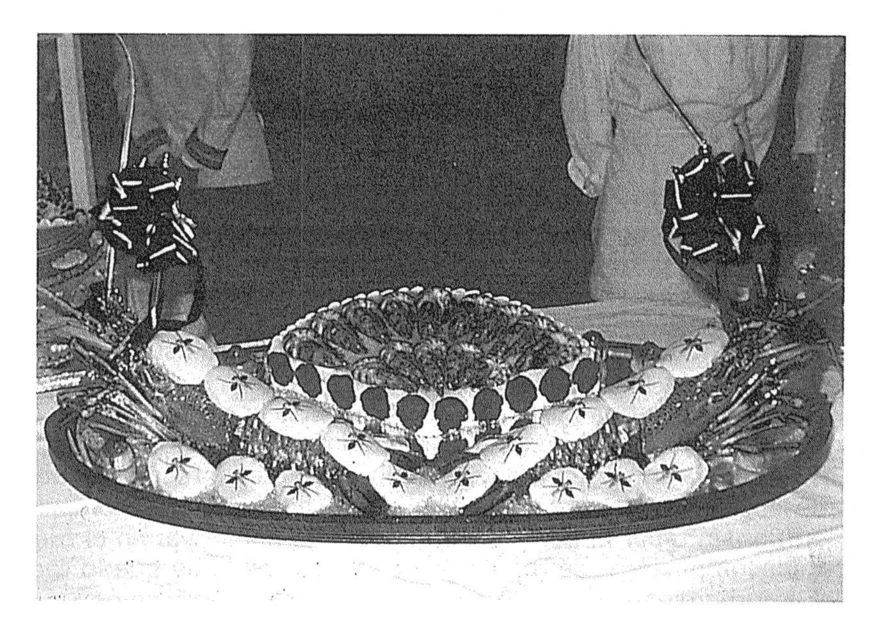

Langostas bella vista

Elementos de clarificación. Principalmente son: clara de huevo, hortalizas de condimentación, carnes picadas rojas y frescas, etc.

Elementos de «mojar». Son agua o caldo de carnes de la clase que se quiera hacer. Los elementos de condimentación son variados, llevando puerro, etc., y el algunos casos apio, especias, estragón, licores, etc. Una receta básica puede ser:

Carne de vaca picada y sin grasa	300 gramos
Zanahoria picada finamente	50 gramos
Puerro (la parte blanca) en limpio, picado finamente	50 gramos
Tomates maduros troceados	100 gramos
Apio	1 ramita
Agua fría	1 litro
Claras de huevo	2 ó 3 piezas
Jerez oloroso	1 cucharada
Sal	7 gramos
Cola de pescado remojada en agua fría durante una hora, según temperatura de permanencia; aproximadamente, en seco	60 a 65 gramos

Variaciones en su composición. Pueden ser: coñac, oporto, estragón, clavo y pimienta en grano negra, bouquet-garni, caldo de carne, hasta 70 gramos de cola, color caramelo o «salsa parís», etc.

Elaboraciones y aplicaciones

Elaboración. Mezclar en frío, formando una especie de pasta, todos los ingredientes, a excepción de agua, colas y jerez; añadir en frío agua mientras se revuelve; poner al fuego medianamente fuerte, «rascando» el fondo del recipiente de cuando en cuando; dejar hasta que empiece el hervor; en el momento de ir a empezar a cocer, añadir las colas una a una; a fuego más lento, dejar que rompa el hervor y «asustar» con una cucharada de agua muy fría, o su equivalente en hielo, y repetir la operación. Mantener un hervor más lento durante media hora aproximadamente; dejar en reposo fuera del fuego durante quince minutos; colar por servilleta humedecida con agua fría, sin revolver, sobre un recipiente absolutamente limpio y de material inalterable; rectificar de color y sazonamiento; dejar enfriar sin tapar ni poner en el frigorífico; conservar en el frigorífico; su descomposición se refleja en la especie de baba que lo recubre y en el enturbamiento de la superficie. Las posibles variaciones pueden ser empleos de caldos calientes y echar colas dentro antes de acercarse el hervor.

Es fácil el agarrado de la gelatina, y por esto se ponen las colas al final del proceso de clarificación, disminuyendo el riesgo; también se baja la intensidad del fuego inmediatamente de poner las colas. El «rascado» periódico desde el momento de echar las colas hasta que rompe el hervor, también es necesario. El «agarrado» de la gelatina puede llegar a inutilizarla, si es muy intenso.

Aplicaciones. Posibilidad de aplicación en todo tipo de platos salados, mejor en cualquier plato frío de carne, en sus formas de «abrillantado», «encamisado» o «en costrones».

Abrillantado. Es la operación destinada a cubrir un preparado frío con una fina película de gelatina. Requiere: temperatura fría del género a abrillantar; temperatura y punto de espesor adecuado de la gelatina. La temperatura fría del género se obtiene manteniéndolo dentro del frigorífico, del que se sacará justo en el momento de ir a abrillantar. Si no está frío repele o «escupe» la gelatina, al no acabar su solidificación a su contacto.

Temperatura y punto de espesor. Se obtiene poniendo la cantidad a emplear dentro de un recipiente de material inalterable, en forma de bol y rodeado éste de hielo picado con algo de agua, e incluso algo de sal, y revolviendo constantemente la gelatina líquida con el cacillo, que deberá ser de material inalterable y el mismo a emplear en la operación de napar, conociéndose que está a «punto» por no hacer ruido, formarse pequeñas burbujas y verse espesa al caer. La operación de «napar» el género con la gelatina debe ser inmediata a su puesta a «punto», para evitar su coagulación, que se produce con cierta velocidad. El «punto» deberá ser tanto más espeso cuanto menos frío esté el género. El templado de la gelatina, cuando se solidifica, debe hacerse lentamente, mejor dentro del agua templada. La gelatina restante debe ser «levantada» y, en ciertos casos, «clarificada» nuevamente antes de un nuevo uso. Un sistema rápido de abrillantamiento es el que se hace «pintando» con una brocha impregnada de gelatina «a punto» el género frío, aunque sus resultados son imperfectos. El «abrillantado» se emplea en casi toda la pieza de buffete frío, grande o pequeña, y es tanto más perfecta cuanto más delgada sea la película y menos «calvas» presente.

Encamisado. Es la operación de cubrir las paredes internas de un molde con una película o capa más gruesa de gelatina para, posteriormente, cubrir el hueco con un relleno. Se hace enfriando el molde bien seco entre hielo picado con agua y con sal en algunos casos; llenándolo con gelatina líquida fría; manteniéndolo el tiempo necesario para que se forme una película pegada a toda pared interna del molde; inclinando el molde para retirar la gelatina líquida sobrante; dejando el molde en el frigorífico o entre hielo. Otros métodos son: enfriar en el frigorífico los moldes; echar a cada uno una cantidad de gelatina fría y repartirla por el fondo y paredes del molde; dejar enfriar totalmente en el frigorífico. Este método es de resultados menos buenos. Las mousses, timbales, turbantes, etc., requieren este «encamisado».

Costrones. Es la gelatina sólida cortada en diversas formas: medias lunas, «lágrimas», triángulos; empleados en la decoración de platos fríos. Deben ser cortados y mantenidos en el frigorífico hasta el momento de dar los últimos toques al plato. Los recortes que resultan son los que se pican finamente sobre un paño blanco bien limpio y, después de humedecidos ligeramente, se emplean en hacer «borduras» y tapar huecos de platos fríos. Los costrones se emplean, generalmente, como contorno de piezas grandes.

De pescado. Transparente, sin color, hecha con pescados blancos o su caldo como elemento básico. Es similar en todo a la gelatina de carne, con diferentes aplicaciones, que están referidas exclusivamente a platos de pescados y la imposibilidad de su empleo en elaboraciones de carnes. También su color es más claro y, en otros casos, rosado.

Gelatina de mariscos. Como elemento de base tiene caldo de cocer algunos tipos de crustáceos, langostinos, gambas principalmente. Sus aplicaciones, en forma similar a las de pescado y carne, están referidas a platos de mariscos. Pueden ser coloreadas con un ligero tono de «carmín». Tanto en su elaboración como en su conservación, deben emplearse materiales inalterables, por su facilidad de oxidación ante algunos metales, como aluminio y hierro.

De frutas. Se refiere a la que lleva como elemento básico zumo o puré de frutas.

Clases. Según su forma de preparación y composición, pueden ser: de almíbar, de zumo o puré.

De almíbar. Se refiere a las preparadas con almíbar aramotizado y cola de pescado, transparentes sin color, que pueden ser coloreadas ligeramente. Se estudian en la lección de postres.

De zumo o puré. Las de zumo son preparadas con zumos de naranja, mandarina, limón, lima, piña y similares; las de puré son las preparadas con frutas acuosas machacadas o tamizadas, principalmente fresa, fresón, frambuesas, grosella, etc. Se estudian en la lección de postres.

Con derivados de agar-agar. Se obtiene por la disolución en un líquido sustancioso de la materia coagulante (en forma de gránulos o polvo o escamas) templado y revolviendo ligeramente, dejando que él solo clarifique sin más calentamiento. Tiene las mismas aplicaciones y conservación que cualquier otra gelatina, de las que se diferencia por un sabor menos agradable.

GLACES

Se refiere a la materia gelatinosa muy sabrosa, de fuerte color oscuro, extraída por condensación de un caldo.

Composición. Caldo filtrado, clarificado o no, de carnes o pescados, con poca o ninguna sal.

Elaboración. Puesto el caldo en recipientes amplios y de bordes bajos, se deja cocer, espumándolo periódicamente y colándolo a otro recipiente si hiciera falta, cuando empieza a tomar color. Cuando su tonalidad se vuelve fuertemente oscura, se cuela.

Conservación. Durante varias semanas o meses, según que el grado de concentración sea menor o mayor, a temperaturas cercanas a los cero grados centígrados, con aislamiento de grasa. Para ello se cuela la glace templada a un recipiente de material inalterable, se reparte por la superficie mantequilla o mantecas y, cuando todo está bien frío, se reserva en el frigorífico. Los envases deben ser pequeños, para terminarlos al poco tiempo de ser empezados.

Aplicaciones. Elaboración de salsas, reforzamiento de guisos, abrillantado de géneros, todo referido a tipo de géneros similar al de la «glace».

Clases. La más usada es la de carne (ternera, vaca, ave); sigue la de pescado y, de menor uso, la de caza. Es más empleada la de carne, por poder ser usada en cualquier clase de plato, pescado, caza, etc.

GRANDES SALSAS BASICAS

Se refiere a las salsas cuya principal misión (única en algunos casos) es servir como base o fundamento para otras salsas, llamadas derivadas. Son: española o demi-glace, bechamel, veloute y tomate. Se estudian, conjuntamente con las derivadas, en una lección propia. El jugo ligado puede incluirse como salsa.

21 FONDOS DE COCINA COMPLEMENTARIOS

Se refiere a los de uso más restringido en cualquier tipo de cocina, la mayoría de fácil improvisación. Para su mejor estudio se agrupan en: ligazones, caldos, aparejos y farsas.

LIGAZONES

Definición. Reciben este nombre los elementos cuya principal misión es aglutinar o unir elementos sólidos o espesar líquidos. Se dividen en: simples o elaborados.

LIGAZONES SIMPLES. Son elementos que reúnen la cualidad de espesar líquidos y unir sólidos por sí mismos: son: huevos, féculas y nata.

HUEVOS. Se refiere al empleo de claras o yemas de forma independiente o unidas, aprovechando su poder de coagulación al calor.

Clara. Usada para quenefas, principalmente; también para galantinas y similares; batida, para preparados de pastelería.

Yema cocida. Empleada principalmente para salsas frías como la tártara y vinagreta de ensaladas.

Yema cruda. Empleada en salsas como «veloute» y en salsas emulsionadas como la mahonesa y holandesa; en tipo de cremas dulces como «inglesa», pastelera, etc.

Huevos enteros. Pueden emplearse como yemas, con resultados de menor sabor y menor color.

En el empleo de huevos y yemas para ligazón o emulsión de salsas calientes ha de tenerse en cuenta su coagulación a los setenta grados centígrados, pasados los cuales se puede «cortar» la salsa.

FECULAS. Las féculas más empleadas son la de patata y maíz (maicena) en elaboraciones de jugos y caldos transparentes. Para ello ha de ser disuelta en un líquido frío en doble cantidad y después ir echándola en chorro fino sobre el líquido hirviendo, mientras se revuelve sin cesar. Por su carencia de sabor, se usa para reforzar ligazones de harina. Se emplea la fécula como elemento principal de ligazón en la charcutería, incluso con exceso, en artículos que llevan menor cantidad de la debida de carne y mayor de grasas. Sustituye en la cocina, en parte, a las panadas. El uso básico dentro de la cocina es para el «jugo ligado», que debe resultar transparente y brillante.

NATA. Como elemento de ligazón puede ser usada: batida en frío, reducida al calor, natural líquida y fría. Colabora con otros elementos de ligazón.

Batida en frío. Espesa por globulación de su materia grasa, y por esto debe permanecer muy fría mientras se bate para su conservación. Empleada en espumas dulces o saladas, chantilly, etc.

Reducida al calor. Espesa por concentración de grasa con ligera emulsión; empleada en salsas.

Natural, líquida y fría. Empleada en quenefas y galantinas.

ROUX. Puede traducirse este nombre como dorado o rubio. Se define como la mezcla de grasa con una proporción igual o menor de harina, efectuada al calor, empleada exclusivamente en el espesor de determinadas salsas. Según su tiempo de cocción y, por tanto, su tonalidad, pueden ser: blanco, rubio y oscuro. Se incluye también la llamada «mantequilla marnier», similar a un roux, pero hecha en crudo. Cualquier tipo de roux se hace en el momento de necesitarlo, por su rapidez de elaboración, aunque nada impida tenerlo preparado de antemano.

Elaboraciones y aplicaciones

Elaboración básica. Calentar la grasa; añadir harina en cantidad ligeramente menor; rehogar el tiempo que requiere el tipo de roux, sin dejar de revolver suavemente y a fuego no demasiado fuerte, para evitar que se ennegrezca o agarre; retirar del fuego y dejar enfriar, total o parcialmente, antes de echar el líquido hirviendo. Si la cantidad de harina es mayor que la grasa, no efectúa ésta su misión disgregadora, con la posibilidad de formarse grumos. Si el roux está cociendo y se echa el caldo hirviendo, la harina desarrolla su acción demasiado deprisa y pueden formarse grumos. Puede también resultar «ligosa».

Elementos. Harina de trigo tamizada, semifuerte o fuerte, según los casos; mantequilla (con preferencia), manteca de cerdo o margarina, o aceite refinado o una mezcla de estas grasas. Por su gran contenido húmedo, la mantequilla debe ser empleada inmediatamente de derretirse, para evitar la evaporación que desnivelaría la equivalencia con la harina.

Clases, características de elaboración y aplicaciones.

Roux blanco. Poco rehogada la mezcla, que resultará lo más blanca posible; utilizado para salsas blancas, principalmente bechamel y veloute en ciertos casos.

Roux rubio. Mezcla rehogada hasta una tonalidad ligeramente dorada; utilizada en salsas claras, veloute principalmente.

Roux oscuro. Rehogada la mezcla hasta una tonalidad fuertemente oscura, empleada en salsas oscuras, española o demi-glace, principalmente. Para imprimir rapidez a su elaboración, puede hacerse con harina tostada en el horno previamente. Cuando la salsa deba ser sometida a una concentración por evaporización, con espumado constante, puede ser utilizada otra grasa de menor valor, sebo de la desgrasí, manteca de asados, etcétera; destinada a ser eliminada durante su elaboración.

MANTEQUILLA MANIER. Puede traducirse como «mantequilla manoseada» o manida. Se prepara mezclando en crudo dos partes de mantequilla blanda con una parte de harina de trigo tamizada. Su uso se hace añadiéndola en pequeñas porciones a un líquido en ebullición, que se debe ir revolviendo mientras se está haciendo la operación. Se emplea en espesar platos caldosos ya terminados o casi terminados; también se emplea como ligazón de emergencia a una salsa poco espesada.

CALDOS

Son los líquidos sustanciosos, muy poco espesados o sin espesar, con aplicaciones específicas cada uno. Se estudian caldo blanco y marinadas.

Caldo blanco

Aplicaciones. Hervido de hortalizas de fácil oxidación, alcachofas, cardos, etc.

Composición. Un litro de agua fría, un cuarto decilitro de zumo de limón, de cinco a diez gramos de harina y de diez a doce gramos de sal.

Elaboración y uso. Revolver los ingredientes en frío; ir poniendo las hortalizas según se van limpiando; poner a cocer a fuego vivo, revolviendo de cuando en cuando, para evitar que se agarre el caldo y que la hortaliza, al flotar, pueda permanecer sin cubrir; retirar del fuego y dejar enfriar el género, total o parcialmente, dentro de su caldo.

Marinadas

Son los preparados líquidos utilizados en preelaboraciones de carnes rojas, principalmente. Se estudia su misión y conservación general, y clases principales, con aplicaciones, composición, elaboración y uso.

Misión. Conservar algunas carnes en buenas condiciones higiénicas por más largo tiempo; ablandar antes de su cocinado; aromatizar y dar sabor, y eliminar sabores fuertes.

Conservación. La marinada debe conservarse en recipiente de material inalterable, en lugar fresco, cámara de refrigeración o antecámara, de dos a ocho grados centígrados como máximo. Cuando se utilice en veces sucesivas, puede hervirse y enfriarse nuevamente antes de emplearla de nuevo. También es posible añadir un gramo de ácido bórico por cada litro de vino (cuando la temperatura de conservación sea superior a los ocho grados centígrados).

Clases. Entre la gran variedad existente se estudia la básica, para grandes piezas de caza, y cocida, para caza.

Básica

Aplicaciones. Para todo tipo de grandes piezas de carne, principalmente carnero, vaca y caza mayor. En las piezas de caza viejas, debe ser empleada otra marinada más fuerte.

Composición:

Zanahorias .... 250 gramos
Chalotas .... 100 gramos

Ajos	5 dientes
Apio	100 gramos
Cebolla	250 gramos
Perejil	1 manojo
Laurel	3 hojas
Tomillo	1 ramito
Clavo	10 gramos
Pimienta negra un gramo	20 gramos
Vino blanco	4,5 litros
Vinagre	2,5 decilitros
Aceite	2,5 decilitros

Posibles variaciones en su composición pueden ser: sustituir vinagre por coñac; aumentar la proporción de vinagre o aceite; añadir más hierbas aromáticas, como romero, albahaca, etc.; disminuir o suprimir chalotas o ajos; añadir tomates frescos troceados y puerros; aumentar la cantidad de los ingredientes en total.

Elaboración y uso. En recipiente de material inalterable, de tamaño y forma ajustada a la pieza de carne, se ponen las hortalizas limpias y filetadas con el resto de los ingredientes; se revuelve; se sumerge la pieza de carne sazonada, comprobando que resulta cubierta totalmente; la pieza se cambia de posición a diario o cada dos o tres días; se mantiene el tiempo necesario, que puede ser de una semana o quince días; más días cuanto mayor sea la pieza y menos cuanto más alta sea la temperatura del local; para el cocinado de la pieza, retirar ésta y emplear o no la marinada para ello.

Para grandes piezas de caza

Aplicaciones. Ciervo, jabalí, rebeco y también carnero.

Composición. Similar a la «básica», cambiando el vino blanco por tinto bien oscuro; añadiendo 30 bayas de enebro, 20 gramos de romero, 20 gramos de albahaca. Puede aumentarse la proporción del vinagre, laurel, tomillo y apio, clavo, pimienta y perejil y añadirse cuarto litro de coñac.

Elaboración y uso. Similar a la básica.

Cocina para caza

Aplicaciones. Apropiadas a la receta empleada, que puede ser la «básica» o «para grandes piezas de caza».

Composición. Igual a la «básica» o «para grandes piezas de caza».

Caldos para caza

Elaboración y uso. Se refiere a la receta «básica». Se doran ligeramente en el aceite las zanahorias, cebollas, ajos, apio y perejil; añadir el resto de los ingredientes; cocer durante media hora; enfriar totalmente; poner en el recipiente; sumergir la carne sazonada; proceder, en lo demás, como en el caso de la «básica».

Otras marinadas

Para ciertas aves puede utilizarse vino de Oporto o Jerez, con o sin coñac y chalotas o trufas. Para filetes de caza puede emplearse vino tinto o coñac, hierbas aromáticas y especias.

APAREJOS

Se refiere a una serie de mezclas generalmente sólidas. Se estudia la patata o puré duquesa.

Patata o puré duquesa

Composición

Patatas	1 kilo
Huevo	1 pieza
Yemas	4 piezas
Mantequilla	100 gramos.

Sal fina, pimienta blanca molida y ralladura de nuez moscada.

Variaciones en su composición pueden ser: sustitución de todas o parte de las yemas por su equivalente en huevos enteros. Para croquetas puede adicionarse queso rallado, trufas, etc.

Elaboración. Las patatas peladas, enteras o en grandes trozos, se cuecen en agua salada; se escurren y secan en la boca del horno; se tamizan; inmediatamente se añaden el resto de los ingredientes, trabajando bien. Puntos claves son: secado perfecto de la patata y tamizado inmediato, y mezcla inmediata y a fondo de ingredientes. Variaciones en su elaboración pueden ser: asar las patatas enteras al horno, en vez de cocerlas en agua.

Conservación. Se mantiene al calor, protegida por papel engrasado hasta el momento de empleo, durante dos o tres horas. Una vez fría, no puede ser utilizada. En el caso de mezclas con otros ingredientes, puede ser conservada por refrigeración uno o dos días.

Aplicaciones. Sólo como guarnición simple, formando figuras de imitación que se doran al horno; mezclado con otros ingredientes para soufles, croquetas, rellenos; con auxilio de la manga para hacer borduras o adornos en fuentes.

FARSAS

Se refiere este apartado a las mezclas tamizadas o picadas finamente por la picadora, ligadas y homogéneas, que llevan como elementos básicos carnes limpias, de ternera, cerdo, pescados, etc., y elementos grasos como tocino y mantequilla. Existe gran variedad de ellas. Se selecciona, para su estudio, según su aplicación, la de galantina.

Galantina

Aplicación. Se entiende por galantina a las carnes rellenas frías.

Composición básica para una gallina

Ternera blanca desangrada.................................. 500 gramos
Tocino fresco y graso... 500 gramos
Clara de huevo.. 2 piezas
Harina o fécula............. .... 25 gramos

Coñac .... 0,5 decilitro
Agua .... 0,5 decilitro
Sal y pimienta molida.

Puede sustituirse toda o parte de la ternera por carne de la pieza a rellenar; puede sustituirse parte del tocino por nata líquida.

Elaboración. La carne desnervada se pica con el tocino muy finamente, por la rejilla más fina y dos o tres veces; a la mezcla, bien fría, se añade el resto de los ingredientes, amasando intensamente, hasta verla bien dura. Puede tamizarse, aunque esto pertenece a la antigua cocina.

Aplicaciones. Relleno de grandes piezas de carnes, hervidas.

22 GRANDES SALSAS BASICAS

Definición. Son los líquidos espesados o «ligados» sustanciosos, cuya misión es realzar el sabor de los alimentos y, en otro caso, ablandarlos y hacerlos de más fácil digestión. Deriva la palabra del latín **salsa, salada**, p.p. de **sallere,** «salar», que a su vez deriva de «sal».

Existen dos clases de salsas: las que se hacen merced a los ingredientes que componen el plato, carnes, pescados, hortalizas, etc., y otro grupo, compuesto por aquéllas cuya elaboración es totalmente independiente del elemento o elementos de plato; estudiaremos estas últimas.

Para su mejor concreción, se dividen en: básicas, derivadas y especiales.

SALSAS BASICAS

Son las que sirven como base o fundamento a otras muchas salsas. Para su estudio, se dividen en: grandes salsas básicas y pequeñas salsas básicas.

GRANDES SALSAS BASICAS

Son las que tienen, en general, mayor importancia por ser de mayor uso. Las principales son: española, bechamel, veloute y tomate.

Algunas clases de salsas

Española

Su origen es realmente moderno y fueron creadores los cocineros españoles que acompañaron a la emperatriz francesa de origen español Eugenia de Montijo. La cocina francesa emplea la denominación **demi-glace** para una salsa hermana de la salsa española con composición, elaboración y aplicaciones iguales, de la que dicen, para enaltercerla, **es una española perfeccionada.** Puede traducirse la palabra «demi-glace» como media glasa o medio extracto.

Composición básica. Diez litros de fondo oscuro de ternera y vaca; un kilo y cuarto de mantequilla y un kilo y cuarto de harina tostada.

Variaciones en su composición. El fondo oscuro puede incluir restos de ave. En casos de aplicación de esta salsa a platos de caza, el fondo podrá incluir residuos de esta clase. La ligazón puede componerse de: un kilo de harina tostada; 100 gramos de fécula de patata o maíz y un litro y cuarto de vino para disolver harina y fécula.

Elaboración. Al roux oscuro frío se añade el fondo oscuro hirviendo, revolviendo con las varillas al hacer la operación; disuelto el roux, cocer la mezcla a fuego suave cinco minutos, colar, enfriar revolviendo de cuando en cuando.

Variaciones en su elaboración. Empleando ligazón de harina, fécula y vino, poner esta mezcla al fondo hirviendo, y revolver con varillas; cocer durante quince minutos espumando entre tanto; finalizar la salsa igual que la anterior.

Características de calidad y puntos claves de elaboración

Color. Fuertemente oscuro brillante, obtenido por una harina bien tostada y un fondo transparente y bien oscuro.

Espesor. Dosificación de la cantidad de harina y féculas y tiempo de cocción, más o menos prolongado según convenga.

Sabor. Fondo obtenido de los mejores géneros y bien reducido.

Conservación. Se conserva seis u ocho días dentro del frigorífico, puesta después de fría en recipiente de material inalterable, engrasado con mantequilla interiormente y poniendo por la superficie una pequeña capa de mantequilla derretida.

Aplicaciones. Confección de salsas derivadas; braseado de algunas hortalizas y carnes; ligazón de algunos picadillos. Nunca se emplea tal cual, por lo que debe ir poco sazonada y bastante espesa.

Bechamel

El nombre viene de un título nobiliario francés.

Composición básica. Roux blanco, compuesto a partes iguales de harina fuerte de trigo tamizada y mantequilla, leche, nuez moscada rallada, pimienta blanca molida y sal.

Cantidades para bechamel de espesor tipo medio. 80 gramos de mantequilla, 80 gramos de harina, un litro de leche, sal, pimienta y nuez moscada.

Variaciones en su composición. Se refiere a la diferencia de espesor que una salsa puede requerir para una aplicación determinada. Se citan las dos salsas límites:

Bechamel para croquetas. 125 gramos de harina, 125 gramos de mantequilla, un litro de leche, sal, pimienta y nuez moscada.

Bechamel para pastas italianas. 60 gramos de harina, 60 gramos de mantequilla, un litro de leche, sal, pimienta y nuez moscada.

Elaboración. Derretir la mantequilla sin cocer; mezclar harina; rehogar diez segundos; enfriar este roux; añadir leche hirviendo, reservando una décima parte, mientras se revuelve; añadir sal, pimienta y nuez moscada; cocer de cinco a quince minutos a fuego suave; añadir la leche reservada, si hiciera falta; colar.

Características de calidad y puntos claves en su elaboración

Color. Para que sea perfectamente blanca, utilizar utensilios escrupulosamente limpios y de material inalterable; evitar el agarrado.

Espesor. Dosificación correcta de la harina, empleando la llamada «fuerte» en cualquier caso; reserva de pequeña cantidad de leche para regulación final; tiempo de cocción más o menos largo, según convenga.

Sabor. Empleo de mantequilla muy fresca y leche con toda su grasa; dosificación correcta de especias.

Conservación. Actualmente suele hacerse para emplear a continuación. Sólo el restaurante de estilo francés la conserva elaborada. Se con-

Preparativos de la salsa bechamel (Mornay)

serva en recipiente inalterable engrasado con mantequilla y superficie preparada de forma similar a la salsa española, con duración dentro del frigorífico de cinco a seis días.

Aplicaciones. Confección de salsas derivadas, empleadas, generalmente, en platos de pastas italianas, huevos y hortalizas; como elemento aglutinador de picadillos y su posterior aplicación en croquetas, cromesquis, etc.

Veloute

Su traducción literal es aterciopelada, suave.

Composición básica. Un litro de fondo blanco o fumet blanco; 100 gramos de harina; 100 gramos de mantequilla.

Variaciones en su composición. Puede incluir sazonamiento de sal y pimienta blanca. El fondo siempre blanco puede ser de ave o ternera y el fumet podrá ser de lenguado, rodaballo, rape, merluza y pescados similares.

Elaboración. Al roux frío se añade el fondo blanco o fumet hirviendo, reservando una décima parte. Se remueve con varillas al hacer la operación; disuelto el roux, hervir a fuego suave, por espacio de cinco a diez minutos; añadir el caldo reservado, si hiciera falta; colar o pasar por la estameña a un recipiente de material inalterable engrasado con mantequilla; enfriar revolviendo de cuando en cuando; cubrir con una pequeña película de mantequilla derretida.

Características de calidad y puntos claves en su elaboración

Color. Su color perfecto vendrá marcado por la clase del fondo o fumet perfectamente colado; punto del rehogado del roux; cocción correcta sin agarrarse la salsa; empleo de utensilios inalterables y perfectamente limpios.

Espesor. La harina debe ser de «fuerza»; el tiempo de cocción podrá ser prolongado para favorecer este espesor, que deberá ser bastante acusado.

Sabor. La clase de fumet o fondo blanco influye especialmente en el buen sabor; en ningún caso serán caldos recocidos o reducidos; la calidad de la mantequilla influye también en el buen sabor.

Conservación. Para cinco a seis días dentro del frigorífico y en las mismas condiciones que la española.

Aplicaciones. Para elaboraciones de salsas derivadas, y en algunos casos ligazón de picadillos, y preparación de cremas-veloutes.

Tomate

Este nombre engloba varios tipos de salsas basadas en el empleo de tomate maduro. Su elaboración y aplicaciones no difieren básicamente en la composición. Se dan dos tipos que pueden denominarse salsa al estilo de España y salsa al estilo de Francia.

Composición básica

Salsa al estilo de España. Un kilo de tomates maduros frescos o de conserva; 20 gramos aproximadamente de harina; media cucharadita de pimentón dulce; dos dientes de ajo aproximadamente, pelados y machacados; 250 gramos de cebolla fileteada; un decilitro de aceite; una hoja de laurel, aproximadamente; azúcar, sal.

Variaciones en su composición

Salsa al estilo de Francia. Se compone de mirepoix de zanahoria, cebolla, tocino, mantequilla y ramillete guarnecido, más pequeña cantidad de ajo y harina, tomates, pimienta, sal y azúcar y en algunos casos fondo blanco. Entre los tipos de salsa española y francesa, existen otras basadas en ambas.

El empleo de tomate en conserva, al natural o en puré y tomate fresco, es una posible variante.

Elaboración

Salsa al estilo de España. Rehogar cebolla y ajo en aceite; añadir harina y pimentón y rehogar ligeramente; añadir tomates troceados, laurel, sal y azúcar; revolviendo sin parar, dejar que empiece la cocción; mantener la cocción a fuego suave durante media a una hora; triturar o pasar por el pasapurés y pasar por el colador de tela metálica o chino fino; rectificar de sal y azúcar, según sea preciso.

Variaciones en su elaboración. Las propias que marquen los distintos ingredientes empleados.

Características de calidad y puntos claves en su elaboración

Color. El intenso color rojo necesario se obtiene por el empleo de tomates bien rojos y maduros y, en otros casos, por la adición de pimentón dulce y colorantes.

Espesor. El necesario espesor viene marcado por la cantidad correcta de harina y mejor por una evaporación o reducción prolongada de la salsa; no debe estar muy espesa.

Sabor. El empleo de la mejor clase de tomate fresco influye principalmente; la conserva que lo sustituya deberá ser de excelente calidad y carencia de sabor a lata.

Conservación. Se conserva de cuatro a cinco días en el frigorífico en recipiente de material inalterable mejor que metálico; preparado igual que la salsa española.

Aplicaciones. Elaboración de salsas derivadas; como acompañamiento de ciertos platos, «fritos», principalmente y como fondo auxiliar de cocina, para elaboración de sopas, pastas, etc.

23 PEQUEÑAS SALSAS BASICAS

PEQUEÑAS SALSAS BASICAS

Son las que, teniendo gran importancia por su menor número de aplicaciones y mayor rapidez de elaboración, se denominan pequeñas en su estudio. Reúnen la característica de ser todas ellas emulsionadas, es decir, espesadas, no por la acción de una ligazón harinosa, sino por la emulsión de sus grasas. Nombradas en orden de importancia son: mahonesa, holandesa, bearnesa, vinagreta.

Mahonesa

Su origen se remonta a la visita histórica a Mahón, entonces en poder de Francia, de un gobernante francés; se dice que fue el cardenal Richelieu. A su regreso, el cocinero que acompañaba al cardenal, dio a conocer esta salsa, que llamó mahonesa por su procedencia.

Composición básica. Un litro de aceite de oliva fino; cuatro yemas de huevo; un cuarto decilitro de vinagre, aproximadamente (según fuerza del vinagre); sal fina; una cucharada aproximadamente de agua o caldo.

Variaciones en su composición. Sustitución total o parcial del vinagre por zumo de limón; aceite refinado en lugar de aceite fino; huevo entero o sustitución con clara de alguna yema.

Elaboración. A la mezcla de yemas y vinagre se incorpora, batiendo bien, el aceite en chorro fino; terminado el aceite se pone la sal en el centro de la salsa, en pequeño montón; sobre ésta se echa el caldo o agua hirviendo; se revuelve bien todo.

Variaciones en su elaboración. Ciertas «batidoras o trituradoras» muy revolucionadas permiten la elaboración, poniendo a la vez yemas, vinagre y aceite. Pueden ponerse el agua con el vinagre y las yemas al principio.

Características de calidad y puntos claves en su elaboración

Color. La clase de huevos empleados transmitirá a la salsa un color más bonito si su amarillo es intenso.

Espesor. Salsa muy espesa, ya que en cualquier caso debe ser «aligerada» antes de servirla.

Sabor. Viene marcado por la dosificación correcta de yemas y, sobre todo, por la calidad del aceite, que deberá ser fino de la mejor procedencia o refinado de medio grado de acidez oleícola; la mezcla de aceite de oliva con mucho grado de acidez con otros aceites deberá ser hecha con los de cacahuet, almendra o avellana.

Puntos claves. Para evitar el corte de esta salsa al elaborarla debe tenerse en cuenta:

1. Empleo de aceite de oliva de bajo grado de acidez.
2. Dosificación correcta de yemas de huevo.
3. Cantidad del elemento húmedo empleado: «agua o vinagre».
4. Temperatura homogénea en todo cuanto interviene en la elaboración de la salsa: huevos, aceite, vinagre, recipiente, utensilios.
5. Relación directa entre velocidad de incorporación del aceite (chorro más o menos grueso) y velocidad de batido.
6. Evitación de oscilación de temperaturas en su conservación.

Conservación. Se conserva sin poner dentro del frigorífico, doce o más días, a una temperatura normal de cuarto frío de 18 a 20°C aproximadamente.

Aplicaciones. Confección de salsas derivadas; ligazón de ensaladillas y mariscos pelados; cobertura de ciertos platos fríos para mejorar su aspecto, como pescados, huevos; como acompañamiento de hortalizas hervidas frías, pescados y huevos hervidos fríos, etc.

Salsa holandesa

Composición básica. Un kilo de mantequilla; ocho yemas de huevo; dos cucharadas de zumo de limón; sal. No se incluye la antigua receta francesa compuesta de vinagre reducido, en lugar de zumo de limón.

Variaciones en su composición. Puede incluir algo de agua y pimienta blanca molida.

Elaboración. Aunque siguiendo la norma, se pone una elaboración básica y el resto elaboraciones menos comunes, en este caso no sucede así. Cualquiera de las tres que se citan a continuación será la indicada y pueden ser hechas con parecido resultado. Por esto, en cada método de elaboración se detallan las características especiales.

Variaciones en su elaboración

A) Se montan las yemas al baño maría con el zumo de limón y, sin retirar de dicho baño maría, se va echando la mantequilla blanda pero sólida, en pequeños trozos y dejando espesar la salsa antes de añadir la siguiente porción; se sazona y se mantiene en lugar templado. Resulta poco consistente, más suave de sabor y de más difícil corte.

B) A las yemas, zumo de limón y agua montados al calor, fuera del fuego, incorporamos la mantequilla purificada en chorro fino, mientras se bate enérgicamente; se sazona y se mantiene en lugar templado. Resulta así más consistente, más sabrosa y de más fácil corte.

C) A las yemas montadas al calor con el zumo de limón, fuera del fuego, se añade la mantequilla derretida sin purificar, incorporándola en chorro fino, mientras se bate enérgicamente; se sazona y mantiene en lugar templado.

Puede considerarse como un término medio en todo de los métodos de elaboración anteriores.

Características de calidad y puntos claves en su elaboración

Color. Debe ser fuertemente amarillo y en ello influye la correcta dosificación de yemas y el color que éstas tengan.

Espesor. Será tanto más espesa cuanto menor cantidad de agua lleve.

Sabor. Viene marcada la finura de sabor por el grado de frescor de la mantequilla; sabor más concentrado si no incluye líquidos en su elaboración o si la mantequilla tiene menos proporción de humedad.

Puntos clave en su elaboración

El fácil corte de esta salsa puede evitarse al elaborarla, cuidando la temperatura que no deberá pasar, en ningún caso, de 60 °C, y también guardando ritmo entre la cantidad de mantequilla que se incorpora y la velocidad de batido. La **conservación de uso** requiere temperatura no superior a los 55 °C. El arreglo de la salsa cortada incluye:

1) Recuperación de temperatura adecuada de la salsa; b) batido de una cucharada de agua mientras se va añadiendo la salsa cortada a cucharadas.

2) Recuperación de temperatura adecuada de la salsa; b) montado de yemas en otro recipiente; c) incorporado de la salsa cortada a las yemas, a cucharadas y batiendo enérgicamente.

Conservación. La **conservación de mantenimiento** debe hacerse en lugar templado y diariamente. Puede ejecutarse con algún día de anticipación pero con la obligación de rehacerla al ir a utilizarla.

Aplicaciones. Confección de salsas derivadas; acompañamiento de pescados y hortalizas hervidas.

Salsa Bearnesa

Su nombre se refiere al territorio francés llamado «EL BEARNE».

Composición básica. Un decilitro de vinagre de estragón; dos cucharadas de chalota picada; ocho yemas de huevo; un kilo de mantequilla; sal, pimienta de molino; cuatro cucharadas rasas de perejil picado.

Variaciones en su composición. Sustitución del vinagre de estragón por vinagre corriente, estragón picado fino, inclusión de estragón y perifollo fresco picado.

Elaboración. Reducir la mezcla de chalota y vinagre de estragón hasta que quede casi seca; añadir una cucharada de agua fría y las yemas; montar las yemas al fuego suave y retirar del fuego; añadir la mantequilla purificada, total o parcialmente, en chorro fino, mientras se bate enérgicamente; pasar por la estameña y añadir sal, pimienta de molino y perejil picado; mantener en lugar templado sin pasar de los 55 °C.

Variaciones en su elaboración. Emplear la mantequilla sin purificar e incorporarla sobre las yemas puestas al baño maría.

Características de calidad y puntos claves en su elaboración

Color. Amarillo verdoso conseguido por el color de yemas y perejil puesto a última hora.

Espesor. Debe resultar muy consistente; por ello es aconsejable la purificación de la mantequilla.

Sabor. El buen resultado se obtiene por: calidad y reducción perfecta del vinagre, calidad de la mantequilla y pimienta recién molida.

Conservación. Similar a la salsa holandesa.

Aplicaciones. Confección de salsas derivadas; acompañamiento de carnes y pescados a la parrilla.

Salsa vinagreta

Se refiere a la salsa que incluye en su composición tres partes de aceite de oliva refinado y una parte de vinagre de vino. Se estudian tres clases principales.

Composición básica

a) Tres piezas de huevo duro, cien gramos de pepinillos, cien gramos de cebolla en limpio, tres cucharadas de perejil picado, tres cuartos de litro de aceite de oliva fino o refinado, un cuarto de litro de vinagre de vino, sal, una cucharadita de azúcar, pimienta recién molida, un diente de ajo, dos cucharadas de mostaza francesa.

Variaciones en su composición

b) Alcaparras, perejil, perifollo, estragón, cebolla, aceite, vinagre, sal y pimienta. Esta variación recibe el nombre internacional de Ravigote.

c) Tres cuartos de litro de aceite, un cuarto de litro de vinagre, azúcar, sal y en ciertos casos mostaza.

Elaboración

a) Picar muy finamente los ingredientes sólidos, mezclar con el resto en el momento de utilizar la salsa, batirla o agitarla.

Variaciones en su elaboración

b) Juntar los ingredientes, en el momento de servir batir o agitar. Suele mantenerse en botella de tapón con orificio.

Características de calidad y puntos claves en su elaboración

a) Color verdoso, espesa por los ingredientes sólidos, sabor en razón del empleo de vinagres y aceites de buena calidad.

b) Color amarillento verdoso, poco espesa, sabor relacionado con la calidad del aceite o vinagre.

Conservación

a) En recipiente de material inalterable dentro del frigorífico durante tres a cuatro días, debe desenfriarse al servir.

b) Conservación de hasta un mes a temperatura fresca.

Aplicaciones

a) Acompañamiento de hortalizas, huevos, pescados hervidos fríos.

b) Aliño de ensaladas y ensaladillas.

24 SALSAS DERIVADAS

SALSAS DERIVADAS

Es el grupo de salsas que tienen su origen en las básicas estudiadas anteriormente.

SALSAS DERIVADAS DE LA ESPAÑOLA

Perigourdine

Composición. Puré de foie-gras y pequeños dados de trufas.

Elaboración. Añadir a la salsa española el puré de foie-gras y los dados de trufas; comprobar el sazonamiento y servir.

Aplicaciones. Para pâtes, fritos, huevos y carnes salteadas (tournedós, entrecôtes, etc.).

Robert

Composición. Cebolla, mantequilla, vino blanco, vinagre, mostaza, pimienta de molino.

Elaboración. Ablandar en mantequilla cebolla picada; añadir vino blanco y vinagre; reducir; incorporar salsa española, cocer lentamente durante diez minutos; añadir mostaza y pimienta.

Aplicaciones. Para carnes asadas, especialmente las de cerdo, carnes gelatinosas como morros, manitas de cerdo, hamburguesas, etc.

SALSAS DERIVADAS DE LA BECHAMEL

Crema

Composición. Nata líquida.

Elaboración. Mezclar bechamel y nata; reducir a fuego vivo; comprobar sazonamiento; pasar por la estameña; añadir más nata líquida fresca.

Aplicaciones. Huevos sin gratinar, pescados hervidos y hortalizas.

Mornay

Composición. Queso rallado, yemas, en otros casos esencia de pescados, champiñón, etc.

Elaboración. Añadir las yemas a la bechamel (recién hervida), fuera del fuego, removiendo rápidamente; incorporar queso (mejor Parma y Gruyère a partes iguales), haciendo la mezcla lentamente con suavidad.

Aplicaciones. Platos gratinados principalmente, pastas italianas, huevos, pescados y hortalizas hervidos.

SALSAS DERIVADAS DE LA VELOUTE

Aurora

Composición. Puré o salsa de tomate concentrado, veloute de ave, nata líquida.

Elaboración. Añadir a la veloute caliente puré de tomate caliente, hasta que resulte de tonalidad rosa fuerte; añadir nata líquida.

Aplicaciones. Huevos sin gratinar, hortalizas, aves y carnes blancas.

Suprema

Composición. Nata líquida, veloute de ave, esencia de champiñones.

Elaboración. Añadir nata líquida a la veloute de ave y esencia de champiñones; reducir a fuego vivo; añadir nata o mantequilla fresca.

Aplicaciones. Para aves y huevos.

SALSAS DERIVADAS DE LA DE TOMATE

Italiana

Composición. Salsa española, cebolla, jamón, champiñón y finas hierbas, mantequilla.

Elaboración. Ablandar cebolla picada finamente en mantequilla; añadir champiñón picado finamente; reducir; añadir jamón picado, salsa de tomate, salsa española; cocer durante cinco minutos; incorporar finas hierbas picadas (estragón, perifollo y perejil).

Aplicaciones. Para pastas italianas y hortalizas.

SALSAS DERIVADAS DE LA MAHONESA

Tartara

Composición

a) **Antigua.** Yemas de huevo duro, cebollino, cebolla, zumo de limón o vinagre, aceite refinado.

b) **Moderna.** Cebolla, perejil, alcaparras, huevo duro, mostaza, en algunos casos pepinillos.

Elaboración

a) Montar el aceite sobre yemas de huevo duro tamizadas (como si se hiciera una mahonesa); añadir cebollino y cebolla picado finamente; sazonar con zumo de limón o vinagre.

b) Añadir a la salsa mahonesa cebolla, perejil, alcaparras, todo picado finamente; incorporar el huevo duro picado; sazonar con mostaza.

Aplicaciones. Para pescados, huevos y carnes, hortalizas en otros casos.

SALSAS DERIVADAS DE LA HOLANDESA

Muselina

Composición

a) Nata montada.

b) Claras de huevo montadas.

Elaboración

a) Añadir a la salsa holandesa la nata montada en el momento de ir a servirse; sazonar.

b) Añadir las claras de huevo a la salsa holandesa montadas en el momento de ir a emplearse; sazonar.

Aplicaciones. Para pescados y hortalizas, calientes hervidas.

SALSAS DERIVADAS DE LA BEARNESA

Choron

Composición. Puré de tomate concentrado.

Elaboración. Añadir a la bearnesa, en el momento de servir, el tomate concentrado.

Aplicaciones. Para pescados y, en ciertos casos, carnes salteadas y a la parrilla.

SALSAS DERIVADAS DE LA VINAGRETA

Ravigote

Composición. Alcaparras, perejil, perifollo, estragón, cebolla, aceite, vinagre, sal, pimienta.

Elaboración. Picar muy finamente los ingredientes sólidos; mezclar con el resto; en el momento de utilizar la salsa, batirla o agitarla.

Aplicaciones. Acompañamiento de hortalizas, huevos, pescados hervidos fríos.

Algunas salsas especiales

SALSAS ESPECIALES

Es el grupo de salsas que, teniendo su origen en ciertos platos, se han transformado en salsas de elaboración independiente. Otras son especiales por no tener derivadas y no pertenecer por ello a las estudiadas anteriormente.

Jugo ligado

Composición básica. Un litro de fondo oscuro, 25 gramos de maizena, un decilitro de vino blanco y sal.

Variaciones en su composición. Sustitución, total o parcial, del fondo oscuro por el líquido obtenido de la disolución de la sustancia o jugo de una carne asada al horno o al asador, más vino o caldo; sustitución del vino por un líquido diferente, como coñac, oporto o agua; sustitución de la maizena por fécula de patata u otra; aromatización con estragón, apio, jugo de tomate, etc.; el fondo oscuro podrá ser de ternera o vaca o ave o caza.

Elaboración. Al fondo oscuro hirviendo se añade la maizena, disuelta con el vino, en frío; hervor lento de diez a quince minutos, espumado de cuando en cuando; colar por la estameña o colador fino.

Características de calidad y puntos claves en su elaboración

Color. El aspecto que debe presentar es de caramelo rubio y transparente.

Espesor. Poco espeso.

Sabor. Adecuado a la carne que acompañe; especialmente el de cordero y caza únicamente aptos para platos de esta clase. La concentración de sabor se obtiene por reducción previa del fondo; sabor concentrado y carencia de grasas son índices de buena calidad.

Conservación. Se conserva dentro de frigorífico, después de enfriado, en recipiente de material inalterable, por espacio de varios días.

Aplicaciones. Acompañamiento de carnes asadas al horno; en otros casos salteadas y excepcionalmente en platos de huevos, pastas italianas y hortalizas.

25 HORTALIZAS I

Se refiere esta lección a la hortaliza propiamente dicha y a otros vegetales afines.

Definición. Con este nombre se agrupan los vegetales de ciclo corto aptos para la alimentación humana, que se crían en huertas o lugares con riego.

Propiedades. Riqueza en vitaminas y sales minerales, que las sitúan en los primeros lugares entre los alimentos «reguladores». Esta cualidad se une al suave y agradable sabor que combina con la mayor parte de los sabores del resto de los alimentos. La parte aprovechable (generalmente la de menor contenido en celulosa), difiere de unas especies a otras; en unas, la utilización se hace con la hoja; en otras, la raíz, la simiente e incluso los brotes reproductores.

Aplicaciones. En general se usan:

a) Como segundo plato de almuerzo o comida.

b) Cocinadas o crudas como guarnición.

c) Como elemento de condimentación. Algunas son utilizadas indistintamente; otras, preferentemente como plato de guarnición.

Conservación. Se refiere al mantenimiento de las hortalizas en las mejores condiciones, dentro del establecimiento. Puede hacerse en crudo o blanqueadas. **En crudo:** la de mejor conservación será la hortaliza que se presente más íntegra; así, se conserva peor el espárrago que la lechuga. El amontonamiento facilita la descomposición de los vegetales y por ello deben situarse extendidos y aireados en lo posible. Evitando la luz solar se retrasa el crecimiento de las enzimas que amarillean las hortalizas; por esto se emplearán cámaras alejadas del sol y de la luz solar, ya que la temperatura alta favorece la germinación y el desarrollo de las enzimas y, por tanto, será lo más baja posible, sin llegar nunca a bajo cero. **Blanqueadas:** se refiere a las hortalizas que van a ser empleadas para cocinar y que se encuentran en peligro de deterioro. Comprende el blanqueado, limpieza, inmersión en abundante agua salada hirviendo, refrescado inmediato en agua fría corriente, escurrido profundo por compresión y posterior colocación en el armario frigorífico.

Preparación. Incluye un despojado previo de partes «duras» (con exceso de celulosa y, por tanto, de difícil digestión y asimilación) o deterioradas; un troceado adecuado a la utilización posterior; un lavado en agua fría abundante y, cuando sea necesario, un «blanqueado».

Condimentación. Su carencia de grasas (con ligeras excepciones) y proteínas, hacen que sea necesario añadir elementos en su condimentación y cocinado.

METODOS BASICOS DE COCINADO

Las formas básicas de cocinar las hortalizas son: hervido, rehogado, breseado y frito.

Formas de cocinarlas

Hervido

Se refiere a su cocción dentro de agua. El perfecto hervido es el que consigue conservar y realzar el color natural de los alimentos y no transformar ni cambiar su sabor a «fresco». Se estudian dos métodos básicos: a) para hortalizas verdes; b) para hortalizas de color amarillo. Las sales refuerzan el color propio de las hortalizas verdes.

Ingredientes y presentación de guisantes a la francesa.

Método «a». Fundamento. Las temperaturas altas (más de cien grados centígrados) y el tiempo de cocción prolongado transforman el sabor y color de las hortalizas verdes. **Elaboración.** Despojado de materias fibrosas duras o deterioradas; corte en tamaño, según requiere el plato; deshojado si procede; lavado en agua fría, abundante; inmersión en abundante agua hirviendo a borbotón, con sal abundante; disgregación revolviendo al reanudarse el hervor; mantenimiento del tiempo de cocción sin interrupción; tierna la hortaliza, refrescado rápido; escurrimiento y estrujado para más perfección en el escurrido; conservación en cámara frigorífica. Cuando la hortaliza va a ser consumida sin refrescar, la cantidad de sal empleada será considerablemente menor.

Método «b». Fundamento. Las hortalizas amarillas, ricas en caroteno, pierden en el líquido parte de éste. Al evaporarse el agua, recuperan la pigmentación amarilla y la refuerzan mejorando su tonalidad.

Elaboración. Comprende: limpieza y corte e inmersión posterior en pequeña cantidad de agua con poca sal; hervor continuado, hasta que el agua resulte casi totalmente evaporada; empleo inmediato, o enfriado para su conservación en el frigorífico.

Rehogado

Es la operación de cocinar con grasa. Puede ser: a) para géneros cocinados; b) para géneros crudos.

a) Hortalizas hervidas, calentadas con grasa y en algunos casos otros ingredientes.

b) Someter géneros crudos, pelados y cortados, a la acción del fuego en compañía de grasas para que se cocinen. Este sistema es empleado principalmente en las hortalizas de fruto, como berenjena, calabacín, etcétera. Cuando la hortaliza resulta dorada se dice **salteada**, tanto si se parte de hortaliza cruda, como de hortaliza cocinada.

Braseado

Fundamento. Se basa este método en el cocinado de las hortalizas por la acción del agua que contienen, en combinación con algún elemento graso.

Elaboración. Las hortalizas, troceadas y deshojadas, se ponen en recipiente tapado con algo de grasa, a fuego lento hasta verlas tiernas; puede requerir evaporación posterior del exceso de caldo. Se emplea este método, principalmente, para hortaliza de hojas. En ciertos casos, puede ir precedido de un blanqueado previo.

Frito

Es el cocinado por inmersión en aceite muy caliente. Puede ser: a) empleado para hortalizas crudas; b) empleado con hortalizas cocinadas.

a) Elaboración: Se sumergen las hortalizas limpias en aceite abundante bien caliente, troceadas y a veces protegidas por un rebozo o enharinado previo. Se emplea este método para hortalizas de frutos principalmente, calabacín, pimiento y otros, como la patata.

b) Elaboración: Hortalizas hervidas y rebozadas, sumergidas en aceite abundante muy caliente. En las de hojas debe hacerse un aglomerado en forma de bola, antes de rebozarlas.

Clases. Estudio de las principales especies en razón de: **estación, identificación, buena calidad, preelaboración y métodos básicos de cocinado.**

Estación. Se refiere a la estación (no coincidente absolutamente con la marcada por el calendario), en que alcanzan la plenitud de calidad y producción. Los modernos métodos de cultivo, unidos a la diversidad climatológica española, han conseguido que la presencia de hortalizas, muy estacionales anteriormente, abarquen la mayor parte del año. Eso sí, a más alto precio y de peor calidad. La división en primavera, verano, otoño e invierno corresponde más bien a los ciclos climatológicos. Así, las de primavera pueden no terminar su ciclo el 21 de junio; pueden hacerlo antes o después.

Identificación. Se refiere a las aclaraciones que sobre su aspecto presente cada planta: parte comestible, color, etc.

Buena calidad. Viene marcada por: **estación, recolección, madurez y estado de conservación.**

Recolección. La recolección reciente de una hortaliza influye decisivamente en su calidad. Toda planta separada de la tierra está sujeta a una deshidratación continuada, con pérdida de sabor que se refleja en pérdida de lozanía y transformación de color, lo que origina mayor dureza y peor sabor.

Madurez. El punto de madurez que cada planta requiere es diverso. En unos casos, como el guisante, cuanto más pequeño sea el grano y, por tanto, menos maduro, será de mejor calidad; en cambio, en los pimientos rojos se valora el perfecto grado de madurez total.

Estado de conservación. Una perfecta conservación de las hortalizas durante su comercialización repercute favorablemente en su calidad, al atenuar los sistemas de decrepitud de la planta.

Preelaboración y métodos básicos de cocinado. Se refiere a las operaciones generales de limpieza y corte que requieren las hortalizas y su elaboración o formas de hacer.

HORTALIZAS DE PRIMAVERA

Son las que en esta época del año alcanzan su plenitud y producción. Se estudian: lechugas, berros, habas, espárragos, espinacas, zanahorias, patatas nuevas, guisantes, remolachas y alcachofas.

Lechugas

Identificación. Planta íntegra, constituida por raíz, serie de hojas verdes exteriores y conjunto de hojas blancas o cogollo.

Buena calidad. Pocas hojas verdes, cogollo blanco abundante, carencia de tallo en su centro y también planta cerrada de hojas quebradizas.

Preelaboración y métodos básicos de cocinado. Despojado de raíz hasta el nacimiento de las hojas, retirado de hojas verdes exteriores, lavado en agua fría abundante. Su corte puede ser:

a) En juliana fina para potajes.

b) Corte total en porciones de tres a cuatro centímetros para ciertas ensaladas.

c) División del cogollo en dos o cuatro porciones a lo largo para ciertas ensaladas y en otros casos cocción y braseado posterior.

Berros

Identificación. Se producen de forma espontánea en arroyuelos que a veces son resembrados para su producción. Están formados por ramitas pequeñas de hojas grandes redondas o un poco alargadas. Se comercializan en forma de pequeños manojos.

Buena calidad. Hojas muy verdes brillantes, tallos quebradizos.

Preelaboración y métodos básicos de cocinado. Retirada de tallos grandes, mantenimiento en agua fría cierto tiempo y sazonamiento posterior de la ensalada.

Habas

Identificación. Legumbres de vainas muy carnosas aterciopeladas, de muy bajo rendimiento; el grano puede resultar menos del 30 por 100 del peso total.

Buena calidad. Color verde intenso, vaina quebradiza fácilmente, sin manchas oscuras, semilla pequeña y acuosa.

Preelaboración y métodos básicos de cocinado. a) Desgranado, hervido y rehogado; b) desgranado y braseado; c) de vaina pequeña troceada íntegramente y rehogado.

Espárragos

Identificación. Brote perteneciente a la planta **esparraguera**. Es la más estacional de las hortalizas. Pueden ser:

a) **Blancos**, cultivados enterrados, comercializados en manojos. Se entenderá por espárrago esta clase si no hay otra identificación.

b) **De jardín**, cultivados sin cubrir, de menor grueso que los blancos.

c) **Trigueros**, silvestres, criados en terrenos cultivados de cereales, más delgados, duros y amargos que los blancos y de jardín.

Buena calidad

a) Más grueso diámetro, acuoso, quebradizo, color blanco (puede su color ser ligeramente marfileño), yema no perceptible, no arrugados, poca fibra.

b) Similares a los blancos a excepción de yemas que en este espárrago son más perceptibles.

c) Resultan quebradizos fácilmente hasta por lo menos siete u ocho centímetros desde la yema.

Preelaboración y métodos básicos de cocinado

a) Pelada su mitad más alejada de la yema y corte de tallo duro; cocción posterior en agua salada con zumo de limón, enmanojados previamente, bridados o envueltos en paño; enfriado posterior en su caldo.

b) 1.° Troceado en porciones de dos a tres centímetros hasta su parte no quebradiza; blanqueado o rehogado posterior.
2.° Si son gruesos, preparación similar a los espárragos blancos.

c) Troceado desde la yema hasta cuatro o cinco centímetros; lavado a fondo y hervidos o rehogados posteriormente.

Espinacas

Identificación. Planta comercializada, casi completa a excepción de parte de la raíz; grandes hojas verdes aprovechables y tallos no aprovechables. Requiere poco tiempo de cocción.

Buena calidad. Hojas grandes, color verde brillante, lozanas, sin manchas y menor proporción de tallo.

Preelaboración y métodos básicos de cocinado. Separación de tallos y posible raíz, lavado de hojas y blanqueado de tres a cinco minutos, refrescado, escurrido y estrujado para que resulten secas. Excepcionalmente pueden hacerse breseadas.

Zanahoria

Identificación. Es la parte raizosa de la planta, de color naranja. En algunos casos, presenta sus hojas en forma parecida al perejil. Desde antiguo se dispone de esta planta durante todo el año.

Buena calidad. Color anaranjado intenso, tersa, quiebra fácilmente, no posee manchas, en su centro no se aprecia tallo duro, acuosa.

Preelaboración y métodos básicos de cocinado. Pelado o raspado, despojado de hojas o de su «base», corte según posterior utilización, hervido seguido en casos de rehogado o glaseado, no debe ser refrescada al agua ni utilizarse mucha agua en su cocción.

Patatas nuevas

Identificación. Se refiere a las patatas de pequeño tamaño. Es el tubérculo primerizo de la producción de la patata; su color va del amarillento al rojizo. Son menos ricas en almidón.

Buena calidad. Limpias, brillantes, de pequeño tamaño, piel fina, no despellejadas.

Preelaboración y métodos básicos de cocinado. Raspado con pelador o frotado con sal, limpieza de huecos, lavado, torneado o cortado seguido de hervido, frito o rebozado, especialmente hervidas o risoladas (ligero hervor seguido de rehogado al horno). El empleo en purés no es indicado por resultar elástico.

Guisantes

Identificación. Pertenece al grupo de legumbres; aprovecha principalmente la semilla. En casos de ciertas variedades, se consume también la vaina. La semilla o guisante propiamente dicho es rico en almidón, por tanto buena para convertir en puré, desgranado por medidas locales o kilos.

Buena calidad. Se valora el pequeño tamaño de la semilla, su color verde intenso, la vaina sin manchas y quebradiza. El tamaño mayor puede indicar en algunos casos distinta variedad, no peor calidad.

Preelaboración y métodos básicos de cocinado. Desgranado previo, hervido o blanqueado y refrescado, rehogado después, se hace estofado. Mejora su sabor con la adición de algo de azúcar en algunas formas de su cocinado.

Remolacha

Identificación. Se refiere a la de mesa, de color morado, constituida por el bulbo como parte aprovechable y hojas y raíz no aprovechables.

Buena calidad. Fuerte color morado, piel tersa y acuosa, carencia de fibras internas.

Preelaboración y métodos básicos de cocinado. Lavado, posterior hervido con poca agua y en ciertos casos vinagre, enfriado en su caldo, pelado posterior y mantenimiento al frío, inmersas en caldo propio.

Alcachofas

Identificación. Están formadas por la flor de la planta del cardo alcachofero; su larga temporada comprende invierno y primavera; se oxida fácilmente al cortarla, por lo que su cocinado requiere siempre el empleo de zumo de limón como antioxidante; se compone de un largo tallo de cinco a seis centímetros y la alcachofa propiamente dicha tiene forma de piña, con hojas exteriores duras verdes; un cogollo de hojas blancas y en su centro un espacio cubierto de pelusa.

Buena calidad. Hojas apretadas sin manchas, quebradizas, de color verde claro, sin pinchos en los extremos; escasez de hojas exteriores duras y abundancia de blancas tiernas; pelusa central no apreciable; tallo no elástico y fácil de quebrarse.

Preelaboración y métodos básicos de cocinado. Comprende: corte de tallo y hojas externas duras, despuntado mayor o menor del resto de las hojas.

a) **Para fondos.** Retirada de pelusa central frotando con zumo de limón, cocción en caldo blanco de hortalizas, enfriado posterior dentro del caldo. El corte del tallo debe ser total para que el fondo de alcachofa se mantenga en pie.

b) **Para hacer en cuartos.** Se corta la alcachofa (ya sin hojas duras ni tallo) en cuatro partes, a lo largo; se despoja cada cuarto de su porción de pelusa; se cuecen en caldo blanco de hortalizas; se dejan enfriar en su caldo.

Endivias glaseadas y fondos de alcachofas.

26 HORTALIZAS II

HORTALIZAS DE VERANO

Se refiere a las hortalizas cuya mejor sazón y mayor producción se centran en esta estación. Constituyen este grupo de frutos de las plantas que, como más importantes, se citan a continuación: pepino, tomate, berenjena, pimiento, calabacín y, también, judías verdes.

Pepino

Identificación. Es un fruto muy acuoso, con grandes variaciones de tamaño; se considera relativamente indigesto y se utiliza exclusivamente en crudo.

Buena calidad. Tonalidad verde claro con poco amarillo, piel tersa, con pocas semillas, acuoso al rasparlo, compacto y duro al comprimirlo.

Preelaboración y métodos básicos de cocinado. Despojado de sus dos extremos o coronas, de mayor tamaño la más verde y amarga, pelado de piel, retirada de semillas si lo requiere, posterior corte en rodajas o medias lunas y sazonamiento en ensalada.

Tomate

Identificación. Es el fruto de la planta tomatera, de forma esférica, con grandes diferencias de aspecto y tamaño entre las distintas clases;

forma de globo y un conjunto interior compuesto por celdillas en las cuales se alojan la semilla y zumos. Pueden establecerse tres tipos:

a) Tomates grandes maduros.
b) Tomates grandes no maduros.
c) Tomates pequeños o de Canarias.

Buena calidad

a) Piel tersa y absolutamente roja, gran peso relativo, muy maduro, carente de manchas y señales de descomposición, gran contenido de zumo.

b) Menor peso relativo, menor contenido en zumo, piel tersa y de color rojo pálido o verdoso.

c) Tamaño y forma adecuada a su aplicación posterior, piel tersa y de color rojizo, poco maduros.

Preelaboración y métodos básicos de cocinado

a) 1.° Troceado para posterior elaboración en salsas. 2.° Escaldado y pelado, despojados de zumo y semillas; pulpa resultante cortada en cuadros de dos a tres centímetros para posterior elaboración en concassée.

b) 1.° Despojado de corona (lugar de unión a la planta), lavado y corte posterior en rodajas o en forma de gajos grandes (en ocasiones, el corte en rodajas va precedido de un pelado previo) con sazonado final para formar la ensalada. 2.° Despojado de corona, corte en dos mitades en forma de libro, sazonado y preparado para asar al horno y posterior empleo como guarnición.

c) 1.° Despojado de corona, posterior corte y vaciado para su rellenado en frío como entremés. 2.° Despojado de corona, tostado con hierro caliente, cocinado ligeramente al horno para guarnición de parrillas. 3.° Despojado de corona, escaldado y pelado para posterior cocinado al horno, para el empleo de guarnición de carnes y pescados.

Berenjena

Identificación. Es el fruto de esta planta, relativamente harinoso, de carnes blancas. Se distinguen dos clases:

1. Berenjena morada de forma alargada curva, más esférica en un extremo.
2. Piel jaspeada en blanco y violeta, forma ovalada, más grueso, típica de España y especialmente de Almagro (C. Real).

Buena calidad. Piel tersa brillante, sin manchas, fruto duro al tacto y no hueco, carencia de semillas y elasticidad.

Musaka (berenjenas)

Preelaboración y métodos básicos de cocinado

a) Despojado del pequeño tallo, corte en rodajas, «desangrado» posterior en algunos casos (con leche y sal), para escurrirlo y frito al final.

b) Despojado del pequeño tallo, corte en dados grandes para rehogado posterior.

c) Despojado del pequeño tallo, corte en dos a lo largo, posterior incisión por el borde interno, ligero frito posterior y vaciado para rellenado final.

Pimiento

Identificación. Fruto de la planta, compuesto de un tallo con final en el interior del fruto, cubierto de semillas y carne cubierta de piel. Sus formas son cónicas o, a veces, en forma de globo. Se distinguen: **rojos** (septiembre, octubre); **verdes** (primavera y verano); ñora, verde o rojo fruto redondo; **morrón**, verde rojo de forma cónica muy carnoso; **guindillas**, picantes, empleadas como sazonamiento. Existen muchas variedades.

Buena calidad. Común a rojos y verdes: piel brillante sin manchas ni arrugas, quebradizo, la tonalidad verde brillante o rojo intenso valora su calidad.

Preelaboración y métodos básicos de cocinado

a) Ligeramente frito o asado al horno, pelado y despojado de tallo y semillas para 1.°, rellenar; 2.°, cortar en tiras para guarnición.

b) Despojado de tallo y semillas y troceado o picado para ciertos pistos, arroces, etc.

Hortalizas: Tomates - Pimientos - Pepino

Calabacín

Identificación. Es el fruto de la planta, en forma casi cilíndrica, carne muy acuosa, piel color verde claro con un pequeñísimo tallo.

Buena calidad. Piel no arrugada, acuosa sin manchas, fruto duro no hueco, sin semillas.

Preelaboración y métodos básicos de cocinado. Requiere: despojado de pequeño tallo y piel, corte posterior en:

a) Rodajas de medio centímetro de grueso para rebozar y freir.

b) Torneado, blanqueado y rehogado; en dados grandes para su empleo en pistos, chanfainas, etc.; troceado en cilindros de cuatro a cinco centímetros; vaciado posterior para blanquear y rellenar.

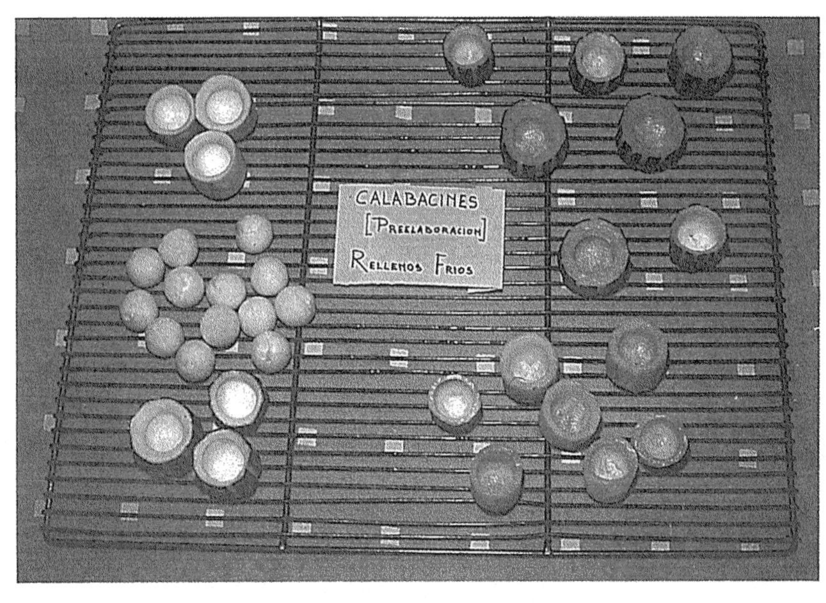

Fondo de calabacines.

Judías verdes

Identificación. Vaina de la semilla, color verde claro o más intenso, más o menos ancha según la clase; algunas especies son de color blanco. Recibe los nombres de vaina, frejón, bajoca, habichuelas, etc., según la región o clase.

Buena calidad. Carencia de hebras en los bordes, muy quebradiza, tonalidad brillante, carencia de grano, superficie sin manchas.

Preelaboración y métodos básicos de cocinado. Retirada de puntas y hebras si hiciera falta, troceado en dos o tres porciones, filetado en dos o tres porciones, según el ancho de la vaina; a) hervor en abundante agua hirviendo y muy salada, refrescado inmediato, rehogado posterior; b) cocción con poco agua y con patatas, para elaboración en forma de potaje casero.

HORTALIZAS DE OTOÑO

Se refiere a la estación de transición, en la que se dispone de los géneros tardíos del verano y los tempranos de invierno. No se considera por esto la estación de otoño.

HORTALIZAS DE INVIERNO

Son las que alcanzan su mayor producción, mejor sazón y precio, incluidas las que pudieran considerarse de otoño. Entre las de hojas, son importantes: acelgas, apio, escarola, cardo, endives, coles, incluida coliflor y coles de bruselas y otras, como: nabo, calabaza, champiñón, trufas, setas.

Acelgas

Identificación. Es la hoja íntegra de la planta, formada por «Penca» (tallo carnoso blanco, más o menos grueso, según la especie de la planta, la de verano de menor proporción); hoja grande carnosa verde brillante. Se produce durante todo el año.

Buena calidad. Pencas: color limpio, sin manchas; sin hebras en bordes y puntas; quebradizas. **Hojas**: verde brillante, sin manchas ni mordeduras; lozanas, no arrugadas o lacias.

Pencas. Desspojado de parte cercana a la raíz; retirada de hebras laterales; corte en porciones de tres a cinco centímetros; lavado en agua fría abundante; hervor y refrescado; terminación, rehogadas, fritas rebozadas.

Hojas. Despojado de partes deterioradas, si procede; corte en cuadros de cinco a ocho centímetros; lavado en agua fría; refrescado, escurrido intenso; rehogado final; en ciertos casos, formación de bolas con la servilleta, para posterior frito rebozado o rehogado.

Pencas y hojas. Despojado de hebras y partes duras cercanas a la raíz y partes de hojas deterioradas; corte en porciones de cinco a ocho centímetros; lavado; hervido:

a) Con patatas en forma de potaje;

b) En agua abundante e hirviendo; refrescado y escurrido posterior; rehogado en el momento de utilizar.

Apio

Identificación. Se distinguen dos tipos:

a) Planta completa de 20 a 40 centímetros de altura; hojas abundantes muy verdes; pencas duras muy verdes; utilizable sólo como condimento.

b) Planta de color blanco amarillento con porción de raíz; hojas escasas; pencas tiernas; puede considerarse como cogollos con algo de raíz. Recibe el nombre de **PIE DE APIO.** Se considera sólo éste.

Buena calidad. Hojas o pencas rígidas no fibrosas, tiernas, de color blanco, quebradizas, gran tamaño. Existen algunas especies de tonalidad verde claro.

Preelaboración y métodos básicos de cocinado. Requiere: despojado de primeras hojas exteriores, pelado de raíz, retirada de parte de la hoja:

a) corte en juliana: 1, para su aplicación en sopas; 2, para ensaladas con remojo previo; b) mata entera limpia blanqueada, breseado o estofado posterior, albardada o no.

Escarola

Identificación. Planta completa de hojas muy rizadas, sólo utilizable en ensaladas.

Buena calidad. Hojas y pencas de color blanco, sin manchas y quebradizas; cogollo compacto y apretado.

Preelaboración y métodos básicos de cocinado. Despojado de raíz, corte de hojas en porciones de cuatro a seis centímetros, remojado en agua fría y sazonado en el momento de utilizarse en ensalada.

Cardo

Identificación. Se distinguen dos tipos:

a) Planta sin raíz ni hojas constituida por un manojo de pencas de color verde claro y cogollo blanco.

b) Planta de cardo con gran cantidad de hojas y tallos pequeños de color verde ceniza, sólo utilizable para potajes. No se considera esta clase.

Buena calidad. Carencia de hojas exteriores, huecas y fibrosas; mayor porción de hojas blancas del cogollo; no huecas, carencia de pinchos; pencas quebradizas.

Preelaboración y métodos básicos de cocinado. Retirada de hojas huecas externas; retirada de hebras a cada una de las pencas; corte en porciones de 4 a 6 cm. (en otros casos, cada porción se divide en dos a lo largo); puesta inmediata en caldo blanco de hortalizas (harina, sal, zumo de limón, agua fría); cocción larga (hasta dos horas); enfriamiento en su mismo caldo; escurrido y posterior cocinado; rehogadas, en salsas, etc.

Endivias

Identificación. Planta de color amarillo pálido, despojada de hojas externas y raíz; muy tipificado su tamaño, punto de sazón, etc.

Buena calidad. Hojas apretadas y sin manchas, quebradizas, blanca en su base y de amarillo limpio en sus puntas.

Preelaboración y métodos básicos de cocinado. Retirar, si es necesario, alguna hoja exterior, cortar en cuartos a lo largo:

a) Refrescar en agua fría, escurrir y sazonar como ensalada.

b) Blanquear, refrescar, escurrir y brasear albardada o no, pudiendo hacerse con la planta sin partir.

Repollos (Coles)

Identificación. Se distinguen tres tipos de repollos: blanco, verde rizado y lombarda roja; todos con forma de globo, pero de uno a dos kilos, constituidos por un pequeño tronco sin raíz, al que van unidas las series de hojas superpuestas. Otras coles son: berza, coles de bruselas y coliflor, que estudiaremos posteriormente.

Buena calidad. Tallo pequeño y sin ramificar; hojas sin manchas y no retorcidas hacia afuera; conjunto duro y apretado, sin huecos interiores; color adecuado, verde blanco, verde amarillento o morado, según sean denominados: repollo blanco, verde rizado o morado.

Preelaboración y métodos básicos de cocinado. Retirada de tronco saliente y hojas externas duras; corte en cuatro partes a lo largo, siguiendo la línea del tronco; separación del cuarto del tronco de las hojas; corte en: a) juliana si es para sopa; b) en cuadro de 8 a 10 centímetros si es para hervido o breseado; en ocasiones, se hierve la hoja entera para rellenar o formar bolas; también se retira el tallo particular de las hojas duras, especialmente las externas, antes de cocinar.

El repollo blanco o verde requiere hervirlo en abundante agua salada, sin tapar el recipiente; posterior refrescado.

La lombarda requiere poca agua y no necesita refrescado.

Coliflor

Identificación. Flor de una clase de col, de cogollo blanco, compuesto a su vez de pequeños cogollos unidos al tronco general; blanco intenso a amarillo-verdoso, según su clase; hojas cubriendo el cogollo de mucho tallo; tronco corto y grueso.

Buena calidad. Cogollo de color limpio, apretado de forma, que no se vean ramificaciones ni huecos a simple vista; gran peso relativo de cogollo. Puede poseer mayor cantidad de hojas o llevar estas recortadas con mejor rendimiento.

Preelaboración y métodos básicos de cocinado. Despojado de hojas; corte:

a) En cuatro partes siguiendo la línea del tronco y en ocasiones despojado de la parte de tronco correspondiente.

b) Retirada total del tronco: corte en pequeños manojitos.

c) Hervido en abundante agua; refrescado posterior si procede. En forma de potaje se cuece con patatas.

Coles de bruselas

Identificación. En forma de pequeñísimos repollos de color verde amarillento. Es la más estacional del grupo de las coles. Su época empieza tarde y termina temprano.

Buena calidad. Debe formar una bola compacta de hojas muy apretadas; de color verde intenso y carencia de manchas, especialmente en las hojas exteriores.

Preelaboración y métodos básicos de cocinado. Retirada del pequeño tronco y primeras hojas, si la col no está perfectamente fresca; lavado posterior; hervido en agua abundante y salada; refrescado posterior; generalmente seguida de un rehogado.

Nabo

Identificación. Raíz de la planta de color blanco y en ocasiones ligeramente morado en la cercanía de las hojas; de forma esférica en algunos casos y casi cilíndrica en otros. Generalmente se presenta despojada de hojas; éstas pueden ser aprovechadas como «nabizas» para potajes y acompañamiento de alguna carne salada de cerdo.

Buena calidad. Tonalidad blanca, limpia; piel tersa sin arrugas y acuosa; al tacto resulta una masa compacta.

Preelaboración y métodos básicos de cocinado. Comprende: pelado, corte según aplicación en paisana o juliana o brunoise o torneado, hervido posterior y rehogado final.

Calabaza

Identificación. a) Fruto en forma de gran naranja aplastada por los polos, color también anaranjado con hueco central, semillas unidas a filamentos; b) Fruto de color verde jaspeado, forma oval, carnes blancas sin hueco central. No se estudia ésta por su aplicación en dulces.

Buena calidad. Superficie sin magullar, sin manchas, gran peso relativo, poco hueco central y por tanto abundante carne.

Preelaboración y métodos básicos de cocinado. Corte en forma de gajos grandes, despojado de semilla y fibras, retirada de corteza, troceado posterior para utilización en cremas.

Champiñón

Identificación. Hongo comestible de color blanco lechoso; ligeramente color hueso, según la clase; su tamaño varía entre tres y siete centímetros. Tiene como particularidad la facilidad de seguir creciendo fuera de la tierra, convirtiendo al champiñón bueno en malo, por lo que es conveniente blanquearlo antes de almacenarlo. Se compone de pequeña raíz, tallo y capuchón o caperuza.

Champiñón

Buena calidad. Tallo corto grueso formando un bloque con el capuchón o caperuza en forma de bola perfectamente cerrada. El crecido excesivamente posee largo tallo, cabeza en forma de paraguas abierto y alvéolos o celdillas visibles de color oscuro. Este resulta inutilizable para ciertos preparados, por resultar de feo color oscuro después de blanquearlo.

Preelaboración y métodos básicos de cocinado. Despojado de raíz; lavado en agua fría abundante, lavándolo bien; mantenimiento dentro de agua de limón, si hubiera espacio de horas entre su limpieza y cocinado; blanqueado posterior con pequeña porción de mantequilla, zumo de limón, sal, recociéndose en su propio jugo. El cocinado directo comprende: la misma limpieza, posterior corte en cuartos o filetes y salteado final.

Trufas

Identificación. Hongo subterráneo de color negro el de buena calidad, varía grandemente de tamaño y sus pequeñas bolas irregulares pueden llegar a pesar hasta 60 y 70 gramos, siendo el tamaño una de las causas de incidencia en el precio.

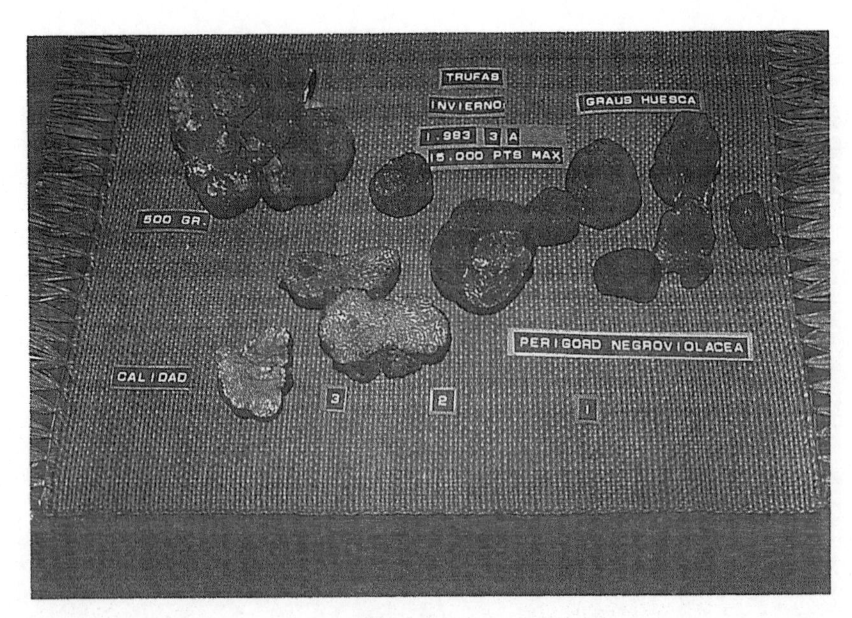

Trufas

Buena calidad. Presenta una masa dura al tacto; carente de huecos con aspecto de carcoma; lleva poco barro; color muy intenso.

27 ENSALADAS

Definición. Con el nombre de ensalada se conoce a los preparados consumidos fríos, sazonados con la mezcla de elementos grasos y ácidos (aceite, vinagre, nata, etc.).

Propiedades

a) En general, es un alimento refrescante, apropiado para horas y épocas de calor.

b) Alimento o plato rico en vitaminas y sales minerales íntegras y también por el sazonamiento de aceite crudo, nata, etc., en el que se utilizan hortalizas y frutas frescas.

c) Alimento rico en proteínas, que incluyen salazones y conservas de carnes y pescados.

d) El aporte calórico viene marcado por las grasas del sazonamiento, huevos, pescados y carnes.

Aplicaciones

a) Como entremés, especialmente las llamadas mixtas.

b) Como guarnición de carnes, indicadas especialmente las simples o de vegetales crudos.

c) Como plato final, especialmente indicadas las ensaladas de nombres internacionales.

Sazonamiento. Aun cuando existan otros de menor uso, los más importantes son:

a) Mahonesa aligerada.

b) Vinagreta.

c) Nata.

a) La mahonesa debe estar muy rebajada y líquida y fuertemente sazonada. Puede emplearse leche o nata para rebajarla; también emplear una salsa derivada de ella.

b) La vinagreta lleva tres partes de aceite, una de vinagre o zumo de limón en puesto de vinagre, sal, algo de azúcar y puede incluir mostazas. Este sazonamiento debe agitarse justo en el momento de emplearla.

c) Se compone de nata líquida, zumo de limón, sal, pimienta blanca molida. La mezcla debe ser hecha justo en el momento de ir a utilizarla.

Normas de elaboración. Se refiere a la elaboración en general de la ensalada, cualquiera que sea su clase. Se estudian dos vertientes: sabor y presentación.

Sabor. Para obtener la mejor calidad ha de tenerse en cuenta:

a) Los productos a emplear no deben ser anti-higiénicos.

b) Los ingredientes deben ir perfectamente despojados de materias duras.

c) Las hortalizas crudas deben refrescarse previamente para que recuperen su tersura, especialmente las de hojas.

d) La temperatura ha de ser fresca, por lo que se mantendrá el recipiente en el frigorífico.

e) El recipiente empleado debe ser de material inalterable.

f) El sazonamiento debe hacerse justo en el momento de servir la ensalada.

Presentación:

a) El tamaño y forma de los distintos ingredientes deben guardar proporción.

b) La situación en la ensalada de cada ingrediente será armónica.

c) No incluir géneros que pueden desteñir o deteriorar a otros (remolacha, guindas, etc.), y si han de ponerse, será justo en el momento de ir a servirse.

d) El sazonamiento nunca cubrirá totalmente la ensalada, especialmente antes de su presentación.

Clases. Según características se agrupan para su estudio en:

a) Simples.

b) Compuestas españolas.

c) Compuestas internacionales.

En este estudio se incluye: composición y tipo de sazonamiento.

ENSALADAS SIMPLES

Pueden ser: de hortalizas crudas y de hortalizas cocinadas.

Hortalizas crudas: De hojas y de frutos.

De hojas. Nombradas por orden de importancia son: lechuga, escarola, endivia, berros, apio, cogollo de repollo; menos conocidas son las acederas. Su preelaboración obliga a su mantenimiento en agua fría durante cierto tiempo, después de eliminar las partes duras o deterioradas. En ocasiones, por consejo sanitario, pueden ser lavadas en agua de lejía a una solución determinada. El sazonamiento será siempre de vinagreta y, en ciertos casos, sustituyendo el vinagre por limón.

De frutos. Por orden de importancia, son: tomate, pepino. Su preelaboración obliga:

a) Despojado al tomate de su pequeña corona o pelado previo.

b) Retirada de los extremos del pepino, especialmente de la parte verde; pelado y en algunos casos retirada de las semillas centrales.

Hortalizas cocinadas. Se refiere a las que han sido sometidas al proceso del calor y enfriado posterior. Por orden de importancia son: patatas, remolachas, alcachofas, zanahorias, judías verdes y puerros. Su elaboración incluye:

a) Pelado (anterior o posterior a la cocción), troceado y sazonado.

b) Su sazonado suele ser con vinagreta o mahonesa.

COMPUESTAS ESPAÑOLAS

Las denominaciones más comunes son: Verde, Mixta, Campera.

Verde. Compuesta de hortalizas crudas y hortalizas cocinadas con sazonamiento de vinagreta. Como ejemplo de composición: alcachofas, lechugas, judías verdes, berros, etc.

Mixta. Su composición incluye vegetales crudos, vegetales cocinados, huevo duro, conservas de pescado, sazonamiento de vinagreta. Como ejemplo de composición: lechuga, tomate, cebolla, espárragos, patatas, anchoas en aceite, huevo duro, judías verdes, etc.

Campera. Su composición y sazonamiento es similar a la mixta, con la inclusión de aceitunas, bonito es escabeche y cebolletas o cebollas frescas.

COMPUESTAS INTERNACIONALES

Se refiere a las de renombre internacional y composición y sazonamiento obligado, puesto que tienen nombre propio y géneros tan diferentes como frutos secos, frutas frescas y conservas, hortalizas crudas y cocinadas, conservas de pescados, etc. Se incluyen: Nicoise, Waldorf, Mimosa, con su elaboración como ejemplo de las demás.

Niçoise

Ingredientes para seis personas

Judías verdes hervidas en tiras........................... 250 gramos
Tomate en cuartos o gajos grandes..................... 500 gramos

Patatas cocidas en rodajas............................... 500 gramos
Anchoas en aceite... 12 piezas
Aceitunas negras.. 100 gramos

Salsa vinagreta como sazonamiento.

Elaboración. Situar, en la ensaladera, por grupos, judías verdes, tomate y patatas; repartir aceitunas y anchoas por la superficie; conservar al fresco la ensaladera; en el momento de servir, se reparte la salsa por la superficie.

Ensaladas internacionales

Waldorf

Ingredientes para seis personas

Manzanas (reineta mejor)................................. 1 kilo
Nueces peladas y en cuartos............................ 150 gramos
Apio blanco.. 150 gramos

Salsa de nata o mahonesa aligerada como sazonamiento.

Elaboración. Colocar ordenadamente la manzana cortada en juliana gruesa (cuatro centímetros de longitud) en una ensaladera; rociarla de zumo de limón; cortar con juliana gruesa las nueces y el apio, sin hebras; remojar el apio en agua fría y escurrirlo; poner en la ensaladera nueces y apio. Mantener la ensalada en frigorífico hasta el momento de servirla recién sazonada.

Mimosa

Ingredientes para seis personas.

Lechugas grandes... 2 piezas
Gajos de naranja pelados................................ 250 gramos
Uvas peladas y sin semillas............................. 100 gramos
Plátanos no maduros....................................... 2 piezas
Huevo duro picado finamente........................... 1 pieza

Salsa de sazonamiento.

Ensalada Waldorf

Elaboración. La lechuga, despojada de toda hoja verde y de la raíz, se corta a lo largo en cuatro porciones y se remoja en agua fría por espacio de media hora y bien escurrida se distribuye en la ensaladera; los gajos de naranja se reparten en la ensaladera cubriendo los huecos de la lechuga; los plátanos pelados, cortados en rodajas y sazonados con zumo de limón se sitúan en la ensaladera; en el centro de la misma se ponen las uvas y hasta el momento de emplearla se introduce la ensaladera en el frigorífico. Se reparte la salsa por encima en el momento de servir la ensalada y, finalmente, se espolvorea con el huevo duro picado.

28 LEGUMBRES SECAS

Se refiere a las semillas criadas en vainas, aptas para la alimentación humana, desecadas por medios naturales para evitar su germinación.

Calidad. Viene marcada por: facilidad de cocción, mayor tamaño, hollejo poco grueso, integridad (grano no roto) e igualdad de clase y tamaño. En esta calidad inciden: **procedencia** (indicativa de determinada clase de grano, clima y terreno de cultivo), grado de desecación (más tiernas las pertenecientes a la cosecha última). España posee la más variada gama de legumbres de la más alta calidad.

Propiedades. El elemento principal de su composición lo constituye los hidratos de carbono, que permiten fácilmente la conversión en purés y harinas.

Forma de cocinar las legumbres

Compra y conservación. Por ser alimento no perecedero, su adquisición debe ser hecha al principio de temporada (septiembre, octubre), mejor en el lugar de su procedencia, para evitar la posibilidad de compra de legumbres de otra campaña. En su conservación debe evitarse la desecación excesiva que endurece la legumbre; por ello, se almacena en sacos o en montón en lugar fresco y seco.

Clases. Las principales producidas en España son: **alubias, garbanzos y lentejas.** El **arroz**, que es cereal, y la patata, que tampoco es legumbre, se incluyen al final de esta lección.

Preelaboración y cocinado. Se refiere a las operaciones necesarias para el perfecto cocinado de las legumbres. Comprende cuatro partes: limpieza, remojo, cocción (variando en ciertos casos este proceso, según la clase de legumbre) y adición de elementos grasos apropiados.

Limpieza. La separación de las partículas de tierra, paja, semillas o granos deteriorados ha de hacerse escrupulosamente.

Remojo. A continuación se procede a la inmersión de la legumbre en agua para que recupere el agua perdida. Esta operación debe reunir las siguientes condiciones: temperatura adecuada, cantidad cuatro veces mayor de agua que de legumbre, llegada de la humedad a todas partes, removiendo para ello dos o tres veces, la legumbre en remojo, tiempo de permanencia en remojo adecuado aproximadamente al tiempo de recolección (más tiempo de permanencia cuanto más tiempo lleve recolectada). El tiempo de remojo no sobrepasará las veinticuatro horas, ya que pasado este tiempo, el peligro de germinación es grande.

Cocción. Como norma general, la cocción requiere temperatura adecuada del agua en el momento de juntar con la legumbre, cantidad de agua apropiada a la clase de legumbre o plato al que se destine, hervor continuado y no fuerte para evitar «encallamiento» y «despellejamiento» de la legumbre; densidad del líquido adecuada con espesamiento exclusivamente, al estar lograda la cocción de la legumbre, y sazonamiento de sal al final o al principio, según su clase.

Adición de elementos grasos. Los complementos casi obligados en cocinados son: grasas o elementos grasos (tocino, chorizo, aceite), condimentos frescos y secos (cebolla, ajo, tomate, pimentón, laurel), elementos proteicos (carnes, principalmente de cerdo). Esto consigue realzar el sabor y valor nutritivo de las legumbres.

ALUBIAS

Son las semillas de diversas legumbres pertenecientes al género PHASEOLUS, que reciben otros nombres, como: judías, fréjoles, fabas, caparrones, monchetas, según la región.

Clases. Existen cerca de 150 especies, algunas con grandes diferencias entre sí en color, tamaño y forma. Cuatro tipos muy diferentes son: judiones de **La Granja**, blancas y de mayor tamaño que cualquier otra, ligeramente aplastadas y redondeadas, cultivadas principalmente en La Granja de San Idefonso (Segovia); de **Tolosa**, de color rojo muy intenso, pequeño tamaño y algo redondeada; **Fabes**, blancas, de tamaño grande, alargadas, procedentes de Asturias, donde tienen fama las de la **Granja** o **Del Cura; del Barco,** procedentes de Barco de Avila, son redondeadas, de tamaño medio, blancas; **pintas**, de color marrón, veteada en blanco, de grano redondo, generalmente con hollejo apreciable; **caretas**, la más pequeñas de tamaño, hollejo muy duro.

Alubias

Preelaboración y cocinado. Se compone de remojo y cocción.

Remojo. Comprende: limpieza y remojo en agua fría abundante.

Cocción. Puestas a cocer en agua fría hasta que las cubra. De añadir agua durante la cocción, ésta deberá ser fría. La cocción de estas legumbres requiere ser muy lenta, ya que se deterioran si va deprisa.

Platos importantes. En la cocina española existen gran número de platos basados en las alubias: con chorizo, alubias con oreja, fabada, monchetas con butifarra, alubias a la Bretona. La cocina francesa emplea como guarnición la llamada a la Bretona (alubias blancas escurridas y rehogadas con ajo, mantequilla y pulpa de tomate, perejil y en algunos casos, dados de jamón).

GARBANZOS

Se deben a la semilla globoidal de color amarillento que se cultiva sobre rastrojos de trigo o cebada, por lo que su producción va unida a estos cereales.

Clases. El tamaño presenta grandes variaciones. Casi siempre, el mayor tamaño indica hollejo más grueso. Goza de fama el garbanzo del centro

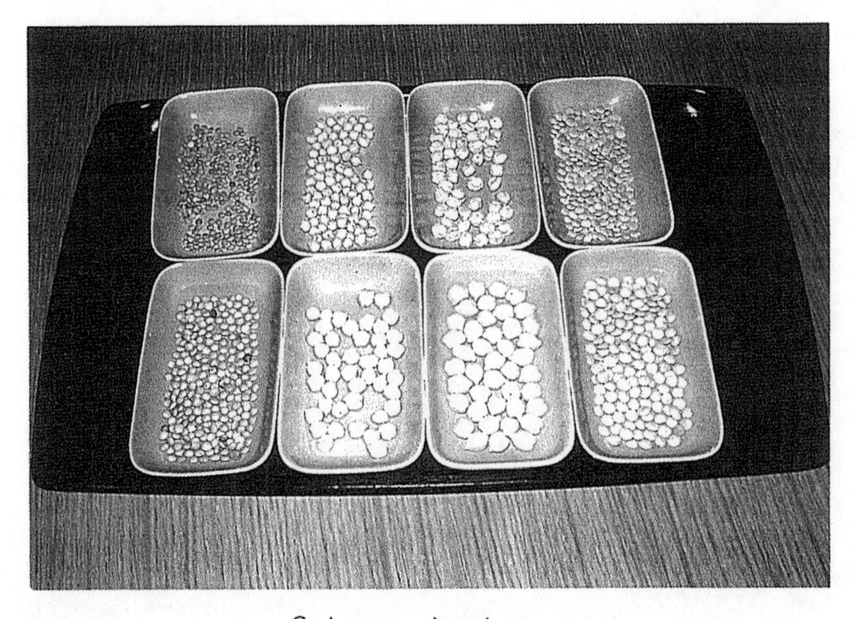

Garbanzos y lentejas

de España, especialmente el de Fuentesaúco, en Zamora, gruesos y suaves, con poco hollejo, también los de Méntrida, en Toledo.

Preelaboración y cocinado. Se compone de remojo y cocción.

Remojo. Comprende: limpieza, remojo en abundante agua templada (40 a 45 grados centígrados) con sal abundante).

Cocción. El agua debe estar muy caliente o hirviendo y con sal cuando se pongan los garbanzos lavados y escurridos. La cocción se hará con recipiente tapado a fuego casi fuerte. Se incluye en el principio de cocción elementos aromáticos, como laurel, y en otros casos cebolla claveteada, puerro entero, zanahoria entera. El tiempo puede oscilar entre una y dos horas; si se añade agua deberá estar hirviendo o muy caliente.

Platos combinados. Potaje de vigilia, cocido a la madrileña, escudella a la catalana, garbanzos al estilo de Mahón, garbanzos a la andaluza, crema castellana. En general, la mayor parte de los cocidos, llamados también pucheros u ollas, incluyen garbanzos. Las antiguas escudillas españolas estaban basadas en los clásicos pucheros u ollas, que incluirán, además de los garbanzos, hortalizas y carnes de diversas clases.

LENTEJAS

Es la legumbre en forma de platillo o lente que, como el garbanzo, se cultiva en rastrojos de trigo o cebada, por lo que tiene como principales provincias de producción las de Castilla la Vieja.

Clases. La mejor viene marcada por el tamaño grande, procedente en parte de León y Castilla la Vieja. La llamada **francesa** es de pequeño tamaño, apta para hacer cremas. La **algarroba,** propia de Aragón, es de muy baja calidad y más empleada en la alimentación del ganado. El **lentejón** se distingue por su gràn tamaño.

Preelaboración y cocinado. Se compone de remojo y cocción.

Remojo. Comprende: limpieza previa, remojo en abundante agua fría (el tiempo estará determinado por la fecha de recolección).

Cocción. Lavado y escurrido previo y puesta a hervir con agua fría, con algunos elementos de condimentación como: puerro, cebolla, ajos. En caso de productos cárnicos, que requieren cocción prolongada (codillo de jamón, etc.), el tiempo puede ser de media a dos horas; el hervor será suave y continuado; el recipiente y cualquier utensilio utilizado en su cocción serán de material inalterable, ya que las lentejas, al contacto con el hierro o material que lo contenga, se oxidan, tomando un feo color oscuro. La porcelana (sin desportillar), acero inoxidable, cobre o hierro estañado (en perfecto estado el estañado), también cristal, madera, plástico, barro vidriado, son materiales adecuados.

Platos importantes. La cocina española da diversos nombres al potaje de lentejas, basados principalmente en la clase de guarnición que llevèn; veamos los nombre corrientes: lentejas con morcilla, lentejas con chorizo, lentejas con oreja, lentejas con arroz, lentejas con patatas. La cocina internacional emplea las lentejas principalmente en cremas, que reciben el nombre propio de **Esaü** (de lenteja y arroz), **Chantilly** (de lentejas con nata y guarnición de quenefas de ave), **Conti** (de lentejas guarnecidas de dados de tocino frito y perifollo picado). Las lentejas a la **Lionesa** se cocinan con abundante cebolla fileteada, ablandada en mantequilla.

ARROZ

Es el cereal cultivado en temperaturas no extremas, sobre agua que le llegue hasta diez centímetros.

Importancia. Con el trigo, es el cereal más importante de terreno cultivado y por la cantidad de seres humanos que basan su alimentación en éste cereal. Llegó a España traído por musulmanes a las regiones levantinas y a las del sur andaluzas, y, posteriormente, de América, donde lo consumían en estado salvaje los aborígenes. Su origen puede establecerse por eso en Asia y América. España está entre los países más importantes de producción en Europa, principalmente en las provincias levantinas de Valencia y Murcia; también la baja Andalucía y Extremadura.

Características. El pequeño tamaño del grano, su carencia de hollejo y su alto contenido en almidón, hacen fácil su cocción (quince o veinte minutos) sin remojo previo.

Cualidades. Tiene sabor suave, que facilita su compaginación con todo tipo de sabores ajenos; riqueza de almidón, que le permite convertirse en féculas, tapiocas y purés; bajo precio, fácil conservación.

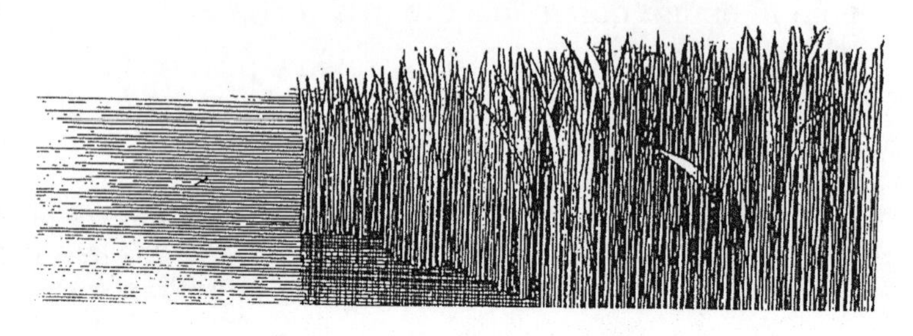

Clases y variedades de arroz

Clases. Existen doscientas variedades, aunque las más importantes son: **ordinario, glutinoso, del Japón, sin aristas** y **de Monte**. La **calidad** lleva aparejada un grano grande y entero generalmente y una característica de resistencia mayor a la cocción, ya que necesita veinte minutos o más de hervor para estar a punto; esta cualidad la reúne, entre otros, el **Calasparra** (nombre de procedencia u origen que designa al arroz cosechado en la región de Calasparra (Murcia)). El **Bomba** es otra marca acreditada de la región valenciana. El usado en parte de la India y Norteamérica es alargado, de gran tamaño y gran resistencia a la cocción.

Tratamiento general. Limpieza previa, con eliminación de pequeñas partículas y granos rotos (los nuevos métodos de preparación industrial del arroz pueden hacer innecesaria esta operación de selección); **cocción en líquido hirviendo** o casi hirviendo; **permanencia de hervor de quince a veinte minutos,** según clase de grano y densidad o composición del líquido.

Arroces secos. Son los que tienen la característica de no presentar caldo al finalizar su cocción. Se distinguen tres tipos: **Pilaw, Rizottos** y **Paellas.**

Pilaw. Este arroz, de origen turco, tiene una elaboración característica, con empleo de recipientes especiales que permiten cocerlo con muy poca agua. La cocina internacional lo elabora rehogando en mantequilla, sin dorar la cebolla, añadiendo el arroz y revolviéndolo para que resulte ligeramente engrasado. Se añade después el caldo hirviendo, sazonado y poniendo el ramillete guarnecido, y se deja cocer por espacio de dieciocho a veinte minutos. Puede añadirse al final algo de mantequilla al revolverlo, cuando no es para uso inmediato. El mejor resultado se obtiene observando las siguientes normas:

a) Empleo de arroz resistente.

b) Arroz muy caliente y calvo hirviendo en el momento de ser unidos.

c) Revolver solamente al principio de la cocción una o dos veces.

d) La intensidad del fuego será mayor al principio de la cocción.

e) El final de la cocción debe ser hecho en el horno; si el arroz se hace en cacerola, sobre en fuego abierto, debe vigilarse la evaporación producida durante la cocción, manteniéndola tapada o destapada, según convenga. Debe resultar el grano seco, suelto y blanco.

f) Dosificación correcta del líquido: el doble que de arroz para granos resistentes o duros y cocidos al horno.

Composición básica. Cebolla ablandada en mantequilla, arroz, caldo blanco, ramillete guarnecido.

Variaciones en su composición. Sustituir mantequilla y cebolla por aceite, tocino y ajo; agua por caldo.

Aplicaciones. Guarnición de huevos, pastas italianas, carnes, etc., como relleno de ciertos platos. Como base para segundos platos de mediodía.

Rizottos. Basados en el Pilau, estos arroces de origen italiano incluyen guarniciones de tomate, champiñones, trufa blanca, etc., y casi siempre queso rallado. Se sirven generalmente como segundo plato.

Paella. Puede definirse como el plato de arroz seco, azafranado, confeccionado en el utensilio llamado paella (sartén en valenciano), que por extensión es llamado paellera, con la cual se sirve en el comedor. De origen levantino, especialmente valenciano, incluye muchos tipos de guarniciones, principalmente hortalizas, carnes tiernas, mariscos y pescados duros. Aunque deba ser servida en paellera, en ciertos tipos de establecimientos se sirve en fuente. El arroz a emplear debe ser el más resistente.

Clases. Pueden dividirse, según el elemento principal de su guarnición, en paella de carne, de productos del mar, mixtas o con productos de mar y carnes. La elaboración puede hacerse de diferentes formas, basándose siempre en las normas dadas para el arroz Pilaw y el resultado será grano entero, suelto y amarillento.

PATATAS

Se incluye en esta lección de «Legumbres secas» por ser un género que se consume conservado por una mala parcial deshidratación.

Referencia. Se refiere a uno de los alimentos más importantes del mundo, que siendo originario de América del Sur, y, por tanto, conocido por España en primer lugar, fue vulgarizado por el agrónomo francés Parmentier, Su importancia estriba en la facilidad de cultivo en los más diversos climas y terrenos y la abundancia que producen sus dos posibles cosechas; con el trigo y el arroz, constituye uno de los pilares de nuestra alimentación.

Composición. En el aspecto físico presenta una piel que va del color amarillo al marrón, más o menos rojizo según la clase, mas gruesa y arrugada cuanto más tiempo lleve la patata recolectada y una parte carnosa con gran contenido en agua, mayor cuanto más recién recolectada esté.

En el aspecto nutritivo, contiene especialmente hidratos de carbono en forma de almidón y fécula y algunas vitaminas.

Características de sabor. El sabor de la patata puede considerarse como «neutro»; esto hace posible su combinación con toda clase de sabores: carnes, pescados, condimentos, especias, etc. El sabor dependerá de la calidad, clase y cultivo. Existe una marcada diferencia entre la patata nueva con mayor contenido en agua y la conservada o de año «más harinosa».

Calidad. Viene marcada por dos consideraciones:

a) Forma de presentación en el mercado; se refiere al aspecto que tendrán la patata en el momento de ser adquirida y que debe ser seca, sin tierra ni barro, sin retoñar.

b) Clase y tipo de patata. Los tipos de patata pueden ser diferentes según la época o si son de regadío o secano; el nombre propio indicará también calidad.

Clases

a) Atendiendo al color de la piel pueden distinguirse: blanca, amarilla y roja.

b) De acuerdo con la época de su recolección pueden ser:
Extratemprana.— Blancas de piel muy fina; aspecto translúcido y cerúleo; resistentes a la cocción; poco indicadas para purés; con lugares de producción en Tenerife, Málaga y Granada, especialmente.
Tempranas.— Blancas o amarillas; de aspecto translúcido; piel muy fina; resistentes a la cocción; poco apropiadas para purés; con lugares de producción en Valencia, Tarragona, Barcelona y Baleares, especialmente.
De media estación.— Amarillas o rojas; piel más gruesa; de mayor calidad; aplicables para todos los métodos de cocinado; con lugares de producción en la Cornisa Cantábrica, de Vascongadas a Galicia.
Tardía.— Amarillas o rojas; de piel gruesa; de peor calidad generalmente; con localización de lugar de producción importante en León, Burgos y Lugo.

c) Según los nombres propios de algunas variedades de patatas destacan:
La Duquesa.— De color amarillo, tanto la piel como la carne; de media estación; de alta calidad.

Arran Banner.— De aspecto muy redondo y gran tamaño; es de calidad media; de piel y carne blanca.
Gineke.— De origen holandés y, por tanto, de piel roja y carne amarilla; es de media estación o tardía.
Knnebec.— Piel amarilla y carne blanca; de gran tamaño; muy buena para freir.

Conservación. La adquisición de patatas en grandes cantidades presenta el problema de su conservación. En general debe atenerse a las siguientes características:

a) Amontonamiento no excesivo;

b) Grado de humedad medio en el local;

c) Poca iluminación y a cubierto de la luz solar; preferible que el almacenaje se haga en envases de madera.

El cambio de posición de las patatas favorece su conservación. Las mejores condiciones es ponerlas en cajas o cestas enrejilladas con posibilidades de encaje entre los envases.

Preelaboración. Se refiere a las operaciones de limpieza de la patata antes de cocinarla. En cualquier caso comprende: pelado, lavado y conservación dentro del agua fría.

Pelado.— La operación de retirar la piel puede hacerse de cuatro formas principales:

a) Por frotación de la patata (muy nueva, temprana y recién recolectada) con sal.

b) Por frotación de la patata con la superficie interna granulada de la peladora.

c) Por pelado manual con puntilla.

d) Por pelado manual con pelador de legumbres.

a) Da buen resultado, pero de imposible aplicación con patatas que no reúnan las condiciones requeridas; origina poca pérdida de peso.

b) Origina una gran pérdida de peso si el pelado quiere hacerse perfecto. También causa una elevación de temperatura que facilita la posible fermentación posterior de la patata. Sólo resulta práctico en lugares donde haya grandes volúmenes de patatas para pelar.

c) La pérdida de peso es su principal inconveniente.

d) No origina gran pérdida de peso y puede considerarse como el mejor sistema de pelado de la patata.

El lavado.— Debe hacerse en el momento justo de pelar la patata y en agua fría. El agua en que se debe mantener posteriormente deberá estar perfectamente limpia.

La conservación.— La conservación en agua fría evita la oxidación y ennegrecimiento; este agua debe permanecer fresca; de lo contrario, en el trancurso de unas horas se produce una ligera fermentación con aparición de espuma que deteriora la patata y hace necesario un nuevo pelado.

Cocinado de la patata

Métodos de cocinado. Se refiere a la posibilidad que la patata tiene de ser cocinada en cualquiera de las formas. Las más usuales son: fritas, risoladas, hervidas, salteadas y asadas.

Fritas.— Se refiere a las que peladas y cortadas se cocinan sometiéndolas a la acción de gran cantidad de grasa muy caliente; reciben diversos nombres según su forma y se emplean como guarnición.

Risoladas.— Peladas y troceadas, blanqueadas y cocinadas con pequeña cantidad de grasa; empleadas también como guarnición.

Hervidas.— Son las sometidas a la acción del agua o caldo a temperaturas de 100 grados C hasta que resulten tiernas. Dentro de este método deben distinguirse: a) hervidas con piel; b) para potajes; c) en purés.

a) Comprende las operaciones de lavado previo; inmersión en agua caliente con sal y cocción posterior de 20 minutos a media hora; retirada inmediata del agua; enfriamiento natural; pelado y troceado según aplicación posterior: ensaladas, ensaladillas, etc. Deben utilizarse patatas pequeñas o medianas.

b) Se refiere a aquellos guisos de patata típicos de la cocina española: patatas con bacalao; patatas en salsa verde; purrusalda, etc. Comprenden: pelado, lavado y troceado de la patata y hervido posterior dentro de su caldo. En ocasiones da lugar a cremas estudiadas en el capítulo de potajes.

c) En purés. Se estudian los purés secos en la lección primera del volumen de este curso «Guarniciones».

Salteadas.— Hervidas con piel, peladas y doradas posteriormente con algo de grasa, se utilizan como guarnición.

Asadas.— Se refiere a aquéllas que envueltas o no en papel fuerte o de estaño son sometidas a la acción del calor dentro del horno. Son de uso poco corriente y su aplicación principal es la conversión posterior en puré seco.

Aplicaciones generales. Se utiliza principalmente en dos formas:

a) Como primero o segundo plato de almuerzo y en casos para la comida, transformadas en potajes y cremas, principalmente.

b) Como aplicación principal se utiliza como guarnición acompañando platos de carnes, pescados, huevos, hortalizas, etc., pudiendo decirse que es la guarnición más utilizada, dando a los alimentos proteícos (carnes, pescados, huevos) o ricos en vitaminas (hortalizas), los hidratos de carbono de los que carecen.

29 POTAJES, SOPAS, CONSOMES Y CREMAS

Se refiere esta lección a la serie de platos caldosos, que requieren el servicio de cuchara. La denominación española de potaje es mucho más estricta.

Clases. Según sus características principales se dividen en:

A) Potajes propiamente dichos.
B) Sopas.
C) Consomés.
D) Cremas.

A) POTAJES PROPIAMENTE DICHOS

Definición. Puede definirse, según la cocina española, como el plato compuesto de hortalizas frescas y secas, con guarnición de elementos proteicos (embutidos, salazones de carnes y pescados, etc.).

Propiedades. En general, son platos apropiados para las épocas frías, de gran valor nutritivo. Según sus características, unos son de más difícil digestión (casos de la fabada) y otros, por el contrario, son de fácil digestión y aptos para toda clase de comensales (caso de la Petite Marmite).

Aplicaciones. De acuerdo con estas características, el potaje constituye un segundo plato de almuerzo, como la fabada; en otros, es un primero o segundo plato de almuerzo o comida, caso de la Pequeña Marmita; incluso constituye un menú completo, caso del cocido a la Madrileña.

Clases. Entre los españoles tenemos: potaje de Vigilia, cocido a la Madrileña, fabada Asturiana, pote Gallego. De la cocina internacional: Minestrone y Pequeña Marmita.

Potaje de vigilia

Composición. Incluye espinacas, garbanzos y bacalao como elementos básicos. Para su condimentación puede llevar:

a) Sofrito hecho de aceite, cebolla, ajo, pimentón y tomate.

b) «Majao» de pan frito, yemas de huevo duro, ajos fritos y azafrán.

Las espinacas pueden ser sustituidas por hortalizas similares, especialmente acelgas.

Elaboración. Comprende:

1.° Remojo previo de garbanzos.

2.° Cocción de garbanzos en agua caliente o hirviendo.

3.° Añadido de bacalao (desalado y desmenuzado).

4.° Añadido de espinacas.

5.° Incorporación del sofrito.

6.° Servicio en legumbrera.

Los puntos claves de esta elaboración son:

a) Remojo de garbanzos a temperatura adecuada (cuarenta y cinco grados centígrados aproximadamente).

b) Al poner a cocer, el agua estará muy caliente y el hervor no debe ser interrumpido.

c) El bacalao deberá estar desalado; caso de estar poco desalado, el agua del potaje no deberá llevar en principio nada de sal.

d) El tiempo de cocción de la espinaca será el justo para que no pierda su color verde.

e) Debe cocer el potaje con el sofrito cinco minutos; la incorporación del sofrito será al final.

Aplicaciones. Como segundo plato de almuerzo, clásico en menús de cuaresma.

El típico cocido español

Cocido a la Madrileña

Es el plato nacional por excelencia, aunque en algunas regiones varíe algo en su composición; tal es el caso de la Escudella Catalana, cocido Andaluz, etc.

Composición. Obligadamente incluye: garbanzos, hortalizas de hojas, patatas, carne de vaca, salazón de cerdo (tocino, codillo), pasta para sopa (fideos). Puede incluir embutidos (chorizo, morcilla), gallina, jamón, relleno o pelota, tomate concassée.

Elaboración. Comprende:

1.° Cocer las carnes duras (vaca, gallina, codillo) en abundante agua y una hora y media antes de que estén cocidas añadir los garbanzos, remojados previamente, y el resto de productos cárnicos.

2.° Cocer hora y media aproximadamente hasta ver los garbanzos cocidos, cuidando de sacar las carnes más tiernas según vayan estando a punto.

3.° Cocer aparte las hortalizas (patatas y verdura); ya tiernas, escurrir y añadir sofrito de aceite y ajo.

4.° Colar el caldo de los garbanzos y cocer en él la pasta de sopa.

5.° Servir en sopera la sopa de pasta; en fuente, poner en grupos garbanzos, verdura, patatas y carnes.

Puntos importantes de la elaboración son:

a) Selección de garbanzos, que han de ser de gran calidad (tiernos con poco hollejo).

b) El remojo debe ser muy cuidado y puede llevar incluido las salazones de cerdo; la temperatura del agua no sobrepasará los cuarenta o cuarenta y cinco grados centígrados y el tiempo de permanencia será de doce horas mínimo.

c) El cálculo del tiempo que ha de cocer la carne dura debe ser el correcto para que coincida su punto con los garbanzos, aunque puede ser retirada antes para evitar que se pase.

d) El hervor del garbanzo debe ser continuado y no demasiado fuerte.

e) La vigilancia del punto de los ingredientes que cuecen juntos debe ser extrema.

f) La calidad de los ingredientes influye de forma decisiva en el resultado final.

g) Tanto la sopa como el resto deben servirse bien calientes. Los ingredientes sólidos deben mantenerse con caldo para evitar que se sequen.

Aplicaciones. Como menú completo de almuerzo; en muchos casos, con entremés anterior.

Fabada Asturiana

Es el más importante plato fuerte, a base de alubias blancas, no sólo de la cocina Asturiana sino de la Española. También existen platos similares con variaciones en cuanto a la clase de ingredientes.

Composición. Alubias blancas llamadas «fabes», entre las que tienen fama regional las llamadas «Del Cura» y de la «Granja» (estas no deben ser confundidas con las de La Granja de San Idefonso), alargadas y de gran tamaño, morcilla asturiana que da carácter de sabor al plato, chorizo asturiano y salazones de carnes que comprenden: tocino de panceta, lacón y otros, como oreja, rabo, codillo, costillas, etc. Entre las variaciones está el empleo de alguna verdura o patatas y el sazonamiento que a veces incluye: laurel, azafrán, cebolla, ajo y otros.

Elaboración. Incluye:

1.° Remojo de alubias y «compagos» (salazones y otras guarniciones de carnes).

2.° Cocción de todo a fuego suave con poco agua, retirando productos según vayan estando cocinados.

3.° Troceado de carnes e inclusión de nuevo con las alubias, con presentación final en cazuela de barro o similar.

Puntos claves de su elaboración pueden ser:

a) Empleo de «fabes» y verduras de buena calidad.

b) Buena calidad de la morcilla.

c) Cocción suave a fuego muy lento.

d) Presentación final sin grasa flotante.

Aplicaciones

a) Como segundo plato de almuerzo en un menú de diario.

b) Plato único de almuerzo.

Pote Gallego

Es el plato utilizado en Galicia y regiones afines, que en días de diario se sirve sin guarnición de carnes, recibiendo el nombre de Caldo Gallego. En ocasiones se hace un plato extraordinariamente sustancioso, cuya segunda parte es un conjunto de las carnes empleadas; a este último se refiere el estudio.

Composición. Patatas, alubias, grelos o nabizas o berzas, chorizo gallego, lacón, tocino vetado, unto (manteca de cerdo enranciada). En el clásico de los carnavales se incluye cachota (cabeza de cerdo salada), espinazo y costillas.

Elaboración. La salazón de cerdo se desala y se cuece con agua abundante; se añade después la hortaliza, chorizo, unto machacado, patatas troceadas; cuando esto ha cocido, se incorporan las alubias hervidas aparte, cociendo todos un momento más. La presentación del plato se hace: por un lado, el plato caldoso; por otro, los productos cárnicos, acompañados en algunos casos por «cachelos» (patatas cocidas en grandes trozos o enteras), y verdura del mismo tipo que la empleada para el caldo.

De muy fácil elaboración; sólo incide en su calidad la que tengan los géneros que se utilicen y las la cocción haya sido suficientemente prolongada.

Aplicaciones

a) Como almuerzo completo; b) El «Caldo Gallego» puede utilizarse como sopa; c) El caldo, con poca guarnición dentro, puede utilizarse como potaje y segundo plato de almuerzo.

Minestrone

Es el potaje típico italiano y tiene grandes variaciones de una región a otra. Se estudia el llamado Piamontesa.

Composición. Alubias blancas, zanahorias, cebolla, puerro, pasta italiana (casi siempre macarrones), sofrito de tocino veteado, ajo, tomate, caldo de carne o agua, guisantes o judías verdes, repollo.

Elaboración. Comprende:

a) Cocción en el caldo con el sofrito de todos los ingredientes (a excepción de pasta y alubias blancas), cortados en cuadros pequeños.

b) Ya tiernos, se añade la pasta cortada en trocitos pequeños y las alubias blancas cocidas.

Aplicaciones. Como primero o segundo plato de almuerzo; poco espeso, como sopa para almuerzo o comida.

Pequeña marmita

Es un plato muy apropiado para estómagos delicados, que recibe su nombre de la pequeña olla o puchero en que se hacía y en la que se servía.

Composición. Gallina, huesos de tuétano, morcillo de vaca o ternera, blanco de puerro, zanahoria, nabo, apio, repollo, pan tostado, queso rallado.

Elaboración. Los productos cárnicos se cuecen y cuando han soltado la sustancia se cuela el caldo; se añade zanahoria y nabo torneados o en bastoncitos, repollo, apio y puerro en bastones; a los quince o veinte o veinte minutos de cocción se vuelve a echar al caldo, carne y ave deshuesada, cortada en bastones gruesos. Se sirve en pequeñas marmitas y en fuente aparte el pan tostado y queso rallado. En ocasiones, el pan tostado es sustituido por pequeñas tostadas de tuétano (rebanadas redondas de pan de molde con rodajita de tuétano blanqueado, sal y en ciertos casos pimentón, que se tuesta al ir a servir). En Francia, país de origen, se aprovecha la desgrasí para freír las rebanadas de pan en vez de tostarlas.

Aplicaciones. Como primero o segundo plato de almuerzo o comida.

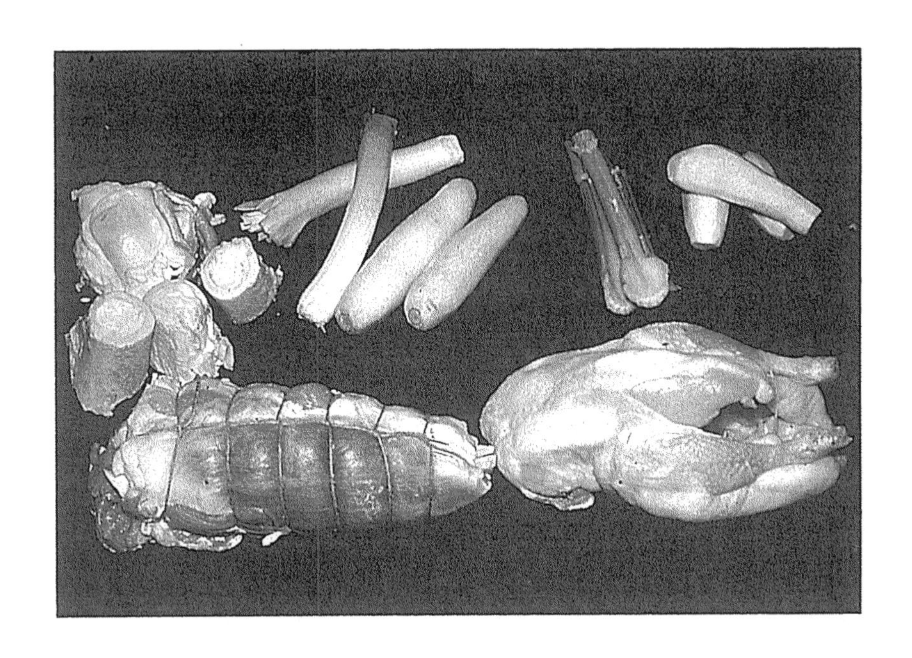

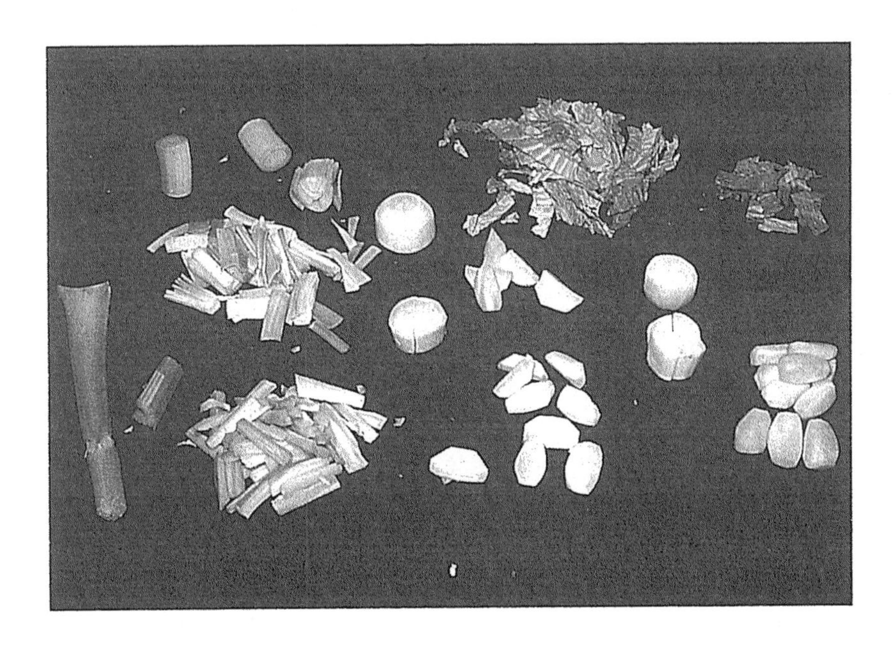

Ingredientes, preelaboración y presentación de "Pequeña Marmita"

B) SOPAS

Definición. Plato caldoso, servido en sopera y plato sopero que generalmente incluye caldo y una guarnición de elementos harinosos, pan, fideos, arroz, etc.

Propiedades. Las cualidades nutritivas dependerán de los ingredientes que las constituyan. En general, se consideran con poco aporte de calorías termo-reparadoras, por producir su consumo reacción de calor. En otros casos, las frías son refrescantes.

Aplicaciones. Como primer plato de almuerzo o comida.

Clases. Atendiendo al elemento característico de cada una pueden agruparse en:

1) De pescado.

2) De cebolla.

3) De ajo.

4) De pasta.

5) De hortalizas.

1) De pescado

Son aquéllas que incluyen pescados de carnes duras (moluscos y crustáceos) y un caldo de estos mismos productos sazonado y aromatizado con una especie de sofrito que lleva hortalizas de condimentación, azafrán, etcétera, y cuya guarnición harinosa está constituida por pan. Existen multitud de sopas de este estilo, en las que varían las especies de pescados y mariscos. Se estudian dos tipos muy diferentes: Bouillabaisse de Marsella y la sopa al cuarto de hora.

Bouillabaisse

Referencia. La palabra Bouillabaisse define internacionalmente a una serie de sopas regionales francesas, que emplean los pescados de la región. Se refiere a la típica de Marsella.

Composición. Pescados de carnes duras llamados también de roca, cortados en tranchas, entre los que destacan: rascasa, gallineta, araña, salmonetas y también merluza, langostinos o langosta; un caldo compuesto de sustancia de estos pescados, condimentado con cebolla, puerro, tomate consassée, ajo, perejil picado, azafrán, aceite, laurel, ajedrea, hinojo, pimienta, sal; lonchas de pan tostado y frotadas con ajo.

Elaboración. Cocción a fuego fuerte de todos los ingredientes, excepción de la merluza y salmonete que se echan cuando la cocción está mediada; colado del caldo a la sopera con el pan tostado; servicio separado de pescados y mariscos, que pueden acompañarse con ali oli, ajo. Para que la bouillabaisse resulte ligada, debe cuidarse el hervor continuado y violento del caldo durante la elaboración.

Aplicaciones. Como menú completo de almuerzo y de comida.

Sopa al cuarto de hora

Típica de Andalucía baja, es de las sopas de pescado más completas.

Composición. Pescados de carnes duras, siendo especialmente buenos rape, mero o cherna, rascasa, etc., desespinados y cortados en dados gordos; gambas peladas; chirlas o almejas; caldo compuesto de sofrito de cebolla, ajo, aceite, jamón, tomate, con agua o caldo azafranado; arroz; dados de pan frito huevo duro picado; guisantes; perejil picado. Pueden variar los pescados y mariscos eligiéndolos similares.

Elaboración. Al sofrito se le añade agua y azafrán; cuando hierve se añade el arroz, almejas, gambas, guisantes muy tiernos, rape, mero; se mantiene el hervor de quince a dieciocho minutos; se sirve en sopera con guarnición de pan, perejil y huevo duro por encima. Otra forma de elaborar, para grandes cantidades, es hervir rape, mero, gambas, almejas, separadamente; al caldo obtenido añadir sofrito de cebolla, ajo, aceite, tomate, azafrán y dar un hervor a todo; al ir a servir, se ponen en la sopera los pescados y mariscos calientes, con un poco de jamón salteado, arroz blanco, guisantes y el caldo hirviendo; finalmente, el pan, huevo duro y perejil. Se evita de esta forma el deterioro de los pescados.

Aplicaciones. Primer plato de almuerzo y comida en otros casos.

2) De cebolla

Es la serie de sopas que emplean cebolla en abundancia; de origen regional francés, aunque en España tengamos la sopa Pavesa de Cataluña. Se estudia la sopa de Cebolla Gratinada.

Sopa de cebolla gratinada

Composición. Cebolla ablandada con mantequilla, caldo de carne, pan tostado, queso rallado o en lonchas.

Elaboración. Poner en pequeña cazuela individual de barro de bordes altos una porción de la cebolla caldo de carne o consomé hirviendo, poner la cazuela en la salamandra, añadir pan tostado e inmediatamente queso, dejando que se dore la superficie. Para el perfectos dorado debe cuidarse que la operación de poner pan, queso y dorar sea consecutiva, evitándose que el pan se hunda, se moje el queso y por ello no dore bien.

Aplicaciones. Primer plato de almuerzo o comida, especialmente en servicio a la carta.

3) De ajo

Son las sopas con acentuado sabor a ajo, típicas de la mayor parte de las regiones españolas, de las que existen muchas variedades, en cuanto a la forma de hacer y el número y clase de ingredientes, aunque todas incluyen ajo, pan y aceite. La elegida es de las del tipo más usado en hostelería y puede denominarse Sopa Castellana.

Sopa Castellana

Composición. Ajo, aceite, jamón, pimentón, huevo, pan (tostado o no), caldo de carne o consomé.

Elaboración. Los ajos pelados, fileteados o picados se doran ligeramente en el aceite; se añade el jamón en lonchitas o daditos; se rehoga también; se añade el pan y el pimentón, se revuleve e inmediatamente se pone el consomé; cuando cuece, se pone en cazuela de barro individual; se añade un huévo y se mantiene el hervor lento hasta que resulte cuajado. Debe cuidarse que el pimentón no se caliente mucho, para evitar que se oscurezca.

Aplicaciones. Como primer plato de almuerzo o comida particularmente para servicio a la carta; para servicio en menú se emplea un sistema de elaboración diferente.

4) De pasta

Son las sopas que incluyen como elemento principal una de las pastas italianas, de distinta forma y tamaño; el caldo puede variar y ser de carne o pescado. Se incluye la sopa de fideos como más corriente.

Sopa de fideos

Composición

a) Caldo no clarificado de carne, fideos.

b) Caldo de pescado, sofrito, y fideos.

Elaboración. En el caldo terminado se cuecen los fideos.

Aplicaciones. Como primer plato de almuerzo o comida.

5) De hortalizas

Son las sopas que llevan, de forma visible, hortalizas de diversas clases, con variación también en su elaboración. Se incluyen la más corriente o conocida, llamada Juliana.

Sopa Juliana

Composición. Mantequilla, blanco de puerro, zanahoria, nabo, repollo verde, apio en casos, cortados en tiras muy finas, pan tostado, caldo de carne o consomé (a veces guisantes y judías verdes).

Elaboración. Ablandar en mantequilla las hortalizas cortadas en tiras delgadas, incorporar caldo de carne o consomé, acompañar de guisantes y judías verdes blanqueados aparte y pan tostado.

Aplicaciones. Primer plato de almuerzo y más corrientemente de comida.

C) CONSOMES

Definición. Son caldos sustanciosos sin grasa, transparentes, servidos como primer plato de almuerzo o comida.

Propiedades. Constituyen un gran principio de comida por lo que tienen de estimulante y «enjuagatorio» de paladar. Su temperatura fresca o caliente ayuda o conforta; su carencia de grasas lo hace poco nutritivo, no recargando por esto un menú de varios platos.

Aplicaciones. Indicados en menús de almuerzo o comida cualquiera que sea su precio; también en refrigerios, especialmente luchs.

Clases

1) Teniendo en cuenta su forma de servir, pueden ser: en plato, en taza.

2) Según la clase de sustancia empleada en el caldo pueden ser: de vaca o buey o ternera, de ave, de pescado, de mariscos.

3) Atendiendo a la temperatura de servicio puede ser: caliente, frío, gelée.

4) En consonancia con su guarnición o sabor especial, recibirá nombre propio.

5) Ateniéndose a la intensidad de sabor, será doble o sencillo.

1) Según forma de servir

En plato

Composición. Puede incluir consomé clarificado o consomé blanco, guarnición abundante de pastas o arroz u hortalizas, que le darán el nombre.

Elaboración.

a) Preparar la guarnición separadamente y unir con el consomé en el momento de servir.

b) Cocinar en el consomé la guarnición.

Aplicaciones. En menús de almuerzo, de diarios de comida y en almuerzos especiales.

En taza

Composición

a) Consomé clarificado aromatizado, con aromas vegetales o de licores. Esta denominación excluye generalmente el uso de guarnición.

b) Pequeña cantidad de guarnición más consomé.

Elaboración. La propia del consomé clarificado con adición al final de aroma o guarnición.

Aplicaciones. Menús de comida o de almuerzo, muy adecuados para menús contratados, especialmente grandes banquetes.

2) Según clase de sustancia

Composición y elaboración. Consomé que emplea en su elaboración determinado tipo de género que le da el nombre, con independencia de elementos aromáticos, en ciertos casos, con guarnición. Los más corrientes son: vaca o buey o ternera, ave (mezclada generalmente con ternera y vaca). Los menos corrientes son: caza, pescados, mariscos. En su mayor parte (con la posible excepción de vaca, buey, ternera, ave) se hacen clarificando un fondo o caldo hecho con residuos de la clase que le va a dar el nombre.

De vaca o buey o ternera. Engloba todo consomé, sin denominación especial aclaratoria, con o sin empleo de ave.

De ave. Con empleo principal de gallinas y pollos y, en menor escala, pavos.

De caza. Emplea huesos y despojos de aves que se han de usar para rellenar, como faisán, animales de pelo empleados en patés, escalopes, etcétera, especialmente liebre, ciervo, etc.

De pescado. Emplea caldos de pescados blancos, especialmente indicados: lenguado, rodaballo, merluza, etc.

De mariscos. Emplea caldos de crustáceos, a veces mezclados con caldos de moluscos.

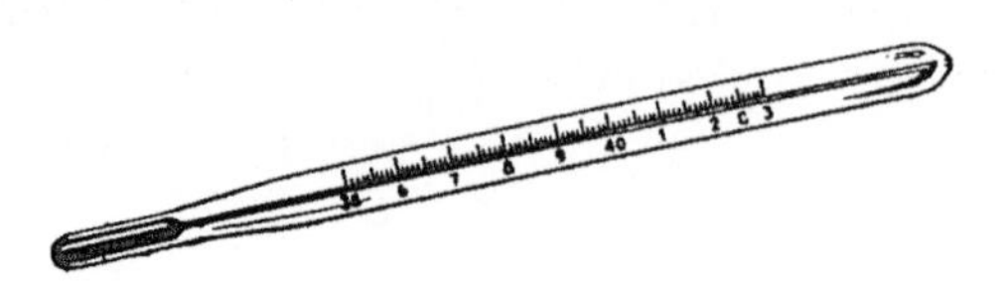

3) Según temperatura de servicio

La denominación indica temperatura a la que se sirve el consomé.

El caliente puede ser con o sin guarnición y servido en taza o plato. **El frío** no lleva generalmente guarnición y siempre va servido en taza.

Gelée

Es consomé frío, espesado por la acción de materias gelatinosas. No lleva guarnición.

Composición

a) Fondo hecho con materias gelatinosas (huesos de ternera, cortezas de tocino, patas o morros, etc.), clarificado posteriormente.

b) Consomé corriente, al que se añade gelatina de sabor similar.

Elaboración

a) Clarificar el caldo, enfriar revolviendo en el momento de servir.

b) Al consomé templado añadir gelatina. Cuando se disuelva ésta poner todo a enfriar, entre hielo, hasta que espese.

Es preferible, en cualquier caso, templar el consomé y enfriarlo entre hielo, justo en el momento de servir, para que resulte líquido y espeso. Servido generalmente en taza.

Aplicaciones. En menús de comida especialmente o almuerzo; indicadísimo en épocas de calor.

4) Según guarnición o sabor especial

Se refiere a la pequeña cantidad de elementos sólidos visibles incluidos en el consomé. Se incluyen cuatro nombres tipo:

1.° Royal; 2.° Profiteroles; 3.° Celestina; 4.° Con yema.

1.° Royal

Incluye dados Royal (mezcla cuajada al horno, moldeada y en baño maría de huevos y consomé); el Royal admite variaciones, ya que puede incluir puré de espinacas, concentrado de tomate, etc.

2.° Profiteroles

Incluye Profiteroles (pequeñísimas bolitas de pasta choux, cocidas al horno), que pueden ser rellenadas de foie-gras u otras mezclas similares.

3.° Celestina

Incluye tiras de crêpes (obleas con finas hierbas o trufa picada), y el consomé va ligado ligeramente con tapioca.

4.° Con yema

Incluye yema de huevo entera (una por comensal, generalmente); servido en una cuchara que a su vez se sitúa sobre un plato con servilleta.

5) Según intensidad de sabor

Se refiere a la distinta concentración de sabor base del consomé. Cuando no reciba nombre especial puede denominarse consomé sencillo; **consomé doble y extracto** significa muy fuerte de sabor; la denominación de doble indica que un consomé se ha hecho empleando otro consomé en su elaboración en lugar de agua. En estos consomés de fuerte sabor deben utilizarse tazas de pequeño tamaño para su servicio.

D) CREMAS

Definición. Son los primeros platos, cuya principal característica es contener elementos harinosos e ir tamizados.

Propiedades. El valor nutritivo dependerá en parte de la composición y «riqueza» de los géneros empleados; de fácil digestión y asimilación en general.

Aplicaciones. Primer plato de almuerzo o comida para los diversos tipos de menús de diario o concentrados.

Clases. Según su composición pueden ser:

1) De legumbres secas
2) De hortalizas o legumbres frescas
3) Veloutes
4) Otras cremas

1) De legumbres secas

Son aquéllas cuyo principal ingrediente harinoso está sustituido por: legumbres desecadas, que permiten el aprovechamiento de restos cocinados.

Composición. Generalmente, suelen llevar: legumbres secas cocinadas, leche, guarnición propia o de costrones de pan frito, Mirepoix de legumbres ablandadas con mantequilla. Las excepciones en composición vienen marcadas en algunos casos por el «aprovechamiento» de platos cocinados.

Elaboración. Partiendo de géneros cocinados, su elaboración comprende como puntos importantes:

a) Cocción final, antes de tamizar, de todos los ingredientes, a excepción de leche o guarnición y, en ciertos casos, mantequilla.

b) Tamizado y colado de la mezcla.

c) Añadido de la leche o mantequilla y puesta a «levantar» con ebullición clara.

d) Reparto por la superficie de mantequilla para evitar formación de costra.

e) Enfriado rápido en agua corriente o con hielo, si no es para utilizarla al momento.

f) Puesta a calentar guardando precauciones para evitar que se agarre. Estas precauciones son: calentar el «baño maría»; no dejar de «rascar» el fondo del recipiente con una espátula de madera hasta que vuelva a hervir, si se hace la operación sobre el fuego o plancha.

En su elaboración destacan los cuidados que requiere para evitar su fermentación.

Aplicaciones. Para menús de diario, generalmente de comida.

2) De hortalizas o legumbres frescas

Son las que emplean artículos vegetales frescos, que reciben como nombre propio la denominación del principal artículo empleado, o simplemente crema de hortalizas o legumbres.

Composición. Varían sustancialmente dos grupos importantes:

a) Patata, puerro, leche, mantequilla; como guarnición, dados de pan frito. Recibe el nombre de Parmentier, y en ella están basadas gran número de cremas de nombre propio; como ejemplo: crema San Germán, que es igual que la Parmentier, con puré de guisantes frescos.

b) Mirepoix de legumbres (zanahorias, puerro, cebolla y, en otros casos, tomate y apio), ablandado en grasa, más patata o arroz. Varía su guarnición, aunque puede ser también dados de pan frito.

Elaboración

a) A fuego lento, ablandar blanco de puerro picado fino, sin que tome color en mantequilla; añadir patatas peladas y troceadas; cubrir con fondo blanco o agua caliente; cocer media hora como mínimo; tamizar; colar con ayuda de leche recién cocida; levantar; rectificar de espesor y sal; añadir mantequilla; servir en soperas. Es importante que su color sea perfectamente blanco amarillento y no cueza excesivo tiempo.

b) Ablandar zanahoria, puerro, cebolla y apio, fileteados en mantequilla o aceite refinado, durante media hora como mínimo; añadir patatas peladas troceadas; cubrir de fondo blanco o agua caliente; cocer durante media hora como mínimo; tamizar; colar con ayuda de leche recién hervida; levantar; dar punto de sazonamiento y espesor; servir en soperas; incorporar o acompañar con la guarnición.

Aplicaciones. Para menús contratados o de diario en comida.

3) Veloutes

Referencia. Su traducción del francés es aterciopelada. Son aquellas cremas en las que destaca de forma importante el sabor del caldo utilizado: ave, champiñón, etc.

Composición. Roux blanco de mantequilla y harina, caldo blanco que le da carácter y nombre, nata líquida y yema, guarnición de la misma clase que el caldo empleado.

Elaboración. Sobre el roux enfriado añadir caldo hirviendo. Cocerlo y darle punto de espesor y sazonamiento; incorporar nata y yemas con las siguientes variaciones:

a) Añadir nata cuando la crema ha de hervir (antes de sacarla del fuego en su primera fase), levantándola con la nata después de colada. Este sistema evita peligros de fermentación posterior y en él se añaden las yemas estando la crema bien caliente, antes de servirla.

b) Mezclando yemas y nata líquida en frío (Bayón), y añadiendo todo esto cuando la crema, ya tamizada, va a servirse. Este sistema encierra el peligro de una posible fermentación si no se evita por medio del «levantado» de la crema. Su ventaja está en el sabor a nata fresca que llevará la crema. El sistema de hacer como un Sabayón (batiendo yemas al calor y ya espesadas añadirle poco a poco la nata líquida), disminuye previamente el peligro de fermentación por haber sobrepasado los ochenta grados centígrados.

Aplicaciones. Como primer plato de menú de almuerzo o comida contratado o de diario; indicadas estas cremas para grandes banquetes porque se puede servir en taza.

4) Otras cremas

Son aquellos platos de características muy específicas, que comprenden por tanto un largo capítulo y que se estudiarán en el siguiente volumen.

30 ENTREMESES, SAVOURIES Y APERITIVOS

Se refiere esta lección a una serie de preparaciones que tienen composición general similar y que por ello pueden ser empleadas en su mayor parte indistintamente en cualquiera de los grupos. Estas denominaciones difieren en el «tipo» de menú y hora de su servicio.

ENTREMESES

Se componen de una serie de preparaciones que se sirven en primer lugar en un almuerzo.

Cualidades. Tienen dos grandes ventajas en hostelería:

a) Permite el servicio rápido al comensal al acomodarse (están preparados de antemano).

b) Permite el aprovechamiento de pequeñas cantidades de restos cocinados o crudos en ensaladillas, picadillos, farsas, etc.

Clases. Para su mejor estudio se dividen, según su composición, en **simples fríos, simples calientes, compuestos fríos, compuestos calientes, compuestos fríos y calientes**.

Requieren preparación vistosa

Simples

Son los que llevan un solo elemento que le da nombre. Pueden ser fríos o calientes. Se estudian principalmente sus características de **composición, forma de servir** y **temperatura de servicio.**

Simples fríos

Zumo de tomate. Puré de tomate maduro, tamizado y aligerado con agua o hielo, con sazonamiento de sal o zumo de limón y pimienta molida; puede servirse en vaso de «media combinación», copa de vino o en servicio de jarra rodeada de hielo pilée; muy frío en cualquier caso.

Melón al oporto. Medios melones pequeños, limpios de filamentos y semillas, con oporto oscuro en su interior; puesto sobre hielo pilée o servilleta para, a la vista del cliente, sacar bolitas con cucharilla sacabocados o cucharilla de postre; con azúcar en algunos casos; muy frío en cualquier caso. Puede cambiarse el vino y su denominación; admite corte a puntilla, en forma de cestillo. Es típico el melón de Cantaloup francés, de muy pequeño tamaño.

Simples calientes

Son los que reúnen la característica de servirse muy caliente y que, principalmente, van como entremés único. Gran parte de ellos se emplean también como aperitivos y savouries y como parte de un entremés compuesto.

Para su mejor estudio se han dividido en grupos, en razón de su característica principal de elaboración, en fritos, al horno y varios.

Fritos

Son los que se fríen a la «gran fritura» o con «poco aceite», manteca o mantequilla. Todos deben ser terminados justo en el momento de ir a servirlos y todos se sirven sobre fuente con servilleta o blonda con adorno de perejil frito y limón. Algunos pueden presentarse en cestillos o nidos de patatas fritas. Dada la presentación similar de éstos, se estudian las características de composición y forma de elaboración y, cuando lo requiera, presentación o forma de servir especial.

Pinchos o pequeñas brochetas. Dados de carnes tiernas (mollejas, criadillas, lomo de cerdo, hígado, tocino veteado, etc.), e incluso vegetales, ensartados alternadamente en una pequeña aguja brocheta o en palillos corrientes o especiales (bambú, mimbre, etc.), salteados y en otros casos con salsas cortas. Se sirven en fuentes, rabanera o legumbreras, o cazuelitas de barro. Reciben el nombre del género principal: pinchos de higadillos, pinchos de mollejas, etc. En algunos casos llevan un dado de pan y se fríen a la gran fritura con los de chorizo o morcilla, o lomo de cerdo adobado.

Buñuelos de queso. Sesos cocinados, fríos y troceados, en dados o gruesas lonchas, pasados por pasta orly con la cuchara para darles forma de bola al freírlos. Pueden hacerse con mollejas, chorizo, picadillos, ligados de gambas, jamón o queso, etc., recibiendo el nombre del género principal: fritos a la gran fritura.

Al horno

Son los que como punto final de su elaboración se cuecen al horno.

Agujas (españolas). Pastelillos individuales, cocidos en moldes especiales en forma ovalada o rectangular, acanalados, forrados con masa de hojaldre o medio hojaldre y cocidos al horno, finalmente. Se sirven desmoldeados sobre fuente con servilleta.

Soufflés pequeños. Mezcla de salsa muy espesa (bechamel principalmente o puré aligerado), y el elemento principal cocinado (espinacas, bacalao, merluza, jamón de york, etc.); tamizados en compañía de la salsa, yemas de huevo crudas y claras a punto de nieve; cocida en terrinas individuales, y en ciertos casos, en tartaletas crudas o cinadas, e incluso en cápsulas de estaño o papel fuerte. Se sirven sobre fuentes con servilleta o blonda, o sobre platos de postre, sin desmoldear.

Varios

Son aquéllos cuya terminación se hace de formas diversas.

Pan de hígado. Farsa compuesta de hígado crudo tamizado, huevos leche o nata, o bechamel ligera; cocida al baño maría en moldes individuales (existen moldes ovalados especiales), y a veces acompañados con extracto de carne, salsa de carne o bearnesa. Existe gran número de panes, que reciben el nombre del género principal, añadido a la mezcla anterior. Se sirven sobre servilletas o sobre fuente con salsa.

Patatas rellenas. Patatas medianas de vistosa forma, asadas al horno, abiertas en dos mitades a lo largo, vaciándolas de pulpa y volviendo a rellenarlas con la pulpa tamizada, mezclada con mantequilla, yemas de huevo y nata líquida, más salpicón de carnes o pescados cocinados o queso, etc., del que recibirá el nombre.

Compuestos fríos

Corresponde a la serie de géneros fríos que se sirven al mismo tiempo, con denominación en el menú de «entremeses», que después llevará aclaraciones sobre su composición o forma de servir: «vegetales», «variados», etc. Su composición mínima suele ser de cuatro o más elementos.

Condiciones generales que requiere

Diferenciación de sabores. Se refiere al empleo de géneros principales y salsas de diferente sabor, incluyendo hortalizas, pescados, mariscos, carnes, huevos duros, preparados de diversas formas y sazonados con salsas diferentes, mahonesa, vinagreta, revigote, rosa, etc.

Diferenciación de presentación. Se refiere a la separación que debe haber entre los diversos componentes, para evitar la posible transmisión de sabor y color, y su mejor localización en caso de los entremeses montados.

Presentación esmerada. Se refiere a la decoración adecuada de cada uno de los componentes y su situación armónica en conjunto.

Ejemplo de entremés compuesto. Alcachofas a la griega, puntas de espárragos con salsa rosa, huevos duros con salsa revigote, rodajas de tomate en ensalada, bonito escabechado, cabeza de jabalí. Este ejemplo es el de un entremés de menú de diario, y por ello los ingredientes deberán ser combinados todos los días, por lo menos en su mayor parte.

Algunos ejemplos de preparación

Formas de presentación. Las diferentes formas principales de emplataje que pueden emplearse para su presentación en el comedor son: en conchas o rabaneras, en entremesera o reolina, en carro, montados, en plato.

En conchas o rabaneras. Servido cada elemento, en pequeñas fuentecitas de loza (rabaneras, conchas), con contenido adecuado al número de comensales de cada mesa, para depositarlas en ella y que el comensal se sirva. Se emplea para menús de diario en establecimientos de categoría media o inferior.

En entremesera o reolina. Cada elemento se sitúa en un recipiente, que encaja en el resto, en una bandeja que si es circular se llama reolina. Cada entremesera puede emplearse para una o varias mesas, permaneciendo, en este caso, en el comedor durante el «servicio», con reposición de los recipientes que lo requieran. Este sistema permite disponer a cada «rango» de sus entremeses y es práctico en menús de diario en grandes establecimientos.

En carro. Situado cada elemento en rabaneras rectangulares (americanas) que se acoplan a un carro, que es trasladado a las mesas para su ofrecimiento al cliente. Requiere reposición, permite el servicio de varios «rangos» y es el sistema empleado para los menús de diario en los hoteles más cualificados.

Montados. Emplatados en fuentes, agrupados los distintos elementos. Apropiados para el servicio a «la carta» y sobre todo en grandes banquetes. Son los que permiten mayor fantasía en su presentación y mayor lujo en la decoración con el empleo de gelatina, espumas, elementos rellenos, etc. En el emplataje debe tenerse en cuenta que cada grupo de elementos debe ir bien definido y aislado, en lo posible, para su mejor presentación y servicio.

En plato. Dispuestos los distintos elementos en plato trinchero. Se les sirve al cliente tal cual. Este sistema se emplea sólo en casos de necesidad y en establecimientos de categoría inferior.

Denominaciones. Las denominaciones de entremés: mixto, variado, de la casa, extremeños, etc., sólo indican entremés compuesto y frío, y el cambio de denominación únicamente se justifica por el deseo de evitar la repetición de nombres en días sucesivos. Otras denominaciones sí son indicativas, como «vegetales», «en carro», «montados», «fríos y calientes», «norte y sur».

Compuestos calientes

Composición general. Los más completos y variados deben incluir elementos fritos, al horno, en salsa, etc., compuestos por géneros principales de sabor distinto, pescados, carnes, hortalizas, mariscos y si han de ponerse dos carnes o dos pescados, serán de características diferentes. También pueden llevar todos los elementos fritos, al horno, etc.

Presentación. Los fritos se sirven sobre fuente con blonda o servilleta con adornos de perejil frito; los elementos harinosos cocidos al horno sobre servilleta en fuente; los elementos salseados, en cazuelitas o conchitas; los fritos y horneados de harina pueden ir en la misma fuente; los pinchitos, etc., en recipiente aparte.

Ejemplo de entremés compuesto caliente. En fuente, con servilleta: buñuelos de sesos, manojitos de gambas rebozados, dartois de anchoas. En otra fuente, con servilleta: pan de hígado, ostras glaseadas.

Compuestos fríos y calientes

Son los que se sirven en dos partes: primero, entremeses fríos y en segundo lugar, los calientes. Cada uno de ellos estará sujeto a las normas propias.

SAVOURIES

Son una serie de preparaciones muy sazonadas, con elemento harinoso como base; hojaldre, pan de molde, pasta quebrada, etc., que, generalmente, pueden consumirse sin empleo de cubiertos. En tiempos pasados se servían como continuación del almuerzo en la larga sobremesa. Hoy se sirve como parte de entremés, aperitivo o lunchs. Pueden ser fríos o calientes.

Fríos

Son los que requieren temperatura ambiente o frío.

Canapés. Rebanaditas de pan de molde de diversas formas, triangulares, redondas, rectangulares, ovaladas, cuadradas, cubiertas de un elemento sabroso que da nombre al canapé y pequeños detalles de adorno por encima o los laterales.

Sandwichs. Para hacerlos, se unta de mantequilla la cara de una trancha de pan de molde; sobre ésta, una loncha de fiambre (jamón, queso, lengua escarlata, pechuga de ave hervida, etc.); y sobre esto una nueva trancha de pan untada de mantequilla en la parte interna que entra en contacto con la carne; se comprimen ligeramente las dos tranchas de pan; se retiran los bordes del pan y se cortan en triángulos iguales, dos o cuatro de cada conjunto. Deben ser hechos lo más reciente posible, y en caso de tenerlos que preparar con varias horas de anticipación, deben guardarse en el frigorífico perfectamente comprimidos y cubiertos con un paño humedecido, para evitar que se sequen y «abarquillen». Se usan principalmente para lunchs y meriendas. En cafeterías se sirve gran variedad de sandwichs compuestos: jamón, queso, jamón y queso (mixto), huevo, lechuga y mahonesa, ave y queso, lechuga y tomate y mahonesa, etcétera.

Medias noches. Pequeños bollitos ovalados o redondos hechos con pasta de brioches; abiertos a lo largo en dos mitades; untadas en su cara interna con mantequilla en pomada; rellenas con lonchas de jamón, queso o lengua escarlata u otro fiambre. Se emplean principalmente en lunchs y meriendas, y antiguamente en fiestas nocturnas prolongadas.

Tartaletas. Pequeñas piezas de pasta quebrada o medio hojaldre; cocida «en blanco» sobre moldes redondos; rellenas de salpicones ligados con salsa o de farsa, que, en algunos casos, van decoradas y abrillantadas. De uso más común son: de ensaladilla rusa, mariscos con salsa rosa o mahonesa, bonito escabechado con mahonesa, entre las de salpicones y entre las de farsa, las de foie-gras, pescado, mariscos, jamón cocido, ave, etcétera, en «espuma». En casos excepcionales se cuece la tartaleta con su relleno.

Calientes

El grado de temperatura requerido dependerá de su clase. Así, un género frito deberá salir más caliente que el preparado de hojaldre al horno.

Agujas. Se hacen con dos capas superpuestas de hojaldre delgado, y entre ellas, farsas o salpicones sin humedad, manteca de cangrejos, lonchas de queso, anchoas, etc., que se cortan en rectángulos delgados y se cuecen al horno después de su abrillantado.

APERITIVOS

Son las elaboraciones sólidas que, acompañadas de bebidas apropiadas vermut, jerez, etc., llamadas de aperitivo, se sirven antes del almuerzo o comida. Se sirven en la mesa del comedor y cumplen la misión de «distraer» al comensal y predisponerlo para la comida. En otros casos, se sirve en local aparte y entonces cumplen, además, la función de reunir a los comensales dispersos, especialmente en grandes banquetes. Cualquier componente de un aperitivo debe ser de pequeño tamaño, ya que se sirven sin servicio de platos ni cubiertos. La cantidad y número de elementos que integran el aperitivo será menor si este servicio va seguido al almuerzo o comida, y mayor si el servicio de aperitivo es el único que el establecimiento sirve. Cualquiera de los elementos que integran el capítulo de entremeses sólidos y savouries, que reúnan las condiciones de ser sabrosos y de pequeño tamaño, puede utilizarse como aperitivo. Otros elementos muy usados como aperitivos son pescados y mariscos conservados, embutidos, rabanitos, encurtidos o variantas, quesos fuertes, aceitunas rellenas, almendras y avellanas saladas, jamón en lonchas o tacos, mariscos hervidos, etc.

CURSO DE COCINA PROFESIONAL 2. Conocimiento de los géneros. Elaboración y conservación. *M. Garcés*

DICCIONARIO DE GASTRONOMÍA. *Méndez.*

DICCIONARIO DE HOSTELERÍA. Turismo. Restaurante y gastronomía. Cafetería y bar. *J.F. Gallego / R. Peyrolón*

TÉCNICAS DE COCINA PARA PROFESIONALES. *J.L. Armendáriz*

ELABORACIONES Y PRODUCTOS CULINARIOS. *Pascual Laza y Jerónima Laza*

FRANCÉS PARA COCINA Y HOSTELERÍA.
Mota.

HOSTELERÍA. Curso completo de servicios.
A. López Collado.

LA GOBERNANTA. Manual de hostelería.
A. López Collado.

MANUAL PRÁCTICO DE CAFETERÍA Y BAR.
J. Felipe Gallego.

MANUAL PRÁCTICO DE RESTAURANTE.
J. Felipe Gallego.

MARKETING Y PLANIFICACIÓN PARA RESTAURANTES.
Nanclares.

PREELABORACIÓN Y CONSERVACIÓN DE ALIMENTOS
Pascual Laza y Jerónima Laza.

PROCESOS DE COCINA.
Armendariz.

PROCESOS DE PASTELERÍA Y PANADERÍA.
Pérez.

REPOSTERÍA
Juan Pozuelo Talavera y Miguel Ángel Pérez Pérez.